新时代高等教育精品规划教材

中华优秀传统文化

主　审　莫嘉凌
主　编　覃祝华　黄玉梅　毛　军
副主编　刘　瑶　刘鑫传　苏菊清　黎秋裕
　　　　黄思文　韦文成　梁月莉　屈　娜
参　编　覃诗昀　陈　琦　韦雅娜　李　宁
　　　　黄祥明　卢珊珊　于　蕾

中国传媒大学出版社
·北京·

图书在版编目（CIP）数据

中华优秀传统文化/覃祝华,黄玉梅,毛军主编.-- 北京：中国传媒大学出版社，2024.2
ISBN 978-7-5657-3626-1

Ⅰ.①中… Ⅱ.①覃… ②黄… ③毛… Ⅲ.①中华文化—教材 Ⅳ.①K203

中国国家版本馆CIP数据核字(2024)第036643号

中华优秀传统文化
ZHONGHUA YOUXIU CHUANTONG WENHUA

主　　编	覃祝华　黄玉梅　毛　军
策划编辑	温晓芳
责任编辑	温晓芳
封面设计	杨　楠
责任印制	李志鹏
出版发行	中国传媒大学出版社
社　　址	北京市朝阳区定福庄东街1号　　邮　编　100024
电　　话	86-10-65450528　65450532　　传　真　65779405
网　　址	http://cucp.cuc.edu.cn
经　　销	全国新华书店
印　　刷	廊坊市广阳区九洲印刷厂
开　　本	787mm×1092mm　　1/16
印　　张	14
字　　数	349千字
版　　次	2024年2月第1版
印　　次	2024年2月第1次印刷
书　　号	ISBN 978-7-5657-3626-1/K·3626　　定　价　45.00元

本社法律顾问：北京嘉润律师事务所　郭建平

中华传统文化是世界上最具生命力的文化之一。五千多年来，中华传统文化一直以博大精深和兼容并蓄的优势屹立于世界民族文化之林，并对中国及中国周边国家的社会价值观念与生活方式的养成及发展产生了巨大的影响。

2014年2月24日，习近平总书记在中共中央政治局第十三次集体学习时强调，"要认真汲取中华优秀传统文化的思想精华和道德精髓，大力弘扬以爱国主义为核心的民族精神和以改革创新为核心的时代精神，深入挖掘和阐发中华优秀传统文化讲仁爱、重民本、守诚信、崇正义、尚和合、求大同的时代价值，使中华优秀传统文化成为涵养社会主义核心价值观的重要源泉"。党的十八大以来，以习近平同志为核心的党中央高度重视中华优秀传统文化的传承与发展，始终从中华民族精神追求的深度看待优秀传统文化，从国家战略资源的高度继承优秀传统文化，从推动中华民族现代化进程的角度创新发展优秀传统文化，使之成为实现"两个一百年"奋斗目标和中华民族伟大复兴中国梦的重要力量。2014年3月，教育部印发了《完善中华优秀传统文化教育指导纲要》，进一步强调了中华优秀传统文化教育对守住中华民族的根与魂、提升中华民族文化自信的重要意义。2017年1月，中共中央办公厅、国务院办公厅印发了《关于实施中华优秀传统文化传承发展工程的意见》，明确要求围绕立德树人根本任务，遵循学生认知规律和教育教学规律，按照一体化、分学段、有序推进的原则，把中华优秀传统文化全方位融入思想道德教育、文化知识教育、艺术体育教育、社会实践教育各环节，贯穿启蒙教育、基础教育、职业教育、高等教育、继续教育各领域，推动高校开设中华优秀传统文化必修课，在哲学、社会科学及相关学科专业和课程中增加中华优秀传统文化的内容。2022年10月，习近平总书记在党的二十大报告中提到，将马克思主义基本原理同中国具体实际相结合、同中华优秀传统文化相结合。由此可见，党和国家把中华优秀传统文化提到了前所未有的高度，对弘扬中华优秀传统文化、增强民族文化自信高度重视。

为了贯彻党中央、国务院的重要决策部署，落实立德树人根本任务，办好人民满意的教育，各高校积极开展的中华优秀传统文化教育是大力弘扬中华优秀传统文化的必然举措。因此，我们编写了这本适合高校中华优秀传统文化教育教学的教材。

本书在编写过程中吸收了各家所长，与国内同类教材相比，本书的编写具有以下特点：

一是突出思政引领。围绕立德树人的根本任务，把中华优秀传统文化与思政教育有机融合

为一体,让中华优秀传统文化教育成为思想政治教育的有效载体和途径。

二是突出时代性。按照《关于实施中华优秀传统文化传承发展工程的意见》的要求,紧密结合当代社会特点和时代需要,着力用中华优秀传统文化解决现实问题。

三是突出系统性。对博大精深的中华优秀传统文化进行了梳理概括,基本涵盖了中华优秀传统文化的核心思想理念、中华传统美德、中华人文精神等主要内容。

四是突出可读性。采用图文并茂的方式,把中华优秀传统文化的精髓用通俗的语言和生动的图片表达出来,易教、易学、易懂。

五是突出实践性。无论是阐述原理,还是列举事例,都立足生活、实事求是,便于读者将知识运用于实践中。

本书是"新农科建设背景下农业类高职院校《文学作品赏析》教材开发研究"(GXNGYXJ 2023A001)课题研究成果,在编写过程中,得到了许多专家、学者的指导与支持。同时,为了增强内容的权威性,书中参考了许多学者的文献资料,在此深表敬意与感谢!由于时间紧迫,书中如有疏漏之处,敬请广大读者和专家给予批评指正,以便我们做进一步的修订和完善。

编 者

- 第一章 文化自信：弘扬中华优秀传统文化 1
  - 第一节 什么是中华优秀传统文化 9
  - 第二节 为什么要学习中华优秀传统文化 19
  - 第三节 如何弘扬中华优秀传统文化 20

- 第二章 思想智慧：传统哲学 25
  - 第一节 阴阳互易：辩证发展 27
  - 第二节 天人合一：绿色发展 29
  - 第三节 贵和尚中：和谐发展 33
  - 第四节 知行合一：践履发展 35

- 第三章 道德光芒：传统美德 39
  - 第一节 正心修身：自我道德修养 42
  - 第二节 与人为善：人际关系准则 48
  - 第三节 精忠报国：爱国主义精神 54

- 第四章 笔墨意境：传统书画艺术 59
  - 第一节 书画同源：源远流长 61
  - 第二节 龙飞凤舞：中国书法艺术 69
  - 第三节 以形写神：中国绘画艺术 74

- 第五章 心灵启迪：古典文学艺术 85
  - 第一节 情与理合：中国诗词歌赋的文化精神 87
  - 第二节 思与境谐：中国诗词歌赋的文化旨趣 92
  - 第三节 世间百味：元曲与明清小说的人生百态 97

第六章　雅俗共赏：传统乐舞与戏曲艺术 …… 103
第一节　高山流水：中国传统音乐 …… 105
第二节　霓裳羽衣：中国传统舞蹈 …… 113
第三节　唱念做打：中国传统戏曲 …… 117

第七章　匠心独运：传统建筑与雕塑艺术 …… 125
第一节　庭院幽深：中国古典园林 …… 128
第二节　因地制宜：中国传统民居 …… 134
第三节　巧夺天工：中国传统雕塑 …… 140

第八章　绚丽多彩：传统服饰与习俗 …… 149
第一节　衣冠上国：中国传统服饰 …… 151
第二节　民风淳厚：中国服饰中的传统习俗 …… 160
第三节　四时节令：天文与民俗结合的二十四节气 …… 165

第九章　舌尖意蕴：传统美食与美饮 …… 171
第一节　碗盛天下：中国传统美食文化 …… 173
第二节　杯中日月：中国传统酒文化 …… 181
第三节　壶内乾坤：中国传统茶文化 …… 185

第十章　温故知新：习题 …… 195

参考文献 …… 215

第一章 文化自信

弘扬中华优秀传统文化

习近平总书记高度重视弘扬中华优秀传统文化工作，多次作出重要论述和批示。党的十九大报告指出："文化是一个国家、一个民族的灵魂。文化兴国运兴，文化强民族强。没有高度的文化自信，没有文化的繁荣兴盛，就没有中华民族伟大复兴。"中共中央办公厅、国务院办公厅发布的《关于实施中华优秀传统文化传承发展工程的意见》指出：实施中华优秀传统文化传承发展工程，是建设社会主义文化强国的重大战略任务，对于传承中华文脉、全面提升人民群众文化素养、维护国家文化安全、增强国家文化软实力、推进国家治理体系和治理能力现代化，具有重要意义。

中华优秀传统文化博大精深，是中华民族五千多年的智慧结晶，值得大学生认真学习和借鉴。大学生应当树立高度的文化自觉和文化自信，自觉弘扬中华优秀传统文化，为实现中华民族伟大复兴的中国梦提供强大的精神动力。

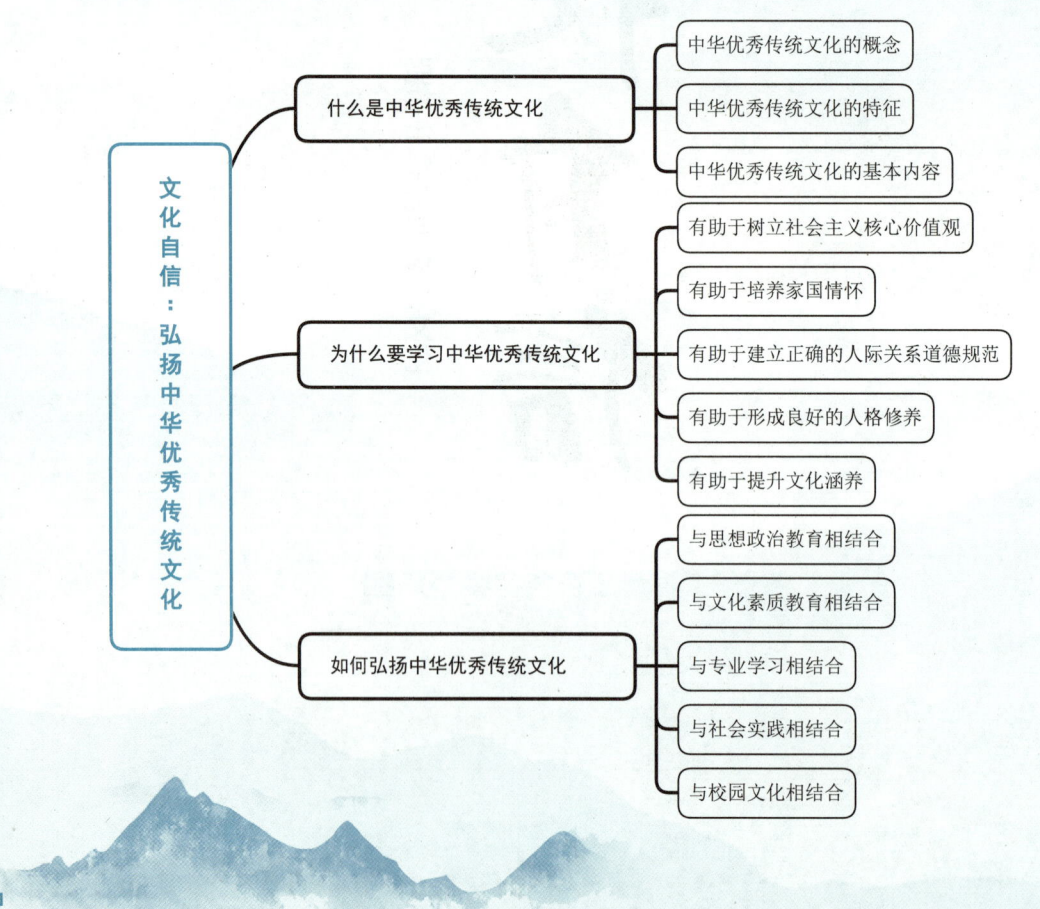

知识目标： 了解中华优秀传统文化的内涵、内容和精髓，理解学习中华优秀传统文化的重大意义，掌握学习中华优秀传统文化的途径和方法。

能力目标： 能够在学习和生活中自觉融入中华优秀传统文化。

思政目标： 增强文化自信，培养家国情怀，强化使命担当，提升道德修养。

学习中华优秀传统文化的重大意义，以及学习中华优秀传统文化的方法途径。

情境导入

2017年1月，中共中央办公厅、国务院办公厅印发了《关于实施中华优秀传统文化传承发展工程的意见》，要求各地区各部门结合实际认真贯彻落实。《关于实施中华优秀传统文化传承发展工程的意见》全文如下。

文化是民族的血脉，是人民的精神家园。文化自信是更基本、更深层、更持久的力量。中华文化独一无二的理念、智慧、气度、神韵，增添了中国人民和中华民族内心深处的自信和自豪。为建设社会主义文化强国，增强国家文化软实力，实现中华民族伟大复兴的中国梦，现就实施中华优秀传统文化传承发展工程提出如下意见。

一、重要意义和总体要求

1. 重要意义。中华文化源远流长、灿烂辉煌。在5000多年文明发展中孕育的中华优秀传统文化，积淀着中华民族最深沉的精神追求，代表着中华民族独特的精神标识，是中华民族生生不息、发展壮大的丰厚滋养，是中国特色社会主义植根的文化沃土，是当代中国发展的突出优势，对延续和发展中华文明、促进人类文明进步，发挥着重要作用。

中国共产党在领导人民进行革命、建设、改革的伟大实践中，自觉肩负起传承发展中华优秀传统文化的历史责任，是中华优秀传统文化的忠实继承者、弘扬者和建设者。党的十八大以来，在以习近平同志为核心的党中央领导下，各级党委和政府更加自觉、更加主动推动中华优秀传统文化的传承与发展，开展了一系列富有创新、富有成效的工作，有力增强了中华优秀传统文化的凝聚力、影响力、创造力。同时要看到，随着我国经济社会深刻变革、对外开放日益扩大、互联网技术和新媒体快速发展，各种思想文化交流交融交锋更加频繁，迫切需要深化对中华优秀传统文化重要性的认识，进一步增强文化自觉和文化自信；迫切需要深入挖掘中华优秀传统文化价值内涵，进一步激发中华优秀传统文化的生机与活力；迫切需要加强政策支持，着力构建中华优秀传统文化传承发展体系。实施中华优秀传统文化传承发展工程，是建设社会主义文化强国的重大战略任务，对于传承中华文脉、全面提升人民群众文化素养、维护国家文化安全、增强国家文化软实力、推进国家治理体系和治理能力现代化，具有重要意义。

2. 指导思想。高举中国特色社会主义伟大旗帜，全面贯彻党的十八大和十八届三中、

四中、五中、六中全会精神,坚持以马克思列宁主义、毛泽东思想、邓小平理论、"三个代表"重要思想、科学发展观为指导,深入贯彻习近平总书记系列重要讲话精神和治国理政新理念新思想新战略,紧紧围绕实现中华民族伟大复兴的中国梦,深入贯彻新发展理念,坚持以人民为中心的工作导向,坚持以社会主义核心价值观为引领,坚持创造性转化、创新性发展,坚守中华文化立场、传承中华文化基因,不忘本来、吸收外来、面向未来,汲取中国智慧、弘扬中国精神、传播中国价值,不断增强中华优秀传统文化的生命力和影响力,创造中华文化新辉煌。

3. 基本原则

——牢牢把握社会主义先进文化的前进方向。坚持中国特色社会主义文化发展道路,立足于巩固马克思主义在意识形态领域的指导地位、巩固全党全国人民团结奋斗的共同思想基础,弘扬社会主义核心价值观,培育民族精神和时代精神,解决现实问题、助推社会发展。

——坚持以人民为中心的工作导向。坚持为了人民、依靠人民、共建共享,注重文化熏陶和实践养成,把跨越时空的思想理念、价值标准、审美风范转化为人们的精神追求和行为习惯,不断增强人民群众的文化参与感、获得感和认同感,形成向上向善的社会风尚。

——坚持创造性转化和创新性发展。坚持辩证唯物主义和历史唯物主义,秉持客观、科学、礼敬的态度,取其精华、去其糟粕,扬弃继承、转化创新,不复古泥古,不简单否定,不断赋予新的时代内涵和现代表达形式,不断补充、拓展、完善,使中华民族最基本的文化基因与当代文化相适应、与现代社会相协调。

——坚持交流互鉴、开放包容。以我为主、为我所用,取长补短、择善而从,既不简单拿来,也不盲目排外,吸收借鉴国外优秀文明成果,积极参与世界文化的对话交流,不断丰富和发展中华文化。

——坚持统筹协调、形成合力。加强党的领导,充分发挥政府主导作用和市场积极作用,鼓励和引导社会力量广泛参与,推动形成有利于传承发展中华优秀传统文化的体制机制和社会环境。

4. 总体目标。到2025年,中华优秀传统文化传承发展体系基本形成,研究阐发、教育普及、保护传承、创新发展、传播交流等方面协同推进并取得重要成果,具有中国特色、中国风格、中国气派的文化产品更加丰富,文化自觉和文化自信显著增强,国家文化软实力的根基更为坚实,中华文化的国际影响力明显提升。

二、主要内容

5. 核心思想理念。中华民族和中国人民在修齐治平、尊时守位、知常达变、开物成务、建功立业过程中培育和形成的基本思想理念,如革故鼎新、与时俱进的思想,脚踏实地、实事求是的思想,惠民利民、安民富民的思想,道法自然、天人合一的思想等,可以为人们认识和改造世界提供有益启迪,可以为治国理政提供有益借鉴。传承发展中华优秀传统文化,就要大力弘扬讲仁爱、重民本、守诚信、崇正义、尚和合、求大同等核心思想理念。

6. 中华传统美德。中华优秀传统文化蕴含着丰富的道德理念和规范,如天下兴亡、匹夫有责的担当意识,精忠报国、振兴中华的爱国情怀,崇德向善、见贤思齐的社会风尚,孝悌忠信、礼义廉耻的荣辱观念，体现着评判是非曲直的价值标准，潜移默化地影响着中国人的行为方式。传承发展中华优秀传统文化，就要大力弘扬自强不息、敬业乐群、扶危济困、见义勇为、孝老爱亲等中华传统美德。

7. 中华人文精神。中华优秀传统文化积淀着多样、珍贵的精神财富，如求同存异、和而不同的处世方法，文以载道、以文化人的教化思想，形神兼备、情景交融的美学追求，俭约自守、中和泰和的生活理念等，是中国人民思想观念、风俗习惯、生活方式、情感样式的集中表达，滋养了独特丰富的文学艺术、科学技术、人文学术，至今仍然具有深刻影响。传承发展中华优秀传统文化，就要大力弘扬有利于促进社会和谐、鼓励人们向上向善的思想文化内容。

三、重点任务

8. 深入阐发文化精髓。加强中华文化研究阐释工作，深入研究阐释中华文化的历史渊源、发展脉络、基本走向，深刻阐明中华优秀传统文化是发展当代中国马克思主义的丰厚滋养，深刻阐明传承发展中华优秀传统文化是建设中国特色社会主义事业的实践之需，深刻阐明丰富多彩的多民族文化是中华文化的基本构成，深刻阐明中华文明是在与其他文明不断交流互鉴中丰富发展的，着力构建有中国底蕴、中国特色的思想体系、学术体系和话语体系。加强党史国史及相关档案编修，做好地方史志编纂工作，巩固中华文明探源成果，正确反映中华民族文明史，推出一批研究成果。实施中华文化资源普查工程，构建准确权威、开放共享的中华文化资源公共数据平台。建立国家文物登录制度。建设国家文献战略储备库、革命文物资源目录和大数据库。实施国家古籍保护工程，完善国家珍贵古籍名录和全国古籍重点保护单位评定制度，加强中华文化典籍整理编纂出版工作。完善非物质文化遗产、馆藏革命文物普查建档制度。

9. 贯穿国民教育始终。围绕立德树人根本任务，遵循学生认知规律和教育教学规律，按照一体化、分学段、有序推进的原则，把中华优秀传统文化全方位融入思想道德教育、文化知识教育、艺术体育教育、社会实践教育各环节，贯穿于启蒙教育、基础教育、职业教育、高等教育、继续教育各领域。以幼儿、小学、中学教材为重点，构建中华文化课程和教材体系。编写中华文化幼儿读物，开展"少年传承中华传统美德"系列教育活动，创作系列绘本、童谣、儿歌、动画等。修订中小学道德与法治、语文、历史等课程教材。推动高校开设中华优秀传统文化必修课，在哲学社会科学及相关学科专业和课程中增加中华优秀传统文化的内容。加强中华优秀传统文化相关学科建设，重视保护和发展具有重要文化价值和传承意义的"绝学"、冷门学科。推进职业院校民族文化传承与创新示范专业点建设。丰富拓展校园文化，推进戏曲、书法、高雅艺术、传统体育等进校园，实施中华经典诵读工程，开设中华文化公开课，抓好传统文化教育成果展示活动。研究制定国民语言教育大纲，开展好国民语言教育。加强面向全体教师的中华文化教育培训，全面提升师资队伍水平。

10. 保护传承文化遗产。坚持保护为主、抢救第一、合理利用、加强管理的方针，做好文物保护工作，抢救保护濒危文物，实施馆藏文物修复计划，加强新型城镇化和新农村建设中的文物保护。加强历史文化名城名镇名村、历史文化街区、名人故居保护和城市特

色风貌管理，实施中国传统村落保护工程，做好传统民居、历史建筑、革命文化纪念地、农业遗产、工业遗产保护工作。规划建设一批国家文化公园，成为中华文化重要标识。推进地名文化遗产保护工作。实施非物质文化遗产传承发展工程，进一步完善非物质文化遗产保护制度。实施传统工艺振兴计划。大力推广和规范使用国家通用语言文字，保护传承方言文化。开展少数民族特色文化保护工作，加强少数民族语言文字和经典文献的保护和传播，做好少数民族经典文献和汉族经典文献互译出版工作。实施中华民族音乐传承出版工程、中国民间文学大系出版工程。推动民族传统体育项目的整理研究和保护传承。

11. 滋养文艺创作。善于从中华文化资源宝库中提炼题材、获取灵感、汲取养分，把中华优秀传统文化的有益思想、艺术价值与时代特点和要求相结合，运用丰富多样的艺术形式进行当代表达，推出一大批底蕴深厚、涵育人心的优秀文艺作品。科学编制重大革命和历史题材、现实题材、爱国主义题材、青少年题材等专项创作规划，提高创作生产组织化程度，彰显中华文化的精神内涵和审美风范。加强对中华诗词、音乐舞蹈、书法绘画、曲艺杂技和历史文化纪录片、动画片、出版物等的扶持。实施戏曲振兴工程，做好戏曲"像音像"工作，挖掘整理优秀传统剧目，推进数字化保存和传播。实施网络文艺创作传播计划，推动网络文学、网络音乐、网络剧、微电影等传承发展中华优秀传统文化。实施中国经典民间故事动漫创作工程、中华文化电视传播工程，组织创作生产一批传承中华文化基因、具有大众亲和力的动画片、纪录片和节目栏目。大力加强文艺评论，改革完善文艺评奖，建立有中国特色的文艺研究评论体系，倡导中华美学精神，推动美学、美德、美文相结合。

12. 融入生产生活。注重实践与养成、需求与供给、形式与内容相结合，把中华优秀传统文化内涵更好更多地融入生产生活各方面。深入挖掘城市历史文化价值，提炼精选一批凸显文化特色的经典性元素和标志性符号，纳入城镇化建设、城市规划设计，合理应用于城市雕塑、广场园林等公共空间，避免千篇一律、千城一面。挖掘整理传统建筑文化，鼓励建筑设计继承创新，推进城市修补、生态修复工作，延续城市文脉。加强"美丽乡村"文化建设，发掘和保护一批处处有历史、步步有文化的小镇和村庄。用中华优秀传统文化的精髓涵养企业精神，培育现代企业文化。实施中华老字号保护发展工程，支持一批文化特色浓、品牌信誉高、有市场竞争力的中华老字号做精做强。深入开展"我们的节日"主题活动，实施中国传统节日振兴工程，丰富春节、元宵、清明、端午、七夕、中秋、重阳等传统节日文化内涵，形成新的节日习俗。加强对传统历法、节气、生肖和饮食、医药等的研究阐释、活态利用，使其有益的文化价值深度嵌入百姓生活中。实施中华节庆礼仪服装服饰计划，设计制作展现中华民族独特文化魅力的系列服装服饰。大力发展文化旅游，充分利用历史文化资源优势，规划设计推出一批专题研学旅游线路，引导游客在文化旅游中感知中华文化。推动休闲生活与传统文化融合发展，培育符合现代人需求的传统休闲文化。发展传统体育，抢救濒危传统体育项目，把传统体育项目纳入全民健身工程。

13. 加大宣传教育力度。综合运用报纸、书刊、电台、电视台、互联网站等各类载体，融通多媒体资源，统筹宣传、文化、文物等各方力量，创新表达方式，大力彰显中华文化魅力。实施中华文化新媒体传播工程。充分发挥图书馆、文化馆、博物馆、群艺馆、美术馆等公共文化机构在传承发展中华优秀传统文化中的作用。编纂出版系列文化经典。加强革命文物工作，实施革命文物保护利用工程，做好革命遗址、遗迹、烈士纪念设施的保护和利用。推动红色旅游持续健康发展。深入开展"爱我中华"主题教育活动，充分利用重大历史事件和中华历史名人纪念活动、国家公祭仪式、烈士纪念日，充分利用各类爱国主义教育基地、历史遗迹等，展示爱国主义深刻内涵，培育爱国主义精神。加强国民礼仪教育。加大对国家重要礼仪的普及教育与宣传力度，在国家重大节庆活动中体现仪式感、庄重感、荣誉感，彰显中华传统礼仪文化的时代价值，树立文明古国、礼仪之邦的良好形象。研究提出承接传统习俗、符合现代文明要求的社会礼仪、服装服饰、文明用语规范，建立健全各类公共场所和网络公共空间的礼仪、礼节、礼貌规范，推动形成良好的言行举止和礼让宽容的社会风尚。把优秀传统文化思想理念体现在社会规范中，与制定市民公约、乡规民约、学生守则、行业规章、团体章程相结合。弘扬孝敬文化、慈善文化、诚信文化等，开展节俭养德全民行动和学雷锋志愿服务。广泛开展文明家庭创建活动，挖掘和整理家训、家书文化，用优良的家风家教培育青少年。挖掘和保护乡土文化资源，建设新乡贤文化，培育和扶持乡村文化骨干，提升乡土文化内涵，形成良性乡村文化生态，让子孙后代记得住乡愁。加强港澳台中华文化普及和交流，积极举办以中华文化为主题的青少年夏令营、冬令营以及诵读和书写中华经典等交流活动，鼓励港澳台艺术家参与国家在海外举办的感知中国、中国文化年（节）、欢乐春节等品牌活动，增强国家认同、民族认同、文化认同。

14. 推动中外文化交流互鉴。加强对外文化交流合作，创新人文交流方式，丰富文化交流内容，不断提高文化交流水平。充分运用文化节展、文物展览、博览会、书展、电影节、体育活动、旅游推介和各类品牌活动，助推中华优秀传统文化的国际传播。支持中华烹饪、中华武术、中华典籍、中国文物、中国园林、中国节日等中华传统文化代表性项目走出去。积极宣传推介戏曲、民乐、书法、国画等我国优秀传统文化艺术，让国外民众在审美过程中获得愉悦、感受魅力。加强"一带一路"沿线国家文化交流合作。鼓励发展对外文化贸易，让更多体现中华文化特色、具有较强竞争力的文化产品走向国际市场。探索中华文化国际传播与交流新模式，综合运用大众传播、群体传播、人际传播等方式，构建全方位、多层次、宽领域的中华文化传播格局。推进国际汉学交流和中外智库合作，加强中国出版物国际推广与传播，扶持汉学家和海外出版机构翻译出版中国图书，通过华侨华人、文化体育名人、各方面出境人员，依托我国驻外机构、中资企业、与我友好合作机构和世界各地的中餐馆等，讲好中国故事、传播好中国声音、阐释好中国特色、展示好中国形象。

四、组织实施和保障措施

15. 加强组织领导。各级党委和政府要从坚定文化自信、坚持和发展中国特色社会主义、实现中华民族伟大复兴的高度，切实把中华优秀传统文化传承发展工作摆上重要日程，加强宏观指导，提高组织化程度，纳入经济社会发展总体规划，纳入考核评价体系，纳入各级党校、行政学院教学的重要内容。各级党委宣传部门要发挥综合协调作用，整合各类资源，调动各方力量，推动形成党委统一领导、党政群协同推进、有关部门各负其责、全社会共同参与的中华优秀传统文化传承发展工作新格局。各有关部门和群团组织要按照责任分工，制定实施方案，完善工作机制，把各项任务落到实处。

16. 加强政策保障。加强中华优秀传统文化传承发展相关扶持政策的制定与实施，注

重政策措施的系统性协同性操作性。加大中央和地方各级财政支持力度，同时统筹整合现有相关资金，支持中华优秀传统文化传承发展重点项目。制定和完善惠及中华优秀传统文化传承发展工程项目的金融支持政策。加大对国家重要文化和自然遗产、国家级非物质文化遗产等珍贵遗产资源保护利用设施建设的支持力度。建立中华优秀传统文化传承发展相关领域和部门合作共建机制。制定文物保护和非物质文化遗产保护专项规划。制定和完善历史文化名城名镇名村和历史文化街区保护的相关政策。完善相关奖励、补贴政策，落实税收优惠政策，引导和鼓励企业、社会组织及个人捐赠或共建相关文化项目。建立健全中华优秀传统文化传承发展重大项目首席专家制度，培养造就一批人民喜爱、有国际影响力的中华文化代表人物。完善中华优秀传统文化传承发展的激励表彰制度，对为中华优秀传统文化传承发展和传播交流作出贡献、建立功勋、享有声誉的杰出海内外人士按规定授予功勋荣誉或进行表彰奖励。有关部门要研究出台入学、住房保障等方面的倾斜政策和措施，用以倡导和鼓励自强不息、敬业乐群、扶正扬善、扶危济困、见义勇为、孝老爱亲等传统美德。

17. 加强文化法治环境建设。修订文物保护法。制定文化产业促进法、公共图书馆法等相关法律，对中华优秀传统文化传承发展有关工作作出制度性安排。在教育、科技、卫生、体育、城乡建设、互联网、交通、旅游、语言文字等领域相关法律法规的制定修订中，增加中华优秀传统文化传承发展内容。加大涉及保护传承弘扬中华优秀传统文化法律法规施行力度，加强对法律法规实施情况的监督检查。充分发挥各行政主管部门在传承发展中华优秀传统文化中的重要作用，建立完善联动机制，严厉打击违法经营行为。加强法治宣传教育，增强全社会依法传承发展中华优秀传统文化的自觉意识，形成礼敬守护和传承发展中华优秀传统文化的良好法治环境。各地要根据本地传统文化传承保护的现状，制定完善地方性法规和政府规章。

18. 充分调动全社会积极性创造性。传承发展中华优秀传统文化是全体中华儿女的共同责任。坚持全党动手、全社会参与，把中华优秀传统文化传承发展的各项任务落实到农村、企业、社区、机关、学校等城乡基层。各类文化单位机构、各级文化阵地平台，都要担负起守护、传播和弘扬中华优秀传统文化的职责。各类企业和社会组织要积极参与文化资源的开发、保护与利用，生产丰富多样、社会价值和市场价值相统一、人民喜闻乐见的优质文化产品，扩大中高端文化产品和服务的供给。充分尊重工人、农民、知识分子的主体地位，发挥领导干部的带头作用，发挥公众人物的示范作用，发挥青少年的生力军作用，发挥先进模范的表率作用，发挥非公有制经济组织和社会组织从业人员的积极作用，发挥文化志愿者、文化辅导员、文艺骨干、文化经营者的重要作用，形成人人传承发展中华优秀传统文化的生动局面。

第一节　什么是中华优秀传统文化

中华民族的复兴和崛起，不仅是经济上的复兴和崛起，同时也是中华文化的复兴和崛起。在历史上，中华民族创造了辉煌灿烂的民族文化，形成了中华民族优秀的文化传统。这种文化不但在历史上让其他的民族赞叹和仰视，而且直到今天仍对世界产生影响。可以说，中华优秀传统文化是我们民族的血脉，是我们每一个中国人的骄傲。文化是一个国家和民族的软实力，如何传承和弘扬中华优秀传统文化，进而进行创造性转化和创新性发展，对于包括大学生在内的全体中国人，都是十分重要的。

一、中华优秀传统文化的概念

理解什么是中华优秀传统文化，关键是如何理解和看待其中的"传统"二字。有人错误地认为，中华传统文化就是传统社会的文化，是封建社会的文化，就应该被打倒。恰恰相反，中华传统文化是勤劳节俭、热爱和平的中国各族人民世世代代创造出的优秀文明和文化，它不但不应该被打倒，反而需要我们弘扬。

中华优秀传统文化是以儒家思想为内核，并以哲学、史学、文学、语言、书法、艺术作品等作为承载形式的、反映中华民族风貌特质的文化，是中华民族语言习惯、文化传统、思想观念、情感认同的集中体现，凝聚着中华民族普遍认同和广泛接受的道德规范、思想品格和价值取向。

思政导学

中华优秀传统文化中蕴含着极其丰富的优秀思想观念、道德规范、价值取向等，作为新时代的大学生，要有意识地从中汲取精神力量，自觉践行社会主义核心价值观，提升思想觉悟和道德修养。

相关链接

中国国粹举例

1. 书画

中国的书法除了具有表达思想、传承文化的作用外，还有艺术欣赏的作用。其优秀代表作品有东晋著名书法家王羲之的《兰亭集序》（图 1-1）等。国画是中国独有的传统绘画形式，是用毛笔蘸水、墨、彩作画于绢或纸上。国画在内容和艺术创作上，体现了古人对自然、社会及与之相关联的政治、哲学、宗教、道德、文艺等方面的认知。其优秀代表作品有元朝著名画家黄公望的《富春山居图》（图 1-2）等。

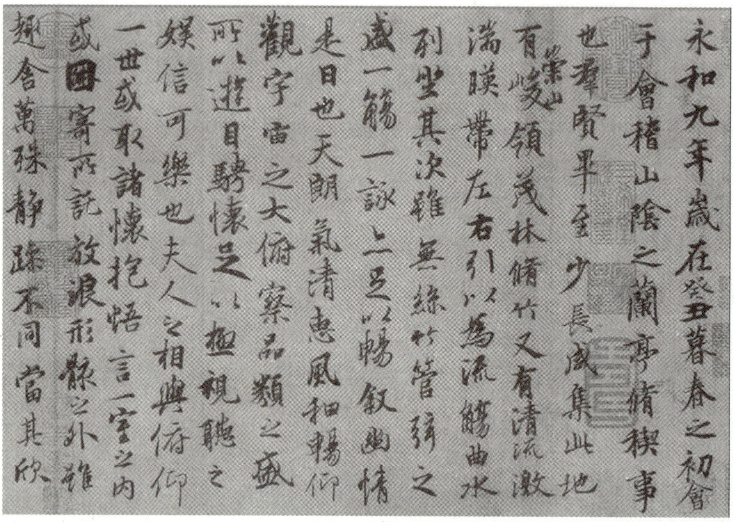

图 1-1　王羲之《兰亭集序》（局部）

图 1-2　黄公望《富春山居图》（局部）

2. 武术

武术又称中国功夫，自商周以来开始流行，具有极其广泛的群众基础。武术套路在技术上要求把内在精气神与外部形体动作紧密结合，形成了独具民族风格的锻炼方法（图 1-3）。

图 1-3　中国古代武术中的拳法

3. 京剧

京剧为中国五大戏剧之首，是具有全国影响力的大剧种之一。它的行当全面、表演成熟、气势宏美，是中国戏曲的代表。作为中华民族传统文化的重要表现形式，京剧中的多种艺术元素，被用作中华传统文化的象征符号。其优秀代表作品有京剧《穆桂英大破天门阵》（图1-4）等。

4. 汉服与丝绸

汉服是中国汉族的传统民族服饰，又称为汉装、华服。自传说中的炎黄时代起，黄帝垂衣裳而天下治，那时汉服已具基本形式，历经周朝的规范制式，到了汉朝已全面完善并逐渐普及，汉人汉服由此得名。随后各朝代的汉服虽有局部变动，但其主要特征不变，均以汉代服饰为基础。汉服体现了汉族人儒雅内秀、神采俊逸、雍容华贵、美丽端庄的气质。中国是世界上最早发明丝绸的国家。西方国家认识中国，就是从丝绸开始的；古代的丝绸之路、海上丝绸之路也是以丝绸为重要纽带的。传说丝绸的发明人是黄帝的妻子——嫘祖（图1-5）。

图1-4　京剧《穆桂英大破天门阵》剧照　　图1-5　北京颐和园长廊彩画"嫘祖养蚕抽丝传说"

5. 茶道

茶道就是品赏茶的美感之道，亦被视为一种烹茶饮茶的生活艺术、一种以茶为媒的生活礼仪、一种以茶修身的生活方式。茶道通过沏茶、赏茶、闻茶、饮茶来增进友谊，美心修德，学习礼法，领略传统美德。茶道精神是茶文化的核心（图1-6）。

6. 瓷器

举世闻名的中国瓷器，也是中华民族的伟大创造和发明，是中华民族的文化瑰宝，是中华民族对世界文明作出的伟大贡献。其主流品种包括青瓷、唐三彩、青花瓷（图1-7）等。

图1-6　中国茶道　　　　　　　　　　图1-7　青花瓷

7. 围棋

围棋（图1-8）是起源于中国的一种古老的智力游戏，是中华民族的伟大发明。围棋属于"中国古代四大艺术"（琴棋书画）之一。据先秦典籍《世本·作篇》记载，"尧造围棋，丹朱善之"。若按此推算，围棋的起源距今已有四千多年。

8. 刺绣

刺绣是中国民间传统的手工艺术，在中国至少有三千年的历史。在中国的传统刺绣工艺品当中，常常将产于江苏省的苏绣、湖南省的湘绣、广东省的粤绣、四川省的蜀绣（图1-9）合称为"中国四大名绣"。

图1-8 围棋

图1-9 蜀绣

9. 剪纸

剪纸（图1-10）是一种非常普及的中国民间传统手工艺术。一般认为，中国在南北朝时期就有了剪纸，在我国流传已有一千五百多年，一直以来深受人们的喜爱。剪纸艺术这一中国民间艺术瑰宝，至今仍然绽放着绚丽的光芒。

图1-10 剪纸作品

二、中华优秀传统文化的特征

中华优秀传统文化具有以下八个方面的特征。

（一）延续性与包容性

人类历史上的四大文明古国文化体系，即中国文化、古印度文化、古巴比伦文化、古埃及文化中，只有一种文化体系是长期延续发展而且从未中断过的，这就是中华传统文化。它延续不断，经久不衰，具有顽强的生命力和应变能力，这正是中华传统文化的一个重要特征。中国古代经历了多次民族融合，但都未能中断中华传统文化；相反，中华传统文化吸收了各民族的新鲜血液，增加了新的生命活力。它之所以有这种顽强的延续性和极大的包容性，是因为它有强大的融合力，周边文化进入中原地区、外域文化进入中国后，大多逐步被中国化、本土化，与原来的汉族文化、中国文化融为一体，成为中国文化不可分割的一部分。

相关链接

中国历史上的民族大融合

中国历史上的民族融合有多轮进程，史学界对此有多种总结，本处引述其中一种说法以供参考：

第一次民族大融合当属春秋战国时期，持续近600年。这次大融合从周平王东迁到秦始皇灭六国，结束战国七雄战乱，统一天下，开启中国历史上第一个大一统朝代——秦朝。中华民族的主体——汉族，也是在这个时期形成。

第二次民族大融合是在魏晋南北朝时期，自汉末到隋朝的建立，持续了400年左右，也是中国历史上思想最活跃的时期之一。在这个时期，科学技术成就突出，文学、绘画、石窟等艺术大量涌现，佛教、儒教和道教文化不断冲突并逐渐合流，促进了文化的繁荣发展。

第三次民族大融合是在唐、五代、宋元时期，历时数百年之久。汉族、契丹族、女真族、党项族（羌）、蒙古族等民族不断对抗、交流与融合，同时中国也加强了与中亚和东欧的联系。比如唐朝推行和亲政策，并与吐蕃和亲（图1-11），建立相对稳定的关系。

图1-11 唐蕃和亲图

第四次民族大融合是在明清时期，同样也是思想文化繁荣发展的时期之一，但晚清也是中华民族遭受西方列强殖民侵略的屈辱时期。

（二）以人为本，重人伦道德

人文主义或人本主义，向来被当作中华传统文化的一大特色。所谓以人为本，就是将人作为考虑一切问题的出发点和归宿。肯定天地之间人为贵，人为万物之灵，在人与物之间、人与鬼神之间，以人为中心，这是中华传统文化的基调。在处理人事与天道的关系时，不少政治家与思想家都主张要先尽人事，然后再考虑天道。中华传统文化还强调人伦道德，强调要正确处理人与人之间的各种关系，在古代要求君要仁、臣要忠、父要慈、子要孝，兄友弟悌，朋友之间要讲义讲信，为人妻要守节，与一般人交往也要讲忠恕之道，要努力做到"己所不欲，勿施于人"等。

（三）自强不息，刚健有为

《易经》中说："天行健，君子以自强不息。"天道的运行是刚健有力、生生不息的，人的活动也应该效法天，应该刚健有为、自强不息。也就是说，应该充分发挥人的主观能动性，要有一种奋斗拼搏、积极向上的精神。这是中华优秀传统文化的一个重要特征。孔子说的"三军可夺帅也，匹夫不可夺志也"，也是这个道理。

思政导学

作为新时代的大学生，要树立崇高的理想信念和远大志向，拥有自强不息、努力拼搏的精神，认真学习，勤于实践，勇于创新，为实现中华民族伟大复兴作出自己的贡献。

（四）强调人格，提倡节烈

孔子说："志士仁人，无求生以害仁，有杀身以成仁。"又说："天下有道则见，无道则隐。"孟子认为，生命与道义都是可贵的，假如二者不能兼得，就应该舍生以取义。他认为，作为一个大丈夫，应该具备"富贵不能淫，贫贱不能移，威武不能屈"的精神。正是在这种优秀传统文化的熏陶下，我国历史上出现了苏武、杨业、岳飞（图1-12）、文天祥等无数忠贞爱国的英雄。这种思想，在进行现代化建设的今天，仍然具有很强的现实意义。

图1-12　岳母刺字

（五）崇尚统一，维护国家利益

我国从夏朝开始就出现拥有"天下共主"观念的王朝。春秋战国时期的诸侯长期割据混战，当时的政治家、思想家所向往和追求的就是国家统一、法度统一的理想社会。秦始皇建立了我国历史上第一个统一的封建王朝，并采取了一系列巩固国家统一的措施。自此以后，虽然朝代更迭、时代变迁，但追求国家统一、维护国家利益，成为仁人志士乃至普通民众的共同责任和追求，涌现出无数可歌可泣的英雄人物和事迹。所有这些都说明，崇尚统一、维护统一是中华民族的优良传统。

（六）持中贵和，崇尚中庸

"和"作为哲学范畴，是指对立面的统一。"和实生物"，只有"和"，万物才得以生长，天下才能太平，国家方能兴旺，个人才能幸福。《礼记·中庸》说："万物并育而不相害，道并行而不相悖。""中也者，天下之大本也；和也者，天下之达道也。致中和，天地位焉，万物育焉。"在天人关系即人与自然界的关系上，先秦各家多以"和"为最高理想。汉代的董仲舒在先秦哲学基础上提出了"天人合一"的主张，认为天与人、天道与人道、天性与人性都是相类相通的，因此可以达到和谐与统一。经过长期的历史沉淀，持中贵和的精神渐渐成为中华民族普遍的社会心理和中国文化持之以恒的追求。

相关链接

"和合"文化

"和合"最早见于春秋时期《国语·郑语》："商契能和合五教，以保于百姓者也。"意思是说，商契能把"父义、母慈、兄友、弟恭、子孝"等"五教"（五种不同的道德规范）加以和合施行，使百姓安身立命。

儒家学派创始人孔子以"和"作为人文精神的核心。其弟子有子曰："礼之用，和为贵。"这代表了孔子的思想，认为治国处世、礼仪制度应以"和"为价值标准。

《管子》将"和合"并举，指出："畜之以道，则民和；养之以德，则民合。和合故能习，习故能偕，偕习以悉，莫之能伤也。"（《管子集校》第八）认为蓄养道德，人民就和合，和合便能和谐，和谐所以团聚，和谐团聚，就不会受到伤害。管子给"和合"以高度重视。

《周易》提出十分重要的和观念，讲"保合大和，乃利贞"（《周易集解》卷一）。重视合与和的价值，认为保持完满的和谐，万物就能顺利发展。

到了当代，中国人民大学哲学院教授张立文提出了"和合文化"一词。"和"是中国哲学中一个很重要的概念，"和"本身已经包含了"合"的意思，就是由相和的事物融合而产生新事物。张教授要突出"融合"这一点，就在"和"后面加了"合"。他在中华传统文化中将这一精神加以阐发，从而有了"和合学"。

（七）儒道互补，三教合流

以孔子为代表的儒家学派曾是春秋时期的"显学"，经过孟子、荀子的继承与发展，在战国时期仍然占有极其重要的地位。到了汉武帝时，儒学一下子从"子学"变成了官学。从此以后，儒学虽然也曾几经变化，却一直作为中华传统文化的正宗。以老庄为代表的道家，是先秦诸子中与儒家并驾齐驱的一大流派。从许多方面来看，它是与儒家既对立又相通的学派：儒家重视"人事"，道家尊崇"天道"；儒家主张"有为"，道家倡导"无为"；儒家强调个人对家族、国家的责任，道家则醉心于个人对社会的超脱。同时，儒家的"天人合一"学说与道家的崇尚自然也有一定相通之处。东汉以后，随着道教的兴起和佛教的传入，逐渐形成了儒、释、道三家鼎立的局面。魏晋玄学从本质上可以说是儒道结合的产物，宋明理学则是儒、释、道三教合流的产物。

（八）知行合一，经世致用

中国古代各派学者都倾向于应用和实用，于是形成了中华传统文化中实事求是的思想方法、身体力行的价值取向和经世致用的治学传统。荀子在《天论》篇中说："不为而成，不求而得，夫是之谓天职。如是者，虽深，其人不加虑焉；虽大，不加能焉；虽精，不加察焉。夫是之谓不与天争职。"荀子的这种治学重点和治学态度，对于中华传统文化中实用理性的形成起了重要作用。正是在这种经世致用的治学传统影响下，中国古代的科学也成为实用科学：无论天文、数学、医药、地理、农学水利，乃至四大发明，大多是与国计民生密切相关的实用科学。这些实用科学的成就之高、解决实际问题的能力之强，曾在世界历史上遥遥领先。

思政导学

> "知行合一"，既指理论与实践相统一，又指言与行相统一。也就是说，我们要正确处理理论与实践的关系，坚持"实践是检验真理的唯一标准"，从实践中来，到实践中去。同时，我们还要言行一致，表里如一，说到做到。

三、中华优秀传统文化的基本内容

中华传统文化不仅历史悠久，蕴藏丰厚，而且组成元素众多，涉及政治、思想、生活各个领域。

（一）图腾祥瑞文化

代表祥瑞的图腾主要有龙、凤、麒麟、灵龟等。龙是中华民族的象征，龙也代表男性、皇权、阳刚。凤则代表女性、母仪和美丽。龙凤呈祥代表夫妻恩爱和谐（图1-13）。麒麟、灵龟都是龙族，也是祥瑞象征。

（二）哲学思想文化

中华哲学思想文化主要是儒家文化和道家文化。它们经世流传，不断丰富和发展，成为中国哲学思想的核心和主流。儒家哲学思想是以"仁"为核心，以"人为贵"为中心的思想体系，主要

图1-13　龙凤呈祥

包括以"格物、致知、诚意、正心、修身、齐家、治国、平天下"为内核的人生进阶和社会治理哲学,以及以"仁、义、礼、智、信"为内核的价值观哲学。道家哲学以"道"为宇宙万物的本原和道家学说的中心范畴,崇尚自然,主张返璞归真,回归自然状态,主张"无为而治"。同时,道家哲学思想中饱含着辩证法思想。

思政导学

中国传统哲学思想是人类的智慧瑰宝,为世界哲学、心理学乃至科学技术的发展提供了重要借鉴,作出了重大贡献。比如,中国道家学派代表作《老子》(《道德经》)对世界哲学产生了重大影响。英国哲学家克拉克认为,现代经济自由市场的原理就是源自《老子》的"无为而治"。德国哲学家尼采认为,老子思想的集大成——《道德经》像一个永不枯竭的井泉,满载宝藏,只需放下汲桶,便唾手可得。

(三)宗教文化

中国的宗教文化可以简称为"儒释道"或"儒道释"。儒家文化倡导血亲人伦、现世事功、修身存养、道德理性,其中心思想是孝、悌、忠、信、礼、义、廉、耻,其核心是仁爱。道家文化崇尚自然,同时主张清静无为,反对斗争。佛教文化的精髓是慈悲。

(四)音乐戏曲文化

中国传统音乐戏曲主要有:一是以传统乐器演奏的著名传统曲目,乐器主要有琴、筝、二胡、唢呐、笙、锣鼓等;二是各地各派戏曲,它的特点是将文学、音乐、舞蹈、美术、武术、杂技及表演艺术融合而成,在共同的性质中体现其各自的个性。京剧、豫剧、越剧被誉为"中国戏曲三鼎甲"。

中国的传统音乐和戏曲,在世界音乐史和戏剧史上都具有重要地位,值得我们为之骄傲和自豪。我们要坚定文化自信,为弘扬中华优秀传统文化作出自己的贡献。

(五)书画与剪纸文化

中国书法是书写汉字的艺术,也是中国特有的一门艺术。中国传统绘画主要是水墨画即国画,主要有山水、花鸟、人物画。中国画在构图、用笔、用墨、敷色等方面,也都有自己的特点。剪纸艺术具有非常浓烈的民族特色和民间特点。中国的剪纸既包含了绘画美术的艺术性、工匠技术的技巧性,又有图腾祥瑞的寓意美好性及装饰性。

(六)服装穿戴文化

中国有五十六个民族,每个民族都有其独特而美丽的民族服装。随着历史的发展与变迁,民族服装也在不断变化,具有代表性的中华民族服装有汉服、旗袍等。各民族佩戴的装饰丰富多彩、美观实用。如汉族传统佩戴装饰主要是玉,玉寓意吉祥如意;壮族妇女喜欢佩戴耳环、手镯、项圈等；羌族女性喜欢佩戴银簪、耳环、耳坠、领花、银牌、手镯、戒指等。

（七）生活文化

生活文化主要包括以下几点：

（1）礼仪文化：生活中的礼仪主要有拱手作揖、鞠躬等。婚礼、祭祀等则另有一套严格程序的礼仪。

（2）饮食文化：中国的饮食文化独具一格，世界闻名。饮即喝茶、喝酒，形成了独特的茶文化、酒文化。食即吃的饭菜食物，形成了著名的八大菜系，即苏菜（淮扬菜）、浙菜、川菜、湘菜、闽菜、粤菜、徽菜、鲁菜。

（3）陶瓷文化：陶瓷不但是生活器皿，同时又有艺术文化特性。我国古代文物、古董中陶器、瓷器占有重要地位。

（4）节日文化：在季节上分二十四节气，用于指导农业生产。在生活上，比较重要的节日有春节、元宵节、端午节、中秋节、重阳节等。每个节日都有很多不同的习俗，如吃有特定意义的食物，如元宵、粽子、月饼等。

（八）武术文化

中国武术在世界上称为中国功夫。中国武术有各种门派，如少林拳、武当功、太极拳等。中国武术可以强身健体、防身自卫、修炼心性。中国武术主要内容包括搏击技巧、格斗手法、攻防策略和武器使用等技术。

（九）建筑文化

中式建筑中，皇家古典建筑气势恢宏、壮丽华贵、雕梁画栋、金碧辉煌，造型讲究对称，色彩讲究对比，装饰材料以木材为主，图案多为龙、凤、龟、狮等，精雕细琢、瑰丽奇巧。南方园林则是小桥流水人家，青砖小瓦、飞檐楼阁，如苏州拙政园（图1-14）。而北方建筑代表是四合院。另外还有其他因气候地势的不同而形成的不同风格的建筑，如窑洞、吊脚楼、藏族碉房等。

图1-14　苏州拙政园

第二节　为什么要学习中华优秀传统文化

中华优秀传统文化是中华民族长期生活实践活动的历史积淀，是无数人用终身感悟沉淀下来的文化精髓，对每个人的生存和发展具有极其重要的指导意义，需要得到传承和发展。而当代大学生既是先进文化的吸收者，也是中国未来的建设者，因此，大学生学习中华优秀传统文化，意义重大。

一、有助于大学生树立社会主义核心价值观

社会主义核心价值观在中国整体社会价值体系中居于核心地位，发挥着主导作用，决定着整个价值体系的基本特征和基本方向。社会主义核心价值也是高校思想政治教育的核心部分，统领思想政治教育的各个方面。高校是先进文化的传播阵地，将中华优秀传统文化引入高校，让大学生自觉学习中华优秀传统文化，将会极大地促进大学生思想道德建设，丰富大学生思想道德建设的内涵，从而帮助大学生牢固树立社会主义核心价值观。

 相关链接

> **社会主义核心价值观**
> - 国家层面的价值目标：富强、民主、文明、和谐
> - 社会层面的价值取向：自由、平等、公正、法治
> - 个人层面的价值准则：爱国、敬业、诚信、友善

二、有助于培养大学生的家国情怀

以国为家、家国一体、先国后家，是中华传统文化的重要内容。这种"天下兴亡，匹夫有责"的信念和情怀，对维系国家统一、民族团结，促进中华民族的发展，起到了十分重要的作用。我们应在中国共产党的领导下建设中国特色社会主义，为实现中华民族伟大复兴的中国梦而努力奋斗。每一位大学生都要深刻认识到中国梦是每个人的梦，每个人都要以祖国的繁荣为最大的光荣，以国家的衰落为最大的耻辱，增强国家认同，培养爱国情感，树立民族自信，形成为实现中华民族伟大复兴的中国梦而不懈努力的共同理想追求，发扬"天下兴亡，匹夫有责"的精神，做有自信、懂自尊、能自强的中国人。

三、有助于大学生建立正确的人际关系道德规范

"仁爱共济、立己达人"是中华优秀传统文化，特别是儒家思想中十分重要的价值观念和道德追求。儒家以仁为思想核心，以义为价值准绳。在孔子的学说中，"人"和"己"是不可分的。孔子的哲学是事事从"我"做起，从自己做起，每个人都把自己做好，整个社会自然就好。

每个人在做人和做事的时候都要考虑别人，也就是把别人也当作自己，要"推己及人"。因为，别人的别人就是自己，害人其实也是害己。孔子的名言是"己所不欲，勿施于人""己欲立而立人，己欲达而达人"。这种"立己达人"的人生哲学和人际关系道德规范在今天仍然具有十分重要的意义。大学生要做高素养、讲文明、有爱心的中国人，就要学习和借鉴中华优秀传统文化中"仁爱共济、立己达人"的道德思想。

 思政导学

> 大学期间的人际关系非常重要，我们要从中华优秀传统文化中汲取人际关系道德规范的养料，掌握人际交往的礼仪规范，构建和谐的同学关系、师生关系，为今后走向职场奠定坚实的基础。

四、有助于大学生形成良好的人格修养

人格修养在中华优秀传统文化，特别是儒家思想中占有十分重要的地位。而要讲人格修养，首先要讲"正心"，即修养自身的品性。"正心"的关键在于"正"字，正，就是端正。大学生不仅要提升人格修养，还要"笃志"。笃志指的是专心致志、一心一意，无论做人还是求学，都要从小立志，做到坚韧不拔、持之以恒，方能成功。"正心笃志"和"崇德弘毅"，其实就是端正品行，培养良好的心理素质，这对当代大学生都是十分重要的。因此，大学生要不断提升以"正心笃志、崇德弘毅"为重点的人格修养，使自己能够明辨是非、遵纪守法、坚韧豁达、奋发向上，自觉弘扬中华民族的优秀道德传统，形成良好的道德品质和行为习惯，做一个知荣辱、守诚信、敢创新的新时代大学生。

五、有助于大学生提升文化涵养

书法、绘画、诗词、歌赋、音乐、舞蹈、饮食、武术、建筑、雕刻等中国传统艺术，均能陶冶人的性情，提高人的文化欣赏力和审美能力，从而使人具有儒家所说的"雅"的气质。通过学习中华优秀传统文化，做一个知书达礼、讲礼知义、有较高审美品位、有文化内涵的现代中国大学生，这也是我们应当追求的一个目标。

第三节　如何弘扬中华优秀传统文化

弘扬中华优秀传统文化，既是每个大学生肩负的神圣职责和使命，也是学校的一项义不容辞的重要任务。弘扬中华优秀传统文化，需要学校和学生共同努力。

一、把弘扬中华优秀传统文化与思想政治教育相结合

在思想政治教育中融入中华优秀传统文化，能够将中华优秀传统文化不断传承下去。中华优秀传统文化中的许多优秀精神，包括自强不息的精神、仁善的精神等，能够为思政工作提供较为丰富的文化资源。学校将中华优秀传统文化的优秀精神融入思想政治教学中，使两者相互促进，相得益彰。

（一）在弘扬中华优秀传统文化中融入思想政治教育

弘扬中华优秀传统文化的一个非常重要的目的，就是提升大学生的思想政治素养和道德品质。因此，在弘扬中华优秀传统文化的过程中，大学生和学校要有意识地渗透思想政治教育的内容，吸取中华优秀传统文化的精神力量，在政治意识、家国情怀、道德品质等方面得到全面熏陶和提升。

（二）在思想政治教育中弘扬中华优秀传统文化

中华优秀传统文化中含有大量的思想政治教育元素，可以直接应用到学校的思想教育工作中。为了更好地达到思想政治教育的目的，学校要有意识地把中华优秀传统文化的内涵价值在思政教育教学中体现出来，让中华优秀传统文化为思政教育提供思想基础和文化养料，让大学生在不断理解中华优秀传统文化的过程中，形成良好的思想道德品质。

二、把弘扬中华优秀传统文化与文化素质教育相结合

2017年9月，中共中央办公厅和国务院办公厅联合印发了《关于深化教育体制机制改革的意见》，明确指出要深化全国的教育体制改革，在全国范围内实施素质教育。素质教育是未来教育改革的目标，也是提升大学生人文素养的根本措施。

中华优秀传统文化博大精深，有十分丰富的内涵，在培养人们的价值取向、陶冶人的情操和培养人的修养方面具有积极的作用。深入学习中华优秀传统文化，对大学生树立正确的世界观、人生观、价值观具有重要作用。因此，在素质教育改革过程中融入中华优秀传统文化，培育和提升大学生的文化素质，是当前深化教育教学改革的客观需求。作为大学生，应该合理利用这些优秀传统文化，有效培育和提升自己的人文素质，最终实现素质教育的目标。

弘扬中华优秀传统文化是大学生文化素质教育的重要组成部分，大学生要自觉把两者紧密融为一体，在文化素质教育过程中大力弘扬中华优秀传统文化，在弘扬中华优秀传统文化过程中有目的地提升文化素质，这样，才能让弘扬中华优秀传统文化成为文化素质教育的重要途径和力量源泉。

思政导学

> 文化素质教育是高等教育的重要使命，文化素养是大学生应具备的重要素质。大学生在自觉弘扬、传承中华优秀传统文化的同时也能较好提升自身的文化素养。

三、把弘扬中华优秀传统文化与专业学习相结合

大学生在弘扬中华优秀传统文化的过程中，同样要在专业学习中融入中华优秀传统文化，实现二者的有机结合。弘扬中华优秀传统文化，能够强化专业学习的道德引领和精神塑造，培养大学生的专业精神。在专业学习中，挖掘和融入中华优秀传统文化元素，如工匠精神、诚信文化等，能够提高专业课程的"含金量"和"温度"。对于弘扬中华优秀传统文化来说，以专业学习为载体，把中华优秀传统文化元素融入专业课程中，也拓展了弘扬中华优秀传统文化的途径，二者之间显性与隐性互补，实现了"道"和"器"的协同效应。

专业课学习是大学生接受教育的主渠道，要充分利用这个主渠道，将中华优秀传统文化元素融合到专业课的学习中，吸收优秀传统文化的"营养"，使专业学习变得更加丰满、更有灵性，专业学习也因此更具亲和力与吸引力。当然，在专业课学习中融入中华优秀传统文化，不仅限于将中华优秀传统文化元素融入专业学习内容中，也可以结合专业学习特点，通过讨论式、案例式、模拟式、项目式等方式来融入中华优秀传统文化元素。

思政导学

在专业学习中，要善于挖掘和融入中华优秀传统文化元素，如职场道德、行为礼仪、工匠精神等，提高专业课学习的"含金量"和"温度"，让专业课学习更有趣味、更有动力和吸引力。

四、把弘扬中华优秀传统文化与社会实践相结合

弘扬中华优秀传统文化与社会实践相结合，是大学生认识世界的重要方式。社会实践强调的是对知识的应用和发展，实践过程就是对思想和理论的验证。大学生只有参与到社会实践中，才能真正了解我国当前文化建设和文化软实力的形势，了解全社会弘扬中华优秀传统文化所取得的伟大成就。也只有亲身参与弘扬中华优秀传统文化的社会实践活动，才能不断增强文化自信，形成正确的价值观，提高文化素养。

大学生要积极参与弘扬中华优秀传统文化的各种社会实践活动。通过社会实践活动，在传播优秀传统文化的同时，也能感受文化价值，强化文化意识，提高自身的文化素养。在社会实践活动中，大学生可以组建各类"中华优秀传统文化"社团，组织开展中华优秀传统文化征文比赛、书画比赛、演讲比赛、知识讲座等实践活动，也可参加校外的文化政策宣传、文化主题调研等社会实践活动。

思政导学

弘扬中华优秀传统文化，必须在社会实践中进行传播和运用，才能取得更好的效果。所以，大学生应积极深入社会一线，身体力行地传播和创造性运用中华优秀传统文化。

五、把弘扬中华优秀传统文化与校园文化相结合

中华优秀传统文化中，有"仁、义、礼、智、信"的价值观，有传世的文学作品，有卓越的工匠精神，有辉煌的艺术成就，有优秀的民族精神等。中华优秀传统文化与校园文化相结合，能够为校园文化建设指明方向，能够引导校园文化建设，进而提升校园文化的内涵，促进大学生的全面发展。同时，中华优秀传统文化也能丰富大学生的阅历、完善大学生的知识体系，潜移默化地影响大学生，使其成为更具哲学思维的优秀人才。

要在校园文化建设中更好地融入中华优秀传统文化，营造良好的校园环境，加强对中华优秀传统文化的应用。比如，在学校黑板报上绘制一些有关传统文化的图画与内容，在校园的文化墙上设置相关的内容，在图书馆的外墙与内墙悬挂一些优秀传统文化的图片与文字等，为大学生提供一个多元、健康的文化环境。

在校园文化建设中，还要把弘扬中华优秀传统文化融入大学生的日常学习和生活中，让大学生时时处处感受到中华优秀传统文化的力量，潜移默化地影响大学生的思想觉悟和道德品质。

思考：

1. 中华优秀传统文化的基本内容包括哪些？
2. 中华优秀传统文化有哪些鲜明的特点？
3. 结合自己的实际，谈谈为什么要弘扬中华优秀传统文化。
4. 结合自己的实际，谈谈如何弘扬中华优秀传统文化。

实践：

1. 以"中国传统××"为主题，从网上收集中华优秀传统文化的代表性成就，如"中国传统名曲""中国传统民间艺术""中华传统美德"等。
2. 小组讨论：在数字经济时代如何弘扬中华优秀传统文化？
3. 熟悉的中华优秀传统文化大接龙：用接龙的方式，每个同学说出自己非常熟悉甚至能表演的一项优秀传统文化项目，如琴棋书画、音乐曲艺、文学作品、中医中药、建筑雕刻、风土人情等。

第二章 思想智慧

传统哲学

中国传统哲学是中华民族内在的文化精神和文化模式的理性展现，凝聚了中华文化的根本精神，是中华传统文化的核心内容。《易经》含有天、地、人"三才一体"的思想，认为天、地、人是构成宇宙的三种力量，它们有各自的作用，但又相互统一。历代先哲们力图在调节天、地、人三者的关系中找到智慧和力量，最终达到和谐境界。在这种目标的指引下，阴阳互易、天人合一、贵和尚中、知行合一等哲学思想应运而生，由此铸造了中华民族胸怀宽广、热爱和平、团结和睦的品格。

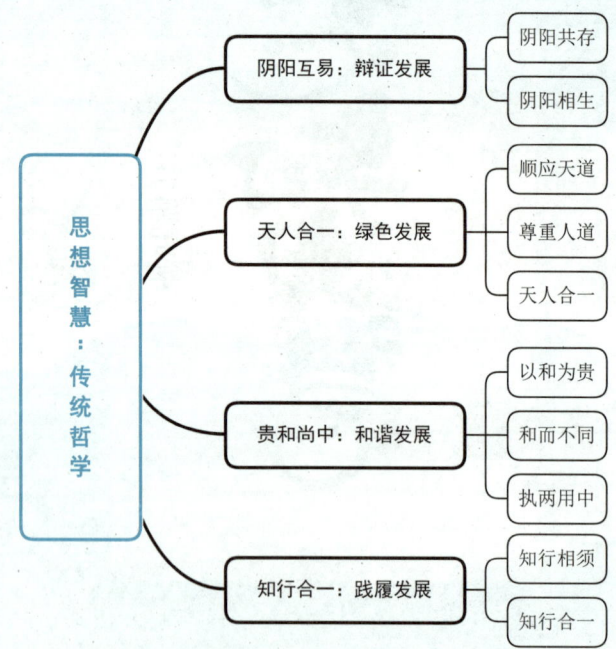

第二章 | 思想智慧：传统哲学

知识目标：了解中国传统哲学的特点和精髓，知道阴阳互易、天人合一、贵和尚中、知行合一的内涵与时代价值，熟悉老子、孔子等几位中国传统哲学的代表人物及其思想。

能力目标：通过了解和学习中国传统哲学，获得一定的哲学智慧，并能够将这种智慧运用到现实生活中。

思政目标：深刻理解中国传统哲学的思维方式和精神追求，使自己具备一定的哲学素养，掌握正确处理人与自然、人与社会、人与他人关系的哲学思维方式。

阴阳互易、天人合一、贵和尚中、知行合一的哲学思想在新时代的价值及其应用。

春秋时期鲁国国君鲁宣公喜欢到泗水河去捕鱼。有一年夏天，鲁宣公照例又在泗水的深潭旁拿网捕鱼。当时管理水产狩猎的官吏不在，跟随他的大臣里革站出来，当着众人的面把鲁宣公的渔网撕毁，扔进水里。鲁宣公暴跳如雷，里革却不紧不慢地陈述夏天捕鱼的不对，并告诫鲁宣公，春天是"鸟兽孕，水虫成"的时期，要"禁罗"，就是禁止上山网罗鸟兽，只能刺取鱼鳖，做成供夏天食用的干鱼，这是为了"助生阜也"（意即帮助鸟兽繁殖）；入夏开始，进入"鸟兽成，水虫孕"时期，水生物有的正在怀孕，就要禁止下网捕鱼，只设陷阱捕捉禽兽，这是为了"畜功用也"（意即为国家积蓄养生资源）；秋冬季狩猎，禁止猎杀小鹿等幼兽，要等"大寒降，土蛰发"，方可整理网钩，捕捉鱼鳖。鲁宣公听后愧然诚服。

这个故事告诉我们，中国古人很早就已经懂得，人只有顺应和爱护自然才能有效利用自然，天人才能和谐。这其实就是中国古代先哲所追求的"天人合一"。中国古代哲学充满了睿智之光，阴阳互易、天人合一、贵和尚中是其中的三根精神巨柱，中国古代的这些哲人之思至今仍散发着耀眼的精神之光。

第一节 阴阳互易：辩证发展

中国传统哲学思想中，阴阳互易的思想是将世界万物看作阴阳对立统一的产物，用"一阴一阳之谓道"来总结天地间万物的本性及其发展变化规律；再用"阴生阳，阳生阴"来揭示事物变化的根源在于其内部对立双方的相互作用；又用"生生之谓易"来阐释事物的变易总是生生相续、永无止境的。

一、阴阳共存

阴阳的概念源自古代中国人民的自然观。"阴阳"本义是指日照的向背。《说文通训定声》记载，"阴者见云不见日，阳者云开而见日"。古人观察到自然界中各种对立又相联系的大自然现象，静态现象如天地、日月、昼夜、寒暑、男女等，动态现象如雨水的天降地受、月光来自日光、昼亮夜黑、冬冷暑热等，都被笼统地称为阴阳。

相传伏羲仰观天文，俯察地理，近取诸身，远取诸物，始作八卦。他所创造的八卦符号，起初可能表示天地之区别，但也是最早对阴与阳进行抽象化符号表达的。随着古人认识的不断发展，特别是当《易经》形成阴阳对立、统一而相互转化观念时，"阴阳"的概念才逐渐由模糊变得清晰，并被广泛应用。

到春秋战国时期，思想家们开始用"阴阳"这一概念来解释自然界中相互对立、此消彼长的物质或其属性，"阴阳"逐渐成为中国哲学中十分重要的范畴。"阴阳"既指天地间化生万物的阴阳二气，又指宇宙间贯通物质和人事的两大对立面，同时指阴类、阳类两种属性。阴类具有柔弱、向下、收敛、隐蔽、内向、收缩、含蓄、消极、安静等特性；阳类具有刚健、向上、生发、展示、外向、伸展、明朗、积极、好动等特性。

中国传统哲学认为，阴与阳作为构成世界万物最基本的两种元素和力量，既相互依存，又相互渗透，阴中有阳，阳中有阴。

 思政导学

> 早在中国古代，就有了"阴阳共存"这种朴素的辩证法思想。阴和阳两种属性、两种力量，相互包含、相互对立、相互转化、相互依存。阴阳与矛盾在某种程度上有相似性，但是在马克思主义哲学引入中国时选用了"矛盾"一词来翻译其对立统一的概念，说明二者是有一定差异的。

二、阴阳相生

由于世间万物皆由阴和阳两种元素和力量构成，而阴、阳作为矛盾体，又总是处于不断消长的过程中，因而万事万物也总是处于不断生成、发展与演变之中。反过来说，万物的起源、发展、变化、结束，都是阴与阳这两种因素（或力量）造成的。阴阳二气千变万化，生生相续，永无止境，这就是"阴阳相生"。

阴与阳之间相互作用，推动宇宙生生不息，变化无穷，此乃天地间一切事物的本质及发展变化的规律。《易经》将宇宙万物的产生形成过程推演为：太极→两仪→四象→八卦→六十四卦→万事万物。其中，太极表示宇宙的根源和阴阳统一的状态，阴阳作为既对立又统一、相辅相成的矛盾体构成太极；这两种符号两两重合后，达到四象；四象再分阴阳即为八卦；再由八卦相互重合成为六十四卦。此宇宙生成论模式将阴阳的辩证运动过程，表示为数的运动过程，并进而成为抽象的符号推演系统，是人类一个伟大而了不起的发明。

中国古代先哲所归纳出的"阴阳五行"学说，同样是基于阴阳统一与阴阳流转生变的思想。老子说："道生一，一生二，二生三，三生万物。万物负阴而抱阳，冲气以为和。"其中包含了

万物是天地阴阳合气而生的思想。气作为世界的基本元素,在自然界阴阳相互作用下,产生五行,即金、木、水、火、土;五行相互作用,则产生宇宙万物的无穷变化;由于阴阳互相对立消长,五行相生相克,万物得以和谐发展。这说明中国人很早就把宇宙看成一个互相关联的整体,天地与人之间有一种深刻的互动关系。中国传统哲学把这种对称和对立的联系总结概括为"阴阳五行"学说,并借助于这些基本要素及其他一些由此而生的次要关系把宇宙组成一个统一的整体。

思政导学

阴阳学说用于特定的、具体的人体与自然界,而马克思主义哲学中的"对立统一规律"矛盾学说是抽象的、意识形态领域认识世界、改造世界的世界观和方法论。

相关链接

《易经》(图 2-1)分为《上经》三十卦,《下经》三十四卦。由于《易经》成书很早,大约在西周初年,文字含义随时代演变,《易经》的内容在春秋战国时便已不易读懂。因此,春秋战国时期的人(孔子为代表人物之一)撰写了《十翼》,以解读《周易》,又称为《易传》,经传合一,终成《易经》。人们普遍认为《周易》最初是占卜用的书,但它的影响遍及中国的哲学、宗教、医学、天文、算术、文学、音乐、艺术、军事和武术等领域。自17世纪开始,《周易》被介绍到西方。

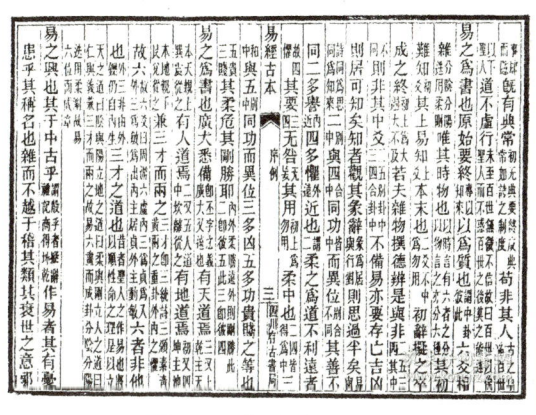

图 2-1 《易经》古刻本

第二节 天人合一:绿色发展

天人合一的认识起源于老庄哲学思想。老庄,是老子(图 2-2)和庄子(图 2-3)的并称,也指老学和庄学的合称,其观点首先承认:人是自然的一部分。《庄子》有言:"有人,天也;有天,亦天也。"自然与人本是合一的,但由于人制定了各种典章制度、道德规范,使人丧失了原来的自然本性,变得与自然不协调。人修行的目的,便是"绝圣弃智",打碎这些加之于人身的樊篱,将人性解放出来,重新回归自然,达到一种"万物与我为一"的精神境界。天地之中只有万物,人类无论智力如何发达,不过是万物中的一员。

人类需要与自然合作，与自然和谐相处，这样才会产生世界上和而不同的美好事物，才能使人类文明实现可持续发展。

图2-2　老子

图2-3　庄子

一、顺应天道

所谓"天道"，在中国传统哲学中，是指自然界普遍存在的自然规律，也就是道家所说的"道法自然"的"道"。

顺应天道，要求对自然万物怀有敬畏之心，尊重大自然。比如，孔子说："伐一木，杀一兽，不以其时，非孝也。"程颢说："仁者，以天地万物为一体，莫非己也。"这反映了古代圣人在顺应天道的前提下利用自然，对自己的行为加以节制，同时反哺自然的理念。另外，中国古人强调"取之有道，用之有度"，也是顺应天道的生动体现。

顺应天道，也要求对自然规律怀有敬畏之心，尊重自然规律。中国传统哲学对于自然规律有着两方面的解读：一是客观性。认为自然规律是万物所固有的，顺道者存，逆道者亡。二是神化。认为自然万物运行的规律具有一定的神秘性，人类不可掌控，也难以掌握。

总的来说，中国传统哲学要求人们尊重万事万物固有的性质和发展规律，顺势而为，因势利导，让万物按照自己的本性发展，各得其所。比如，荀子提出春耕、夏耘、秋收、冬藏，四者需要不失其时，砍伐、捕捞等活动也要遵循时节变化。这是对自然规律的一种顺应，也是对自然万物的一种合理保护。

思政导学

> 敬畏大自然、尊重大自然，是绿色发展理念的基础和前提，也是天人合一的逻辑起点。我们要做到"天人合一"、绿色发展，首先就是要顺应大自然、敬畏大自然、尊重大自然、爱护大自然。否则，"天人合一"和绿色发展就无从谈起。

 **相关链接**

"网开一面"其实应该叫"网开三面"。据说商汤没当王之前,是个诸侯。有一天他路过一个地方,看见一个捕鸟的人,四周都设了网,想让所有飞鸟都飞进来。商汤看到此情景就对捕鸟人说,你不可能把天下的鸟全捕尽,鸟是我们的朋友,你就向东方设网,把西、南、北的网撤掉吧。然后他心中默念:鸟,你愿意往左飞就往左飞,愿意往右飞就往右飞,实在不想活了,才进入网中。网开三面的故事说明,中国古人对万物是有仁爱之心的,是顺应天道的真实写照。

二、尊重人道

所谓"人道",在中国传统哲学中,是指人类社会所遵循的社会规律。同时,尊重人道即顺应天道。

中国传统哲学认为,既然人为天地所孕育,是天地万物中的一员,那么,"天道"与"人道"便具有相通性、相似性。因此,尊重人道即顺应天道。孟子说:"诚者,天之道也;思诚者,人之道也。"作为人,最根本、最重要的就是发现自然规律,掌握自然规律,老老实实地按自然规律办事,这就是"思诚",即"人之道"。也就是说,尊重人道,就是要善待天道。《易经》之乾、坤卦大象辞分别说:"天行健,君子以自强不息。""地势坤,君子以厚德载物。"这是古人先观察到了天地运行稳健而怀抱广大的特点,后对照说明有志有德的君子也应向天地的品格学习,学习其自强不息的刚勇奋进和厚德载物的怀柔包容。所以,我们应将"人道"与"天道"视为相通的,人与自然的相处之道,便是建立在对"天道"的体悟之上的。

 思政导学

中国传统哲学把尊重人道视为顺应天道,值得我们深思。在贯彻落实绿色发展理念过程中,发展经济、满足人民对美好生活的向往,均要以保护环境为前提。这就是习近平总书记强调的"绿水青山就是金山银山"。

相关链接

有人问孔子,该怎样为政呢?孔子回答:"用道德教化来治理政事,就会像北极星那样,自己居于一定的方位,而群星都会环绕在它的周围。"这就是典型的"人道"和"天道"相一致。

三、天人合一

所谓"天人合一",就是人道与天道的和谐统一。老子说:"人法地,地法天,天法道,道法自然。"意思是说,人效法地,地效法天,天效法道,而道效法的是自然,它是天、地、人这些自然之物的混合和总称。

人与自然能否和谐共存，关键在于人如何对待自然，即人类持有什么样的生态观。如果人类自命为自然的主宰，自然成为被动的认知对象，成为满足人类欲望的工具，结果便是自然被过度开发利用，甚至遭到破坏，人与自然当然无法和谐共存。人与自然打交道时，应怀有敬畏之心、顾惜之情，以仁爱之心对待自然万物，从而使得人与自然能够和谐共存。

思政导学

"天人合一"是中国传统哲学思想中的重要内容，是最核心的绿色发展理念。我们要大力弘扬中国传统哲学思想中的"天人合一"理念，尊重和关爱大自然，从我做起，从点滴做起，保护环境，节约资源，为循环经济尽自己的一份力。

相关链接

战国时期，李冰父子修建的都江堰水利工程，是我国古人顺应自然、利用自然，从而降低自然灾害对人类的影响，实践"天人合一"思想和智慧的典范（图2-4）。都江堰坐落于成都附近，位于成都平原西部的岷江上。都江堰水利工程在四川都江堰市城西，建于公元前256年，是全世界迄今为止年代最久、唯一留存、以无坝引水为特征的宏大水利工程。都江堰水利工程由创建时的鱼嘴分水堤、飞沙堰溢洪道、宝瓶口引水口三大主体工程和百丈堤、人字堤等附属工程构成，科学地解决了江水自动分流、自动排沙、控制进水流量等问题，消除了水患，使川西平原成为"水旱从人"的"天府之国"。

图2-4　都江堰："天人合一"的水利工程典范

第三节　贵和尚中：和谐发展

贵和尚中是中华传统文化的基本精神之一，它以"以和为贵"为理论基础，以"和而不同"为基本内涵，以"执两用中"为基本方法，把追求统一、稳定、和谐视为最高目标。贵和尚中作为中华文化的基本精神，使得中国人崇尚和谐，以整体为本位，着力维护整体利益，求大同而存小异，做事不走极端，保持人际和谐与社会和谐。

一、以和为贵

"和"的哲学在先秦时代诸子百家中，尤其是在道家、儒家、墨家等学说中占有很重要的地位。在中国的传统哲学中，和谐的终极目标是实现持久和平。为此，诸子百家从不同的角度进行了探索和实践，并经过后代思想家如董仲舒、阮籍、二程（程颢和程颐）、张载等的完善，形成了独具特色的"以和为贵"的理论体系，进而逐步积淀和强化为一种民族精神与意识心态。

"以和为贵"思维方式与文化精神对中国文化和社会生活，以及中医学、中国建筑、中国艺术等有着广泛而深刻的影响。例如，中国传统医学强调"阴阳平衡""阴阳互补"等理念；中国古代建筑以追求和谐、对称、协调为特点，展示出具有和谐美的建筑风格；中国古代美学强调真善统一、情理统一、人与自然的统一等。儒家对"和"、道家对"妙"、佛禅对"圆"的追求，无一不是"和合"文化的具体体现。中华文明尤其倡导亲善睦邻，协和万邦，和平共处。中国古代著名的丝绸之路及明代郑和下西洋，展现的都是中华民族崇尚和平交往，而不是武力征服的"以和为贵"的精神。

思政导学

"以和为贵"的哲学思想，对于我们正确处理人际关系、组织关系、社会关系乃至国家关系具有重要的意义和价值。对于个人来说，要培养团结意识和合作精神；对于组织来说，要构建绿色供应链生态系统；对于社会来说，要构建和谐社会；对于世界上各个国家来说，要构建"人类命运共同体"。

二、和而不同

和而不同，就是指在"以和为贵"的基础上，允许不同的观点、倾向和行为等存在，鼓励多样性。也就是人们通常所说的"求同存异"。

孔子说："君子和而不同，小人同而不和。"意即君子用自己的正确意见来纠正别人的错误意见，使一切都做到恰到好处，却不肯盲从附和；小人只是盲从附和，却不肯表示自己的不同意见。这句话可谓至理名言。在认识事物的问题上，允许不同的观点存在，方显君子气度。即使志不同、道不合，也能够和谐相处者，可谓真正的君子；反过来，即使志同道合，若以我为尊，对别人苛求，也很难和谐相处。

思政导学

"以和为贵"是有原则和前提的。对于原则性问题和不容碰触的红线、底线,不适用"和而不同"的哲学思想。这就需要我们增强对原则是非的鉴别能力和敏锐性,对于故意和恶意的坏人坏事,要敢于站出来与之作斗争,弘扬正气,传递正能量。

相关链接

春秋时期的思想家、贤相晏子就提出过自己的"和而不同"观。《左传·昭公二十年》中记载的晏子关于"和而不同"的阐述是:当齐侯问"和与同是否有差别"时,晏子用比喻的方式做了形象的阐释。他说,厨师做汤的时候要用各种不同的调味品来调制,才能使汤美味可口;乐师要融合各种不同的音乐元素,协调各种不同特色的声音,才能创造出美妙动听的音乐;君主治理国家也是同样的道理,当你制定一项决策、发布一项命令时,你就要善于倾听各种不同的意见,兼听则明,偏信则暗,只有这样,你才能使自己的决策或命令更加完善、合理。

"和而不同"的哲学思想对后世产生了深远的影响。比如,中华人民共和国成立之初,我国在寻求与各个不同制度的国家建立外交关系时,提出了和平共处五项原则,这蕴含着深刻的思想渊源和经久不衰的哲学智慧——"和而不同",显示了我国追求人类和平,尊重不同文化的外交理念;在处理民族关系上,承认并尊重民族的风俗习惯和文化传统,实行民族区域自治,实现了56个民族的和谐共处;在祖国统一问题上,我们也成功地运用了"和而不同"的原则,采取"一国两制"的方式解决了香港和澳门问题,其成功的经验同样适用于台湾问题的解决。新形势下,我们面临着新型的国际关系和许多新的挑战,更需要我们正确运用"和而不同"的理念,推动人类命运共同体建设。

当然,"和而不同"有时还意味着为了达到"和"的境界、"和"的局面,可以采取必要的斗争。在处理大是大非问题上,"和而不同"要一以贯之。例如,在涉及国家主权、国家安全、领土完整、国家统一等国家核心利益的问题上,对于西方国家的恶意抹黑和肆意挑衅,必须坚决予以回击。总之,中国传统哲学思想中的"和",是有原则的"和",是"和而不同"的"和"。只有"和而不同",才能真正达到"贵和尚中"的终极目标。

三、执两用中

"执两用中"是在"和而不同"的基础上演化而来的。如果说"和而不同"是允许存在不同观点和行为,提倡多样化,那么,"执两用中"则是在不同的观点和行为多样性中,把握适当的分寸。

中国传统哲学认为,凡事都必须把握分寸。只有根据事物的客观规律而把握好做的程度,才能达到预期的最佳效果。这个最适当的程度就称为"中"。若能恰到好处地把握住度,就称为"执中";偏离了这个度,就称为"失中"。因为用适中的方法办事能收到最佳效果,所以"中"就含有合宜、正确之意;又因为用"执中"的方法处理人事是最公平合理的,所以"中"又含有中正、公正之意。当把"执中"的方法从实践经验升华为理论时，就称为"中道"。由此可推论出"执两用中"的思想内涵。

所谓"执两"，即并不否定事物的差异性与多样性。而且，正是由于事物的千差万别，才构成了世界的和谐与不断发展。

所谓"用中"，即在两端之间，以统筹的眼光，准确地把握其有利于事物正常运行的最佳结合点。

"执两用中"这种中道思想的核心观点是注重事物发展过程中内在的和谐与平衡，它既是一种认识论、方法论，也是人生修养的行为准则。这种思想贯穿于哲学、政治、经济、文化和日常生活等各个领域，并深深渗透到国人的思想意识和行为方式之中，逐渐成为中国思想文化中被普遍接受和认同的人文精神。

思政导学

"执两用中"的核心是把握住合适的度，避免走极端。这对于大学生的学习和生活具有重要参考价值。无论遇到什么样的人或事，我们在作出判断、准备行动之前，都要借鉴"执两用中"的思想，从大局着眼，系统思考，认识并把握好事物存在、发展、转化的分寸、火候，即把握好度，防止过犹不及。

相关链接

古圣贤大禹治水的办法就是最好的"执两用中"的典范（图2-5）。大禹治水时，铺土垫高地势，沿着山势引水，并疏通水道排水。也就是把握住"堵"与"疏"的两端，根据实际勘察的情况用其"中"：该堵的堵，该垫的垫，可疏的疏，形成最有利的治水方案，结果成功了。这和他父亲鲧的治水方略有极大的差别。鲧用的是"埋""障"等堵塞围截的单一方法，治水九年，劳民伤财，非但没有治住，反而越来越糟。

图2-5　大禹治水："执两用中"的典范

第四节　知行合一：践履发展

在中国传统哲学中，"知"属于认识问题，"行"则大致相当于实践问题。中国古代哲学中最早出现的关于知行关系的论述出自《尚书》。《尚书·说命中》记载了殷高宗武丁与其大臣傅

说的一段对话，其中傅说提出了如下一则命题："非知之艰，行之惟艰。"意思是知不难而行难。

一、知行相须

"知行常相须，如目无足不行，足无目不见。"（《朱子语类》卷九）朱熹认为，知和行犹如有眼无足不能走路、有足无眼看不见路，既相互依赖，又相互促进。古代先贤在探讨知行关系时就认为，知和行是一回事，不能分为"两截"。

"知"，即知识、理论。在哲人们看来，"读万卷书"，即广博地学习前人所积累的知识，特别是研习圣贤之说很重要。如孔子年轻时读书就极其刻苦勤奋。求知从博览群书开始，通过博览群书学习已有的知识、学说，并在研究、借鉴、评说前人的基础上，有心得、有见解、有创新，从而自成一家之言。只有有了"知"的指导，才能保证"行"的正确。

"行"，即行动、实践。古代哲人们同时认为，仅仅读书是不够的。博览群书之后，还必须进入践行的阶段，亦即游遍各地，亲见、亲历、亲行，称为"游学"。游学在很久以前就成为读书人的传统，例如，孔子曾周游列国（图2-6）；孟子闭门读书多年之后也周游各国，成为当时有名的游士；汉代的司马迁更是在苦读十年之后，背起行囊遍游天下。在古人看来，游学的益处不仅在于可亲见亲历、增长见识，而且可以在游历中将自己的知识和学说施之于"行"。可见，游学既可获得新知识，又可验证学来的间接知识，更重要的是还有机会在实际生活中推行自己的见解与学说。

当然，"行"也不仅仅止于游学，更重要的是把所学知识应用于实践，在实践中检验知识的真理性。这才是"行"的真正内涵。只是我国古代先哲们很少有机会亲自实践，他们大多是通过游学来推行自己的见解与学说，不是现代意义上的"实践"。

图2-6 孔子周游列国

"知行相须"体现了马克思主义哲学的认识论观点，那就是，理论（知）与实践（行）既相互依赖，又相互促进，要坚持理论与实践的辩证统一。既要用理论指导实践，又要用实践检验理论。

二、知行合一

中国古代哲学家认为，不仅要认识"知"，还应当实践"行"，只有把"知"和"行"统一起来，才能称得上"善"。这里的"统一"，实际上是指"知"与"行"的一致、匹配。

在中国哲学体系中，"知"与"行"是一对重要范畴。《尚书·说命中》最早提到"非知之艰，行之惟艰"。《左传·昭公十年》提到"非知之实难，将在行之"，这是从知行的难易程度分析二者的关系，肯定了"知"与"行"中知易行难，贵在行动、难在行动。

孔子在对知识和教育等问题的探讨中阐明了他的知行观。他提出，"生而知之者，上也；学而知之者，次也；困而学之，又其次也；困而不学，民斯为下矣"。这几句话蕴含着孔子对于"知"的观点，即学习是获得知识的途径，学习的目的就是为了"知"。同时，孔子也对"行"作出了阐述，他认为，"弟子入则孝，出则弟，谨而信，泛爱众，而亲仁。行有余力，则以学文"。这就说明了孔子非常重视"行"，并且认为"行"比"学"要重要，行在前而学在后。从这里可以看出，孔子是将"知"和"行"联系起来，在同一层面上进行论述，这在哲学史上具有重要意义。

宋明以来，程朱理学对知行关系做了进一步分析。程颐把"知"分为"闻见之知"和"德性之知"，认为只有先知，才能行得。他强调"知"是"行"之"本"，"知"决定"行"，"行"则是由"知"派生而来；行之所以能"行"是建立在知的基础上的，只要知存在，自然见之于行，知而不能行的现象是不存在的。如果获得"真知"，则知之必能行；如知之而不能行，则是因为"知得浅"，即没有获得"真知"。朱熹则提出了知先行后、行重知轻、知行相须。朱熹所谓的"知"是对自己心中固有的"理"的认识，"行"是行其所知，即以所知之"理"来指导自己的行动。朱熹认为，在"知"与"行"两者关系中，"知"始终是处于主导地位的，是人心固有的"天理"，而"行"是"知之所发而形于事者"，所以"知常在先"。朱熹指出，"论轻重，行为重"。"知"不是空虚和虚伪的，"明理之终"的关键就在于"力行"。行就是行其所知之行，就是以知为先、行为后，不是泛然之行，更不是不以知为指导的冥行。在他看来，行是知的目的，行是检验知程度的尺度。朱熹注意到了知、行二者互相依赖、互相促进的关系，提出了"知行并进""知行常相须""知行不相离""知行互相发""知行并列"等论点。

王阳明（图 2-7）提出的"知行合一"思想是中国哲学史上的重要突破，不仅从理论上实现了对"知"与"行"关系的突破性理解，而且在实践上也产生了重要影响。王阳明的"知行合一"说是对"知先行后"说的剔除，是对程朱知行观的合理吸取。王阳明"知行合一"思想对"知""行"以及"知行合一"的内涵进行了深入分析。"知"具有三层含义：其一，作为知行本体的"知"，也即"良知"；其二，作为"行之始"的知；其三，作为行之总结的知，即"身亲履历而后知"之知。"行"也具有两层含义：其一，是指主体的情绪、意念，即"一念发动处，便即是行了"；其二，是指主体践履的行为，即"以求履其实而言谓之行"。这个行就是"笃行"。"知行合一"首先是"知行合一"本体论上的内涵，即"知行本体合一"。"知行本体合一"是说知与行本来就是合一的，无论外界是否对其"用

图 2-7 "知行合一"的倡导者王阳明

功"或者对其认知的深浅,都不影响其本身相互联系、相互包含的关系;其次是"知行合一"工夫论上的内涵,即"知行工夫合一"。"知行工夫合一"是指在认识事物与自我的过程中要让知与行同时"用功",做到知行相互统一。

知行相须,知行一致,便是人们常说的"知行合一",它是中国传统哲学对思想与物质、认知与实践关系的探讨成果,也是中国人始终信奉的学习、成长路径。知行相须、知行一致,不仅强调知识与验证的统一,而且强调品德与行为的一致。

思考与实践

思考:

1. 阴阳互易、天人合一、贵和尚中的理念对你有何启发?
2. 结合学习和生活实际,谈谈你对"和而不同"哲学思想的认识。

实践:

1. 阅读《论语》,从中你能读出哪些对自己学习、生活、做人有益的启示?
2. 儒家思想里的"中庸"是一种至高无上的美德,而现在不少人认为"中庸"是折中、软弱、保守、明哲保身、不思进取等的代名词。请你上网查阅相关文献,了解儒家思想里"中庸"的内涵及"中庸"对我们当代生活的指导意义,并和老师、同学们分享你的观点。

第三章 道德光芒

传统美德

中华传统美德，是指中国五千多年历史流传下来的具有影响、可以继承，并得到不断创新发展、有益于下一代的优秀道德遗产。中华传统美德是以中国文化典籍为思想基础抽象概括出来的，是中华文化的思想精华，它不仅反映了中华民族的精神风貌，折射出中华民族的民族精神，更是成为人们行动的思想和道德指南。它标志着中华民族的"形"与"魂"，是中国人民几千年来处理人际关系、人与社会关系以及与自然关系的实践结晶。

认真研讨中华传统美德，不仅有助于我们把握传统文化的类型和特质，对于建构具有现代意识的思想文化体系也有着重大的现实意义。当前，人类所面临的诸多问题，都可以从中华文化的思想观念和道德传统中找到启示。

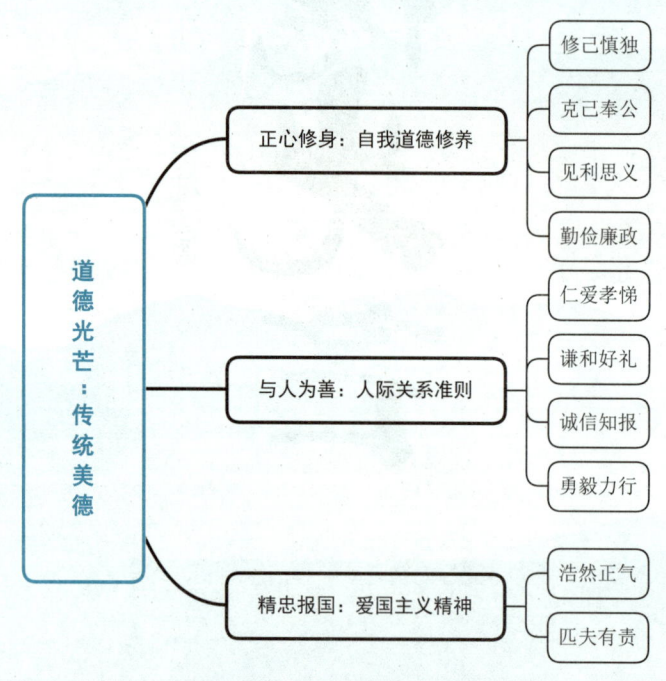

学习目标

知识目标：了解几千年来中华民族普遍认同和广泛接受的道德规范、思想品格和价值取向，了解中华传统美德在中华传统文化中的重要地位。

能力目标：学习、践行中华传统美德，提升辨别是非、善恶、美丑的能力，能够自觉运用中华传统美德来指引、约束自己的行为，抵制社会上的不正之风。

思政目标：通过学习中华传统美德，提高自身的人格修养，养成热爱祖国、孝敬父母、尊敬师长、友爱同学、礼貌待人、勤俭节约、明礼诚信的行为习惯和道德品质。

学习重点

从本质上了解中华民族的道德要求，学习修身济世、尊老爱幼等传统美德，树立正确的人生观和价值观。

情境导入

传说在上古时期，部落联盟的首领尧准备把首领之位禅让给别人，他对继承人的基本要求是：具备美好的道德。有人向他推荐了正在山林中耕地的舜。据很多人说，舜虽然在田地里耕田非常辛苦，却保持着乐观情怀，人们总能听到他哼唱小曲。尧立即确认，这就是"安贫乐道"的美德啊！于是，他派人去"考察"舜，"考察"的人回来报告说："舜是个大好人，又是个大孝子。他经常帮助那些有困难的人，他的父亲和后妈使用各种奸计想置他于死地，他侥幸逃脱后不但对父亲和后妈没有半句怨言，还向人哭诉自己没有尽孝。"尧决定更进一步考察舜，他把女儿嫁给了舜。一年后，尧的女儿回来报告说："舜是个彬彬有礼的君子，具备了人的一切美德，把天下交给他，没有问题。"于是，尧马上举行了禅让仪式，舜成了部落联盟的新首领。尧舜禅让（图3-1）充分体现了"有德者居之"的中华传统思想。

这个故事在中国流传几千年，而且深入老百姓之心，说明了中国传统文化的一大特点：道德至上。正是这种道德的力量，把中华民族锻造成一个光辉、强大的民族。

图 3-1　尧禅位于舜

第一节　正心修身：自我道德修养

中华民族最讲究修身，孟子说："穷则独善其身，达则兼济天下。"把"修身"提到了与"济天下"相同的高度。由此可见，修身在中国传统文化中占据重要地位。汉代哲学家王修说，志向高远的人，能够不断地磨炼自己，以成就大业；没有节操的人，懈怠轻忽，只能成为平庸之辈。老子说："含德之厚，比于赤子。"意思是德行浑厚高尚的人，好比初生婴儿一样纯洁。老子又说："重积德则无不克。"这更是指明了个人的修身不仅是处世的条件，更是成就事业的根本。

统而言之，所谓修身，就是我们自身应该具备中华传统美德，这些美德会成为一种力量。

一、修己慎独

随着社会的进步，人们受教育水平也在稳步提升，人人都能意识到在公共场合约束个人行为的重要性，都在努力避免违法违德的行为产生，尽力维护一个良好的自我形象，这是很容易做到的一件事情。

然而，所谓修己慎独，除了要关注由环境所驱而形成的社会舆论层面，更应注重由心性而起的精神完善与个人自律层面，由环境所驱是不能够代替由心性而起的。我即公众，公众即我，这无疑是一种不可或缺的精神境界。

为了更好地发扬传统文化中的优良品质，我们应当做到以下三点。

（一）学习"修己慎独"的创新意义

"修己慎独"是中华传统文化道德中的精髓，是我国古代儒学创造出来的具有中华民族传统特色的修身方法。几千年来，这种修身的方法，对我国人民修身养性、人格铸造、提高道德水平起到了积极作用。现代大学生应该赋予"修己慎独"以新的意义，尤其是大学生党员和干部，作为实践社会主义核心价值观和构建和谐校园的中坚力量，更应该做到"修己慎独，表里如一"。

（二）具备"修己慎独"的传统美德

"修己慎独"是一种人生境界、一种修养，也是一种自我的挑战与监督，更是一种情操、一种自律精神、一种表里如一的坦荡。在中国历史上，"修己慎独"是君子倡导的一种重要的自我约束方法，是一种难能可贵的人格品质在社会生活中的显现，是一种趋近完美的道德修养境界。在新的时代背景下，"修己慎独"也应该成为当代人必备的一种美德。大学生能否做到"修己慎独"，关乎其将来在社会上能否立足。

（三）从自身做起，培养"修己慎独"的人格品质

"修己慎独"虽是一种道德修养趋近完美的境界，是一种难能可贵的人格品质，但在现代人的认识观念与社会生活中，难以做到趋近完美。作为初入社会的大学生，我们虽然达不到古人或学者的修养，但起码应做到其中最基本的东西，做到人前人后言行一致、表里如一，即使

在没有他人监督或外界疏于监督的情况下，仍能按照要求和规矩办事，决不因恶小而为之，也决不因善小而不为。

思政导学

慎独，作为一种高度自律的状态，既是个人修为的重要体现，也是对党员干部坚持党性原则的有效检验。慎独能让人时刻保持清醒头脑、坚定意志，让人看到自身的渺小，认清自己的不足，如此才能不囿于得失，不为浮名所迷，不被虚利所惑。慎独的根本是慎心，要诚其意，在各种物欲诱惑面前，靠"心"把持住自己、坚守住底线，不沉溺于酒色财气，做到"吾心有主"。

相关链接

君子慎独，坐怀不乱，柳下惠乃真君子。

柳下惠（图3-2）被称为"和圣"，春秋时期的思想家、政治家、教育家、鲁国人，因其食邑在柳下，故人称柳下惠。柳下惠在中国文化里以"坐怀不乱真君子"而留名于世。相传在一个寒冷的夜晚，晚归的柳下惠夜宿城门，遇到一位衣着单薄的女子。柳下惠怕她冻死，于是解开外衣将其揽在怀中，同处一夜，没有发生任何非礼的行为。这就是柳下惠坐怀不乱的故事。

柳下惠慎独自重的品格，一度成为中国古代君子的标准，甚至在他死后，他的敌人对他都十分敬重。

图3-2 柳下惠

二、克己奉公

中华传统美德是中华传统文化的一部分。在中华民族几千年的发展过程中，传统美德在指导人们的为人处世和社会交往过程中发挥了十分重要的作用。中华民族由于家族本位的社会结构和礼教文化的传统，培育了一种整体主义精神，并在此基础上形成了克己奉公的美德。奉公必须克己，克己便是奉公，亦即天理。但它并不完全反对私利，关键看它是否合乎道德。克己奉公的精神，本质上是先公后私、个人私利服从社会公利的精神。如今，在社会中必须做到克己奉公才会有真正意义上的生活。

（一）克己奉公的含义

克己奉公中，克己即克制、约束自己，克制自己的私心；奉公即以公事为重。约束自己的私欲，以公事为重，比喻一个人对自己要求严格，一心为公。总的意思就是克制自己的私欲，维护集体利益。

（二）克己奉公的具象化体现：集体主义价值观

集体是由若干个个体组成的整体。集体主义是共产主义道德的基本原则，集体主义价值观是我国人民正确的价值取向，它反映了社会主义公有制经济关系的客观要求，体现了全国人民的根本利益，正确解决了个人利益和集体利益的关系。这一思想是我国人民齐心协力、共同制定现代化建设道路目标的力量源泉。

（三）集体主义与个人主义

在坚持集体主义价值观的同时要注意：
（1）允许个人在不违反集体主义原则的前提下，作出不同的具体的价值选择。
（2）从根本上说，社会集体利益高于个人利益，但正当的个人利益也应得到保护。
（3）社会、集体应该不断完善和发展，为个人利益的实现创造越来越多的条件。

在如今这个社会主义市场经济条件下，集体主义价值观也没有过时。在新的历史条件下要坚持集体主义的价值取向，要正确处理个人与他人的关系，要尊重他人、主动关心他人、尊重他人的正当利益；也要建立融洽的同学关系，加强交流、关心他人、宽容别人、完善自我、保持适当的距离。

（四）"克己奉公"的行为准则

"克己奉公"是颂扬那些严格要求自己，一心为公的人。要做到克己奉公，应当做到以下几点：
（1）掌握自己的思想。没有思想作为先导，人就不可能有具体的行为。控制思想，就要明白自己能要什么，不能要什么，这是认识的问题。然后再弄清楚，怎样拒绝不能做的事，强制自己该做什么不该做什么。
（2）控制目标。目标是思想的核心，更是行动的指南。控制好目标是取得成功的一种重要方法。控制目标就是制定目标。
（3）控制时间。人生活在空间和时间中，空间容纳人，时间改变人。很多人事情做不好，就是因为没有利用好时间。

 思政导学

> 集体主义作为一种道德原则，一方面，要求国家和集体不断调整各种政策和措施，关心劳动者的个人利益，尽量使他们的个人利益得到发展；另一方面，也引导人们自觉地以个人利益服从集体利益，必要时甚至牺牲个人利益来保护集体和国家的利益。在共产主义道德规范体系中，集体主义原则对于共产主义道德的其他规范具有深刻的影响。培养人们的集体主义观念，是共产主义道德教育的一个重要环节。我们应当以集体利益为先，顾全大局。

 相关链接

> 春秋时期，齐国大夫晏子的住所靠近集市，低湿、狭窄、吵闹，到处尘土飞扬。国君齐景公想给他在敞亮干燥的地方建造一所房子。晏子辞谢说："君王您的先臣——我的先人

在这里住过,我不配继承祖业,这房子对我来说已经够好的了。况且我的住处靠近集市,早晚都能买到要买的东西,这是对小人有利的事,怎敢麻烦地方上的民众(为我盖新房)呢!"

齐景公笑了笑,趁晏子出国时给他盖了新房。晏子回国后先感谢了齐景公,然后就把房子拆除,把建房占用的土地还给邻居,让邻居们回来建房居住,自己则重新住进了他的陋室。

三、见利思义

任何一个生命的存在都需要利,既需要物质之利,也需要精神之利。人不能为了满足自己的利益而损害他人的利益,同时也要充分考虑各方面的利益关系。除了以法律和政策来协调外,还要用道德进行规范,即用"义"来调理。

(一)长远发展的关键:"义"应重于"利"

如果一个人、一个民族、一个国家纯粹把利益作为追求的目标,就会陷入功利的冲突和争斗中,结果是各方受损,利益却会离人而去。老子深刻地认识到这一点,他说:"非以其无私邪?故能成其私。"所以,提倡"见利思义"就是要人们去除功利性的目的,追求大义,这既是古已有之的原则,也是值得现代人去遵守和践行的道德规范。

(二)"利"与"义"的平衡

利,是人之所欲。人要生存,要解决衣食住行,就不能没有对利的追求。过更好的生活,这是人之常情。但是,对利的追求,应该受到很强的制约,应当不失德义。

(三)舍生取义的深远影响

孟子曾经说过:"生,亦我所欲也;义,亦我所欲也。二者不可得兼,舍生而取义者也。"义是一切利益的基础和公共利益的根本。见利思义也是中华民族的传统美德。宋代邵雍说:"利不若义,义不若意。"如若我们取了不义之利,心不安,受之有愧,一不利也;人不服或法不容,或后患无穷,二不利也。宋代陈普说:"利出私情害万端,义循天理乐而安。是非得失分霄壤,相去其初一发间。"

我国古代有很多为国家舍生取义的英雄,比如文天祥(图3-3)为义而死,不求千古流芳,只求心安理得,不失人格。

图3-3 文天祥

思政导学

现实生活中,"舍生"不仅限于舍弃生命,同时也包括舍弃与生命同等重要的个人利益等;"取义"也不限于正义义气,而是包括正义在内的一切公益的、为民的行为。这种意义上的舍生取义,虽不像先前的义士、烈士那般气壮山河,但也是不可低估的个人善举。只有平时肯为公益放弃个人利益,在关键时刻才会毫不犹豫地献出生命。只有每个人都发扬这种精神并将其植根于内心,社会才会更美好,人民才能更幸福。

相关链接

孟子(图3-4)曾去拜见梁惠王。梁惠王问他:"您不远千里而来,一定是有什么对我的国家有利的高见吧?"孟子回答:"大王,何必说利呢?只要说义就行了。您说'怎样使我的国家有利',大夫说'怎样使我的家庭有利',一般人士和老百姓说'怎样使我自己有利',结果是上上下下互相争夺利益,国家就危险了啊!在一个拥有一万辆兵车的国家里,杀害它国君的人,一定是拥有一千辆兵车的大夫;在一个拥有一千辆兵车的国家里,杀害它国君的人,一定是拥有一百辆兵车的大夫。这些大夫在一万辆兵车的国家中就拥有一千辆,在一千辆兵车的国家中就拥有一百辆,他们的拥有不算不多。可是,如果把义放在后而把利摆在前,他们不夺得国君的地位是永远不会满足的。反过来说,从来没有讲'仁'的人抛弃父母的,从来也没有讲'义'的人不顾君王的。所以,大王只说仁义就行了,何必说利呢?"

图3-4 孟子画像

四、勤俭廉政

中华民族是世界上最勤劳的民族之一,我们的祖先用辛勤的劳动修筑了万里长城、大运河、都江堰等伟大工程。在中华文化历史上,流传着许多用劳动改造大自然的扣人心弦的故事。中国古人早就认识到"赖其力者生,不赖其力者不生"的真理。

(一)克勤克俭

克勤克俭是一种美德,其有两层含义。

(1)勤劳。只要是崇尚勤奋、劳作的人,就必定会珍惜来之不易的劳动成果,从而崇尚有节制的、朴素的生活方式;而凡是崇尚有节制的、朴素的生活方式的人,也必然深知衣食日用之艰辛,因而也定会崇尚勤奋、劳作的美德。

"锄禾日当午,汗滴禾下土。谁知盘中餐,粒粒皆辛苦"讲的就是这样的道理。热爱劳动是立身、安家、兴邦的根本。古往今来,从较明智的最高统治者到普通老百姓,都认识到:只有勤勉敬业,家才能兴,国才能立。

(2)节俭。节俭是中华民族几千年来一直提倡并保持下来的传统美德,深深影响着所有中国人。在我国,不仅诸子百家的经典和思想学说中倡廉戒贪、崇俭反奢,包含这类道德意蕴的箴言谏语、诗词歌赋、戏曲说唱、小说故事、笔记杂著、碑帖字画及俚俗谣谚等,更是历代多有,俯拾皆是。

即使在物质财富相对丰富的今天,戒奢从简仍是我们必须崇尚的道德修养。只有具备这一美德,才能不为物欲所羁绊。纵观古今,正是这样的道德文化影响了一代代善良百姓和志士仁人。节俭不仅是一种美德,有时候它还能使人避免危难,这就是《周易》中所说的"君子以俭德辟难"。其中的深意在于:一方面,简朴的德行能够防止出现奢靡、腐化等行为;另一方面,在面临危险时,具备简朴的德行有助于摆脱危险。

(二)清正廉明

廉政者,必持淡泊名利之心,坚守底线。若沉浮于浮华功利,痴迷于权利贪念,则非廉也。廉始于克己勿念,"清风两袖朝天去,免得闾阎话短长",为政即使清贫,亦不追名逐利,保持淡泊以明志、宁静以致远的人生态度,清正廉明。

纵观那些一生追名逐利,玩弄权力者,均是"多藏苟得何名富,饱食嗟来未胜饥",整日郁郁寡欢,惶惶不可终日。欲廉者,需放下贪念,不为金钱名利所惑,不因掌声名誉迷失了方向。谨记做人道理,勿以善小而不为,勿以恶小而为之。廉,需保持一颗平常心。面对错综复杂的世界、诱惑纷飞的社会、政绩业绩的压力,欲廉者需保持一颗务实的平常心,做事先做人。

相关链接

南朝宋的开国国君刘裕,年轻时家境清寒,为生活不得不外出谋生。刘裕辞别家人,穿上新婚妻子亲手缝制的粗布衫裤,到新洲帮人收割芦苇以换取温饱。一连数天,顶着大太阳挥汗工作,新的衣裳很快就破烂不堪,辛苦赚来的血汗钱也只能勉强维持生活。后来,刘裕穿着这身破衣投身军旅,凭着战功得到晋升,之后当上了南朝宋的皇帝。刘裕登上皇位后,并没有忘记年轻时的贫寒日子,他将破烂的粗布衫裤仔细收藏起来,并常告诫子孙说:"我保存这套粗布衣裤,就是为了提醒自己,不要忘记当年。后代子孙如果有奢侈不知节俭者,一定要家法严惩。"由于刘裕带头崇尚俭朴,刘裕在位时期,东晋以来浮夸奢侈的社会风气大为改观。

思政导学

清正廉洁作表率是党领导人民在革命、建设和改革成功实践中积累的成功经验。中国共产党自成立之日起,就将全心全意为人民服务确立为党的根本宗旨,把清正廉洁作为对党员干部的基本要求。虽然我们现在只是校园中的大学生,但我们仍要牢记"清正廉洁"的价值观,将其作为未来的人生目标,并付诸实践。

第二节　与人为善：人际关系准则

与人为善是一种崇高的道德修养，我国人民把它视为君子之美德。正如《孟子·公孙丑上》中所说，"君子莫大乎与人为善"。可见"和谐"是中国传统社会道德生活的基石。在此基础上，传统道德的规范得以建立和发展。具体而言，可以归纳为四个字：与人为善。

一、仁爱孝悌

"仁爱"是中国古代最重要的道德要求，也是一切其他道德规范的根本。"仁"的概念，古已有之。孔子提出了以"仁"为核心的道德学说体系，即"仁学"。

孔子的弟子樊迟问仁（图3-5），孔子的回答是"爱人"，最直接、最明确地说明了仁的核心。仁与爱相连，叫"仁爱"。

图3-5　樊迟问仁

孔子非常重视孝悌，把孝悌作为实行"仁"的根本，提出"三年无改于父之道""父母在，不远游，游必有方"等一系列孝悌主张。儒家认为孝是各种道德规范的根本，贯穿于人的行为始终，从侍奉孝敬父母到治国安邦，从君主到平民，都离不开孝。

（一）"仁爱孝悌"的含义

爱人，就是仁，是中华传统道德的精髓。这一传统美德要求我们在日常生活中与人打交道时，要常怀一颗爱人之心，与人为善。因此，爱人应当是发自肺腑、真心实意的，虚伪就是不仁。

孝，指对父母还报的爱；悌，指兄弟姊妹的友爱，也包括了和朋友之间的友爱。孔子非常重视孝悌，认为孝悌是做人、做学问的根本。孝悌不是教条，是培养人性光辉的爱，是中国文化的精神。孝悌所要求的是子弟敬重父兄，晚辈善事长辈，它作为一种社会道德风尚，自古以来就受到人们的重视，这些道德规范已经成为中华民族传统美德的一部分。

（二）如何践行"仁爱"之道

要怎样做才是仁爱呢？具体而言，分为以下两个方面。

将心比心。《论语》有两段话："夫仁者，己欲立而立人，己欲达而达人。能近取譬，可谓仁之方也已。"（《论语·雍也》）"子贡问曰：'有一言而可以终身行之者乎？'子曰：'其恕乎！己所不欲，勿施于人。'"（《论语·卫灵公》）这两段话体现了一种精神，就是推己及人，也就是人们常说的"将心比心"。

遵守孝道。孝是为人之本。儒家十三经之一的《孝经》更是阐释出"孝"的重要性："夫孝，天之经也，地之义也，民之行也。""孝"在中国文化中的含义丰富，具有较为复杂的道德体系。

此外，"孝"不仅仅是一种美德，它还是做有道德的人的根基。《论语》中有这样一段话：

"其为人也孝弟,而好犯上者,鲜矣;不好犯上,而好作乱者,未之有也。君子务本,本立而道生。孝弟也者,其为仁之本与!"由此可知,孝敬父母是做人的根本。

相关链接

东汉末年有个人叫陆绩,他特别孝顺父母。6岁那年,一次他到袁术家里做客,袁术命人取出蜜橘招待他。但他没吃,而是悄悄藏在怀里。

后来他向袁术行礼告辞,叩头的时候,怀里滚出三个蜜橘来(图3-6)。袁术大笑道:"你吃了不够,还要拿呀?"他回答说:"我没见过这么好的蜜橘,舍不得吃,想拿给母亲尝尝。"

袁术听了大为惊讶,心想一个6岁孩

图 3-6 怀橘遗亲

儿便懂得克制自己,孝敬长辈,实在难能可贵。他感叹道:"小陆郎有这样的品德,来日必成为报效国家的栋梁!"据有关历史文献记载,陆绩长大后果然很有作为。

思政导学

子女对父母的孝敬,不仅仅是要满足老人物质生活上的需要,更要表现在敬爱父母上。敬爱父母是人类的一种天性,是一切美好道德的源头。传统孝道在父权主义的作用下,子女对父母往往是畏惧多于敬爱。在现代社会,宽松的家庭环境使得建立于人格平等基础之上的父母和子女相互尊重、相互亲爱的情感更易于形成。同时,尊重长辈也是孝道文化的重要内涵。

二、谦和好礼

中华民族自古以来都是一个讲究谦和忍让和礼仪修养的民族。社会的文明和谐,需要谦和好礼;社会的发展与进步,更需要谦和好礼。举手投足间、与人相处时、说话做事中,谦和好礼无不体现其中。一声主动的问候、一次真诚的帮助、一种纪律的遵守、一个自我的约束,都将融汇成美德的颂歌,成为一个个拨动心弦的音符。

(一)谦逊和睦

谦者,谦虚也,谦让也。中国人自古就懂得"满招损,谦受益"的道理。老子曾以"江海所以能为百谷王者,以其善下之,故能为百谷王"的事实,告诫人们不要"自矜""自伐""自是"。谦德亦源于人的辞让之心,其集中体现就是在荣誉、利益面前谦让不争,以及人际关系中的互相尊重。

（二）文明有礼

"礼"就在我们的身边。做一个知"礼"、懂"礼"的人，应当从日常的生活和学习中、从自己言谈举止的每一个细节中入手，自觉履行我们应当遵守的文明礼仪。在学校，应该尊敬师长，热爱校园，同学之间以礼相待；在家里，应该敬重长辈，爱护弱小，见到客人要友好问候；在生活中，应该与人为善，遵纪守法。"良言一句三冬暖，恶语伤人六月寒"，这就是要求我们谨记"礼"。"礼"是最容易做到的事，同时也是生活中最重要的事，因此我们要继承和发扬这种美德。

（三）谦和好礼的深远影响

"勿以善小而不为，勿以恶小而为之。"谦和好礼如黄河，滔滔不绝，延古至今；谦和好礼如白鸽，白首昂天，展翅高飞；谦和好礼如鲜花，淡雅清新，流芳百世。我们应当不断继承和发扬中华民族的传统美德，积极践行谦和好礼的美德教育，做一个懂礼貌的社会主义接班人，使文明之花开遍祖国大江南北。

中华优秀传统文化是中华民族的精神家园，激活中华文化的源头之水、重读古圣往贤的智慧话语、创造中华文化新的辉煌是我们义不容辞的责任，也是时代赋予中华儿女的神圣使命。

相关链接

岳飞从小便心系国家，怀有报效国家之志，于是便和同乡的牛皋一同赴京参加考试，希望考取功名，实现自己的报国之志。岳飞在客栈休息的时候，牛皋按捺不住自己的好奇心，想提前去武试的考场熟悉下，但由于不熟悉地形，他很快就迷路了。于是他大摇大摆地来到一个老人家面前，大声道："老头，去武试的考场怎么走？"老人见他五大三粗，说话又没有礼貌，十分不高兴，没有搭理牛皋，自顾自地走了。此时路上行人稀少，牛皋无奈，只好自己想办法去找，他频频碰壁，找了好久才找到武场。

岳飞醒来后，看见牛皋不在，知道他一定去了武场，于是也起身出发了。岳飞也看见了刚才的老人，他拱手向老人家问道："老人家，请问去武场的路怎么走？"老人家见他眉清目秀，又十分懂礼貌，一扫刚才的不快，十分痛快地告诉了他详细的路径。

同样是问路，牛皋粗鲁莽撞，岳飞温文尔雅，虽然问题是一样的，但问路的结果是不同的，可见文明礼貌在其中起了很大的作用。岳飞在教导岳家军的时候，对属下也是言传身教，堪称后世学习的楷模。

思政导学

没有一个人有骄傲的资本。因为任何一个人，即使他在某一方面造诣很深，也不能够说他已经对其彻底精通。"生命有限，知识无穷"，任何一门学问都像是无穷无尽的海洋，所以，谁也不能够认为自己已经达到了最高境界而止步不前、趾高气扬。如果是那样的话，则必将很快被同行赶上，很快被后人超过。我们应当谦逊做人，虚心听取他人的意见，这样才能不断完善自身。

三、诚信知报

现代社会是契约社会，因此诚信就显得重要。诚信既是人际交往的准则，也是我们立国的基础。很难设想，一个没有诚信的社会，能长久地生存下去。国无诚，则享国不永；人无信，则其人不立。纵观历史，秦朝在君臣的尔虞我诈中，于二世而亡；战国的纵横之士朝秦暮楚，很多在历史上留下恶名。

（一）诚实守信

在诚信知报中："诚"就是真实无欺，诚于自己的本性，待人诚恳。"信"就是言行相符，言必行，行必果，说到做到，遵守诺言，守信用、讲信誉，即"诚信之品"。"信"不是简单的诚实，信用才是"信"最基本的内涵。古人云："君子一言，重于泰山。"自古以来，中华民族就特别崇尚诚信，不论修身、齐家、治国，都十分重视诚信。

孔子把"言必信，行必果""敬事而信"作为规范弟子言行的基本要求，把诚信看作做人立世的基点。《左传·僖公二十五年》记载，"信，国之宝也，民之所庇也"。孟子则把诚信看作社会的基石和做人的准则，他所谓"诚者，天之道也。思诚者，人之道也。至诚而不动者，未之有也；不诚，未有能动者也"的阐述，即是其证。这都说明"信"作为中华民族传统美德的重要内容，是历来被人们所肯定和推广的。

（二）知恩图报

《增广贤文·朱子家训》说："滴水之恩，当以涌泉相报。"知恩必报，是中国人伦理道德的准则。我们应当达到一个更高的道德境界，那就是"施恩拒报"。当今很多杰出人物将大量财产捐献给社会，真诚地做着慈善，这种"知报"永远是我们学习的榜样。一旦臻于这种"施恩"的境界，我们就能充分感受到圣贤的光辉，我们的人生将更辉煌。

感恩是做人的一种基本道德，也是对道德的褒扬和肯定。父母对我们有养育之恩，老师对我们有教育之恩，组织对我们有知遇之恩，社会对我们有关爱之恩，祖国对我们有庇护之恩。人人都应常怀感恩之心，感激生育你的人，感激抚养你的人，感激教育你的人，感激关怀你的人，感激帮助你的人。

> **思政导学**
>
> 一个人的诚信度，反映的是他自身的素养；而一个社会的诚信度，反映的是民族的精神素质。一个有诚信的民族，才能跻身于世界民族之林；一个有诚信的国家，才能为国际所信赖。随着社会的发展和制度的完善，依靠诚信而获得成功的现象会越来越普遍，不讲诚信而付出的代价也会越来越沉重，这是社会总的趋势，不可阻挡。诚信是每个人的事，也是全社会的事。这就需要大家积极参与，从我做起，从现在做起。

> **相关链接**
>
> 季布曾是西楚霸王项羽的部将，楚汉两军交战时，曾经多次让刘邦困窘不堪。刘邦消

灭项羽后，仍对其耿耿于怀，悬赏千金捉拿季布。季布于是潜藏到朱家家里。朱家劝夏侯婴说服刘邦赦免了季布，并召拜其为郎中。惠帝时，季布为中郎将，后转任河东守。季布为人仗义，好打抱不平，以信守诺言、讲信用而著称。所以在当时的楚地广泛流传着"得黄金百斤，不如得季布一诺"的谚语。"一诺千金"这个成语也由此而来。

四、勇毅力行

"勇毅力行"是中华民族在践履道德方面所具有的德行，或者说是在道德意志方面所体现的美德。"勇"有凭力气的血气之勇，有凭意志的意气之勇，有理直气壮、恪守坚定的道德信念的"大勇"。"毅"是在艰难困苦中坚持下去的毅力，以及在遵守道德准则方面的毅力。中国人十分重视"力行"的美德。

（一）"勇毅力行"的含义

中国文化认为，人格的完善，社会的进步，重心不在于言，而在于行。"君子欲讷于言而敏于行"，正是这种勇毅力行的美德，使得中华民族在各种险恶的环境中能够化险为夷，自强不息，不断前进。

（二）"勇毅力行"的意义

"勇毅力行"对人生最大的意义，就在于它可以鼓励人们丢掉所有的杂念，一心只朝着自己的目标前行，而不是因为杂念不停地动摇自己的想法。所以，勇毅是告诉人们要勇敢，要有毅力；力行是告诉大家既然选择了这条路就不要放弃，执着地走下去，这也是人生的哲理。

"勇毅"一直是中华民族不断追求的宝贵品质。当烈日炙烤大地致寸草不生时，自有"后羿射日"（图3-7）拯救民众于水火；当大山阻碍前行之路时，还有愚公移山"大智若愚"的勇气智慧感动天地；当生命不堪一击时，更有精卫填海（图3-8）百折不回——神话传说映照着中华民族勇敢坚毅的宝贵品质，它是我们生生不息的法宝，面对转型中复杂而深刻的中国现实，更需要一颗勇毅的心，凝聚力挽狂澜、取得胜利的洪荒之力。从焦裕禄身在兰考艰苦奋斗，到廖俊波扎根政和脱贫攻坚，共产党人勇敢前行、坚毅如铁，引领我们走向新时代，让我们看到了马克思主义政党的责任与担当。

图3-7　后羿射日

图3-8　精卫填海

（三）"勇毅力行"的深远影响

百年梦想，只争朝夕，历史从不会怜惜犹豫者、懈怠者、畏难者，无论何时，奋斗始终是时代的底色。从革命、建设，到改革开放，从站起来、富起来到强起来，在我们党的政治伦理观和党性党风锻造中，勇毅力行的奋斗精神始终在焕发着夺目的光彩。我们依靠勇毅力行的奋斗精神走到今天，也必须依靠这种精神昂首阔步、走向未来。

 思政导学

> 道德从来就是现实性与历史性的统一。社会主义道德不是无源之水、无本之木，而是植根于民族文化的沃土，是传统美德的延续和升华。承接中华传统美德，就是要以中华传统道德的背景为基础，把传统道德中这些符合时代要求、有助于经济社会协调发展的内容承接下来，推广到全体人民中去。在改革推动下，当今社会的道德结构发生了重大变化，出现了一些新领域、新趋势。开展道德建设既要大力继承和弘扬中华民族道德文化的优秀传统，也要学习和借鉴世界各国道德建设的优秀成果，还要激发人们与时俱进、开拓创新的精神，创造出适应社会主义市场经济发展要求的新道德、新观念。

 相关链接

汉武帝天汉二年（公元前99年），武帝想让李陵为出酒泉击匈奴右贤王的贰师将军李广利护送辎重。李陵谢绝了，并自请步兵五千涉单于庭以寡击众，武帝赞赏李陵的勇气并答应了他。然而，李陵行至浚稽山时，却遭遇匈奴单于之兵，路博德援兵不到，匈奴之兵却越聚越多，粮尽矢绝之后，李陵最终降敌。武帝愤怒，群臣皆声讨李陵的罪过，唯有司马迁（图3-9）说："李陵侍奉亲人孝敬，与士人有信，一向怀着报国之心。他只领了五千步兵，吸引了匈奴全部的力量，杀敌一万多，虽然战败降敌，其功可以抵过，我看李陵并非真心降敌，他是想活下来找机会回报汉朝的。"

图3-9　司马迁：忍辱负重，终成《史记》大作

然而，不久后去迎接李陵的公孙敖无功而还，谎报李陵为匈奴练兵以期反击汉朝，武帝便杀了李陵全家，而司马迁也以"欲沮贰师，为陵游说"被定为诬罔罪名。诬罔之罪为大不敬之罪，按律当斩。

面对大辟之刑，慕义而死，虽名节可保，然书未成，名未立，这一死如九牛亡一毛，与蝼蚁之死无异。在那个"臧获婢妾，犹能引决"的时代，司马迁毅然选择了以腐刑赎身死。至此，司马迁背负着父亲穷尽一生也未能完成的理想，面对极刑而无怍色。在坚忍与屈辱中，完成了属于太史公的使命。

第三节　精忠报国：爱国主义精神

实现中国梦必须弘扬中国精神。中国精神就是以爱国主义为核心的民族精神，以改革创新为核心的时代精神。这种精神是凝心聚力的兴国之魂、强国之魂。爱国主义始终是把中华民族坚强团结在一起的精神力量，改革创新始终是鞭策我们在改革开放中与时俱进的精神力量。全国各族人民一定要弘扬伟大的民族精神和时代精神，不断增强团结一心的精神纽带、自强不息的精神动力，永远朝气蓬勃地迈向未来。

一、浩然正气

孟子曾说，浩然之气最宏大最刚强，要用正义去培养它而不是用邪恶去伤害它，就可以使它充满天地之间。它与仁和义相配合辅助，不这样做，浩然之气就会像人得不到食物一样疲软衰竭。浩然之气是由正义在内心长期积累而形成的，而不是通过偶然的正义行为获取的。自己的所作所为有不能心安理得的地方，则浩然之气就会衰竭。

（一）什么是"浩然正气"

孟子所说的浩然之气，是刚正之气，是人间正气，是大义大德造就的一身正气。作为一种崇高的美德，气节一直是古代思想家推崇的精神力量。孟子认为每一个人都有浩然之气，都有自己的内在价值。这个内在价值不是别人给予的，而是每个人生来就有的。内在价值的内容就是道德意识而浩然正气就是人的内在价值的重要发挥。

（二）"浩然正气"的体现

"浩然正气"主要包括以下三个方面。

尊严。孟子讲过两句话：一句是"所欲有甚于生者"，意为我所要求的有比生命更宝贵的，即人格尊严；另一句是"所恶有甚于死者"，意为我所厌恶的有比死亡更讨厌的，即丧失人格。这两句话正是注重人格尊严和内在价值的表现。坚持人格尊严，一方面要坚持自己的人格尊严，不能受别人的侮辱；另一方面要尊重别人的人格尊严，这是传统道德的一个基本观点。

正直。"义之所在，不畏艰险；志之所立，百折不回。"人应该有正义感，为了正义应该不顾一切，大义凛然。南宋词人辛弃疾（图3-10），以"男儿到死心如铁"的不屈意志，在妥协投降派的阻挠、打击下，为收复被金兵侵占的失地奔走、战斗了一生。清代戊戌变法的著名人物谭嗣同（图 3-11），在变法失败后拒绝出走，甘为变法流血牺牲，以"我自横刀向天笑，去留肝胆两昆仑"的正气之歌换取后来者的觉醒。

图 3-10　辛弃疾

图 3-11　谭嗣同

忠诚。人人都应该维护民族和国家的利益。清代民族英雄林则徐在虎门海滩当众销毁鸦片（图 3-12），向全世界显示了中国人民反对外来侵略的坚强决心和英勇斗争精神，沉重打击了外国侵略者。林则徐后来虽被腐败的清政府解职，但他捍卫中华民族尊严的浩然正气永存于天地间。南宋名将岳飞，精忠报国，面对国土的沦陷，决心"待从头、收拾旧河山"，屡战疆场，大败金兵，至死依然忠诚于国家和民族。

图 3-12　林则徐虎门销烟

（三）"浩然正气"的深远影响

中华民族不但以吃苦耐劳、多才多艺闻名于世，同时也是追求自由、热爱祖国、反对压迫、忠诚正直的民族。中华儿女重气节、脊梁直、骨头硬，古往今来，浩然正气之士灿若群星。他们为人光明磊落，他们的言行与日月同辉，光照千秋万代，教育、激励着无数后人。

相关链接

孟子的浩然之气实质上就是一种内在的气节力量,而拥有这种浩然之气的人,被称为"大丈夫"。孟子解释"大丈夫"的含义时说:"居天下之广居,立天下之正位,行天下之大道。得志,与民由之;不得志,独行其道。富贵不能淫,贫贱不能移,威武不能屈,此之谓大丈夫。"遵守社会道德规范,用仁义之心与人相处,自己成功时与别人分享,自己不成功时独善其身,不被富贵所迷乱,不因贫贱而改变志向,不屈从权势和武力,这样才称得上大丈夫。这种气节和力量就是我们今天讲的"男子汉大丈夫"的文化内涵和价值依据。

思政导学

无论是一个国家,还是一个民族,最大的希望就是青年一代,他们是整个民族的未来,肩负着国家昌盛、民族兴旺的重任。可以说,青年一代的素质与思想观念关系着民族的未来和方向,关系着国家的兴衰。因此,青年大学生应当树立正确的世界观、人生观、价值观,高举中国特色社会主义伟大旗帜,秉承崇高的爱国主义精神,把我们的祖国建设得更加繁荣富强,使我们的国家永远骄傲地矗立在世界的东方,从而实现中华民族伟大复兴中国梦。

二、匹夫有责

爱国,顾名思义就是爱自己的国家。爱国,是中华民族永恒的主题,爱国,是每个中国人真挚永恒的情感。

中华民族是一个伟大的民族,爱国主义精神一向贯穿于我们民族的优良传统之中,爱国之情一直根植于每个中华儿女的心中。作为一种高尚的道德情操,爱国情怀在中华儿女的内心深处开出一朵朵圣洁美丽的花朵。爱国主义精神,在一代代中华儿女的心中传承,在每个时代都留下了一段段感人的故事。爱国,是时代不变的主题,是一种不可磨灭的情感。只有将爱国主义继承并发扬光大,才能让我们永葆一颗爱国之心。

(一)"匹夫有责"是爱国主义的具象化体现

每个时代,人们的爱国主义表现往往不同。爱国,是战争年代的英雄们为保家卫国抛头颅、洒热血时的视死如归;爱国,是科研专家们为增强祖国的科技实力而日夜钻研的永不言弃;爱国,是莘莘学子为报效祖国而努力学习文化知识奋斗不已的豪情壮志。爱国之心,人人皆有,只是各人有各人的表达方式。只要拥有一颗爱国之心,就能为建设祖国贡献出自己的力量。

(二)"匹夫有责"的当代典范

杨靖宇 21 岁时参加革命。1940 年初,他被日军围困,身负重伤,啃不动树皮,只能将棉衣里的棉花和着冰雪吞下去充饥。日军劝降不成,便放乱枪,年仅 35 岁的杨靖宇因此壮烈牺牲。在冰天雪地的长白山密林中,支撑着杨靖宇与敌人战斗的力量就是对祖国的一腔热爱。

数学家华罗庚(图 3-13)放弃在美国的终身教授职务,于 1950 年回到祖国。归途中,他写了一封致留美学生的公开信,其中有一段中说:"为了抉择真理,我们应当回去;为了国家民族,我们应当回去;为了为人民服务,我们应当回去;就是为了个人出路,也应当早日回去,建立我们工作的基础,为我们伟大祖国的建设和发展而奋斗!"回国后,华罗庚主要进行应用数学的研究,足迹遍布全国23个省份,用数学解决了很多生产中的实际问题,被称为"人民的数学家"。

图 3-13　华罗庚

(三)爱国主义的行为准则

踏踏实实做好自己的本职工作就是最大的爱国。乘着爱国的翅膀,我们要有"天下兴亡,匹夫有责"的情怀;乘着爱国的翅膀,我们要有"先天下之忧而忧,后天下之乐而乐"的理想;乘着爱国的翅膀,我们要让我们的祖国更强大。

相关链接

近代科学先驱、著名工程师詹天佑,在当时我国国内一无资本、二无技术、三无人才的艰难局面面前,满怀爱国热情,受命修建京张铁路。他以忘我的吃苦耐劳精神,走遍了北京至张家口之间的山山岭岭,只用了700万两白银、4年时间就修成了外国人计划用资900万两白银、用时7年才能修完的京张铁路(图3-14),令前来参观的外国专家无不震惊和赞叹。当时,美国有所大学为表彰詹天佑的成就,决定授予他工科博士学位,并邀请他参加仪式。詹天佑当时正担负着另一条铁路的设计任务,因而毅然谢绝了这个邀请。他这种为国家不为个人功名的精神,赢得了国内外同行的一致称赞。

图 3-14　京张铁路

思政导学

爱国主义推动中华民族在顺境中开拓创新,在逆境中顽强拼搏。为独立解放和繁荣富强而不懈奋斗是中华民族历经磨难却始终巍然屹立于世界民族之林的强大精神支撑。对于今天的中国人来说,爱国首先要热爱世代中国人的生存空间,热爱祖国的山川大地、江海河流,热爱祖国的森林草原和每一寸土地。

我们的先辈一直有尊重生态、重视环境保护、主张"天人合一"和"民胞物与"的传统,这些远见卓识在当今时代更显珍贵。因此我们要发扬先辈勤俭节约、重视生态环境的优良传统,处理好发展与资源的关系、发展与环保的关系、发展与生态的关系,加强生态文明建设,让中国的天更蓝、山更绿、水更清、环境更优美。

思考与实践

思考:

1. 古语云:"百善孝为先,论心不论迹,论迹寒门无孝子。"意思是说:孝为百善之首,评价一个人是否孝,只能看他的心,而不能考究他的行为,如果考究行为的话,贫穷人家就没有孝子了。你对这句话有何看法?并据此谈谈你对"孝行"和"孝心"的理解。

2. 你认为,"利"和"义"哪个更重要?请说明你的理由。

实践:

1. 请到图书馆、书店或网上收集中华传统美德中有关"仁爱共济、立己达人"的论述,介绍给大家,思考我们应当如何热心公益,关爱社会。

2. 城市精神是一座城市的灵魂。例如,北京精神是"爱国、创新、包容、厚德"。你所在城市的城市精神是什么?看看它与本章所讲的中华传统美德有何联系。如果你所在城市还没有明确界定的城市精神,请你根据本章所学内容及自己的理解,试着概括出你所在城市的城市精神。

笔墨意境

第四章

传统书画艺术

中国传统书法、绘画是中国文化的一座精神圣殿，当我们走进这座圣殿时，不仅要用眼去欣赏，更要用心去感悟。中国书法具有三千年的悠久历史，是中国古代文化的重要组成部分。中国绘画源远流长、博大精深，是中国古代文化的重要组成部分，被视为东方绘画中的奇葩。在中国五千年艺术长河中，绘画一直具有特殊的作用，反映了中国人的精神世界和思想内涵，体现了中国人的审美观念和修身养性的道德规范。中国人写字与绘画的"文房四宝"完全一样，文人又常在舞文弄墨之余作画，自然把书法的用笔带入画中。这就使中国画具有了一个突出的特点，就是：画上题诗或题字，使诗、书、画融合成一个艺术整体，给人以更加丰富的美的享受。

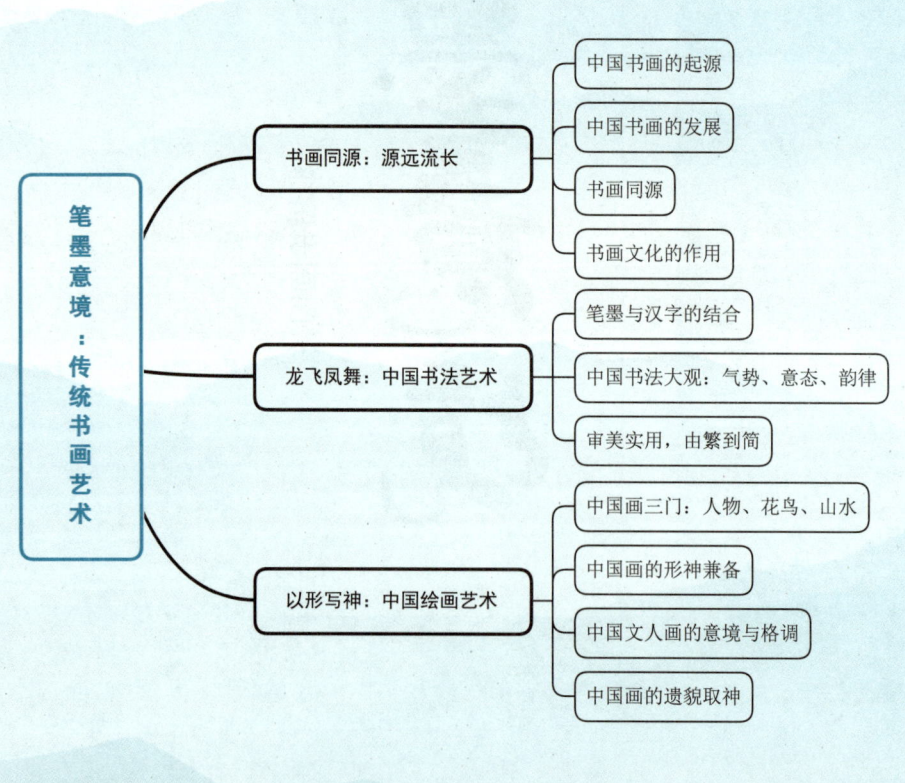

学习目标

知识目标：了解中国书法与绘画的基本特点和发展进程，了解中国书法、绘画名家及其主要作品，理解中国书法与绘画的文人精神与文化内涵。

能力目标：学习临摹中国名家书法，学习鉴赏中国名家书画，体会中国书画的美感与意境。

思政目标：通过学习中国书画艺术，具备一定的书画修养和审美素养，陶冶文化情怀。

学习重点

从书画特有的工具、特有的颜料开始，了解中国书画的起源与书画对现代社会的影响；同时了解书法和绘画之间的关系，能够鉴赏生活中见到的书画作品。

情境导入

2010年，中国上海成功举办了举世瞩目的世博会，圆了中华民族的百年梦想。让人印象最深刻的就是红色的中国馆，飞檐斗拱，气势宏伟，尽显中国传统文化特色。游人步入馆内，第一眼见到的是一幅大型电子投影的《清明上河图》，此图乃"镇馆之宝"，图中的人物、景物栩栩如生。这是现代科技与千古名画的完美结合，是人类智慧的闪光，让人大开眼界。馆内还有一幅静态的《清明上河图》，两者一动一静，极显情趣。动态投影展现的是北宋大画家张择端的真本，静态展现的则是明代大画家仇英的仿本，一动一静，相得益彰。

或许人们要问：世博会上，中国馆为什么钟情于选《清明上河图》作为"镇馆之宝"呢？原因就在于《清明上河图》是一幅千古名画，而且画上有很多古代书法家的题诗，可谓中国书画文化最典型的代表，淋漓尽致地彰显了中华民族的文化底蕴和艺术成就。

第一节 书画同源：源远流长

相传，黄帝时期的史官仓颉有四只眼睛，他能仰观天文，俯瞰自然现象，因看到鸟飞的样子和龟壳的纹路后，创造了汉字之形。这就是我们今天所说的象形字，它其实更像是画，不像字。所以，当时是书画同体而未分，一个汉字既是一个传达意思的符号，又是一幅形象传神的图画。

由于汉字始终在不断简化和发展，渐渐地也就失去了画的形式，可正是因为有象形的汉字，才有了书画同源，才有了中国传统的书画艺术。而且，古代书法绘画在技法上均讲究运笔着墨，风格上均追求神韵意境。中国书画的发展深受传统哲学尤其是道家美学思想的影响，显现出其独特的美学韵味。

一、中国书画的起源

中国的绘画可上溯至原始社会的新石器时代。绘画最初是画在陶器、地面和岩壁上的一些象形符号。

古人记录历史的最原始方式，包括结绳记事、口耳相传等，随着内容的不断累积，这些方式的弊端日益显露，因此迫切需要创造一种文字来记录事件。当然，尽管绘画可以记事，但形式不统一，因为每人所画图案都不一样，这样识记起来就十分困难。为解决这种问题，人们只好将绘画逐渐简化变成统一的表意、表音符号。

（一）书法的起源

中国书法历史悠久，以不同的风貌反映出不同的时代的精神，艺术青春常在。追寻上千年书法发展的轨迹，我们可以清晰地看到，书法与中国社会的发展同步，强烈地反映出每个时代的精神风貌。书法艺术是世界上独一无二的瑰宝，是中华文化的灿烂之花。书法艺术最典型地体现了东方艺术之美和东方文化的优秀，是我们中华民族永远值得自豪的艺术瑰宝，它具有其他艺术无法比拟的深厚群众基础和艺术特征。

关于中国文字起源，近代经过考证，一般认为，在距今约六千多年中国黄河中游的仰韶文化时期，先民们就已经创造了文字。

（二）中国画的起源

中国画也称"国画"，"国画"一词起源于汉代，主要指的是画在绢、宣纸、帛上并加以装裱的卷轴画。工具和材料有毛笔、墨、国画颜料、宣纸、绢等，题材可分人物、山水、花鸟等，技法可分具象和写意。中国画在内容和艺术创作上，体现了古人对自然、社会及与之相关联的政治、哲学、宗教、道德、文艺等方面的认知。

中国绘画的起源历史悠久。究竟中国的绘画开始于何时何地，是何人所创造，这一谜团千年以来一直萦绕在历代美术史研究者的头脑中。唐代的张彦远在他的开创性著作《历代名画记》中，将中国绘画的起源追溯到传说时代，指出那时的象形文字便是书写与绘画的统一。而在他看来，图形与文字的脱离，使得绘画成为一门专门的艺术，探讨绘画技巧的工作则晚至秦汉时才开始，魏晋时名家的出现，标志着绘画技艺已经臻于成熟。这一千多年前提出的有关早期中国绘画发展的理论至今仍未过时。

相关链接

《历代名画记》是中国第一部绘画通史著作，由唐代张彦远所著。全书共10卷，可分为对绘画历史发展的评述与绘画理论的阐述、有关鉴识收藏方面的叙述、370余名画家传记三部分，具有绘画"百科全书"的性质，在中国绘画史学的发展中，也具有无可比拟的承先启后的里程碑的意义。《历代名画记》将中国绘画的起源追溯到传说时代，其中记载："龟字效灵，龙图呈宝，自巢燧以来，已有此瑞。"其中"巢燧"指有巢氏、燧人氏时代。

二、中国书画的发展

书画早期是属于文人墨客之间的交流创作，体现着他们内心对自然、社会的认知和见解。作为传统文化之一，书画本身就蕴含着我们中华民族长达几千年的哲学思维，这也是我国传统书画艺术与西方艺术的最大不同之处。

（一）中国书法的发展

中国书法历史悠久，书体沿革流变，异彩纷呈。追寻书法发展的轨迹，浏览历代书法精品，从甲骨文、金文演变为大篆、小篆、隶书，至东汉、魏、晋的草书、楷书、行书诸体，我们可以看到，书法一直散发着独特的艺术魅力，它不仅是中华民族的文化瑰宝，也是世界上独一无二的艺术瑰宝。

中国书法的发展，形成了如今我们能见到的不同字体。具体而言，这些字体可以根据不同时期，概括为以下五个种类。

（1）甲骨文。甲骨文（图4-1）是中国书法史上最早的文字，从书法角度欣赏，甲骨文已经具备了章法、结体、用笔等主要构成因素。其笔法已有粗细、轻重的变化，具有一定的节奏感，为中国书法艺术奠定了基本的基调和韵律。

图4-1　甲骨文

（2）金文。金文（图4-2）是商、西周、春秋、战国时期铜器上铭文字体的总称，兴盛于周代。金文主要依附于钟、鼎等青铜器，因此金文也被称为钟鼎文。

图4-2　金文

（3）小篆和隶书。秦统一六国前，通行文字是大篆，很不规范；秦统一六国后，"书同文"，于是李斯创造了小篆（图4-3）。但是，由于小篆篆法苛刻，书写不便，于是隶书出现了。隶书（图4-4）的出现是汉字书写的一大进步，是书法史上的一次革命，不但使汉字趋于方正，而且为以后各种书体流派的出现奠定了基础。

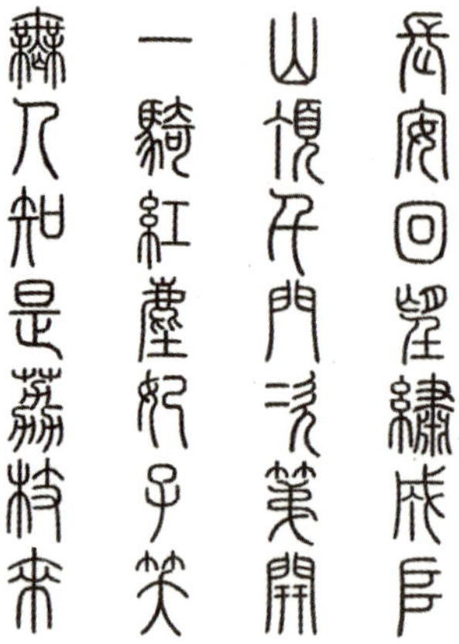

图4-3　小篆 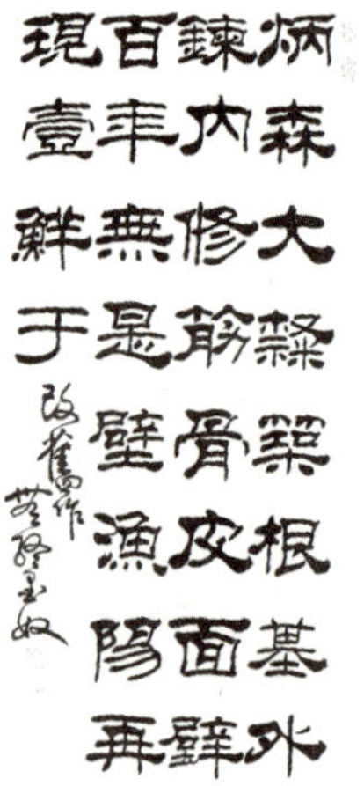　　　　　　　　　　　图4-4　隶书

（4）楷书。三国时期，隶书开始由汉代的高峰地位降落，演变出楷书（图4-5），楷书便成为书法艺术的又一主体。

（5）行书。两晋时期最有创新意义的是创造出流美飘逸的行书（图4-6），如代表作"三希帖"，即王羲之《快雪时晴帖》、王献之《中秋帖》、王珣《伯远帖》。在书法史上最具影响力的书法家当属两晋时期的王羲之，人称"书圣"。王羲之的行书《兰亭集序》被誉为"天下第一行书"，后世称其笔势"飘若浮云，矫若惊龙"。

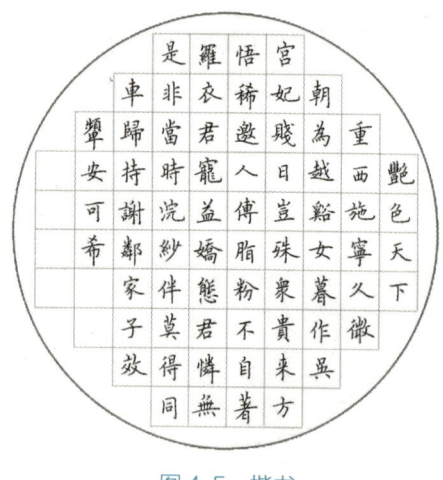

图4-5　楷书 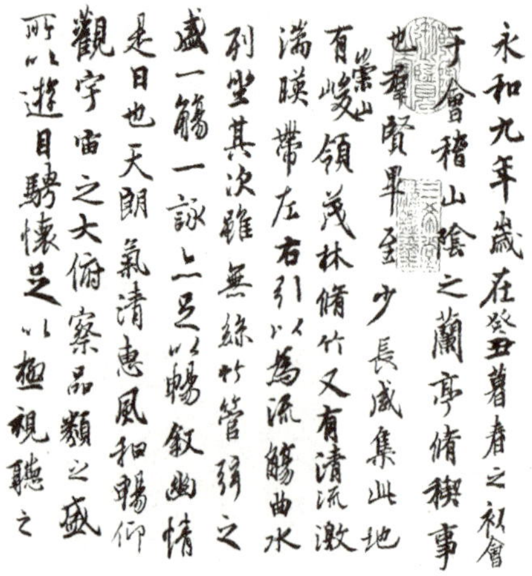　　　　　　　　　　　图4-6　行书

（二）中国画的发展

中国画具有鲜明的民族特色和悠久的传统，中国绘画艺术的风格和传统是在历史的长河中，沿传相续形成的。早在两千多年前，战国时期楚国的两幅帛画就以其生动的气韵、简洁的笔墨、

流畅的线条,表达出完美的意境,呈现了中国绘画艺术以线条为造型的民族风格形式。

中国画的发展,可以分为以下九个时期。

(1)新石器时期。这个时期的绘画,具有展示民族信仰、愿望和美化装饰的作用。

(2)春秋战国时期。这个时期,出现了画在丝织品上的绘画——帛画,《龙凤人物图》(图4-7)是目前可以看到的最早的古代绘画实物。

(3)秦汉时期。这个时期的绘画特点是题材多样、种类不一、造型生动、笔法简括,善于以动态传情。

(4)魏晋南北朝时期。东晋顾恺之的《洛神赋图》(图4-8)是山水画的萌芽,顾恺之是我国绘画史上第一个明确提出"以形写神"主张的人。他有"才绝""画绝""痴绝"之称。

图4-7 《龙凤人物图》

图4-8 《洛神赋图》

(5)隋唐时期。唐代最负盛名的画家是吴道子,被后世誉为"百代画圣"。因其画风格奔放,注重线条笔法,有"吴带当风"之誉,代表作为《送子天王图》(图4-9)。

(6)宋代。宋代绘画是中国绘画艺术发展的高峰。代表南宋山水风格的是着重意境的绘画,文人画在实践中创造了杰出成就,梅、兰、竹、菊四君子画(图4-10),成为文人画的重要题材。

图4-9 《送子天王图》

图4-10 《梅兰竹菊四君子》

(7)元代。元代绘画的特点是注重诗书画的结合,舍形取神,简逸为上,重视情感的发挥。

(8)明代。明朝前期主要是三大体系——文人画、院体画、宫廷院画,著名画家有沈周、文徵明、唐寅、仇英等。

(9)清代。在这个时期,人物画的成就最为突出,形成了以"扬州八怪"为代表的扬州画派。

相关链接

齐白石小时候，他家里很穷，8岁就给人家放牛、砍柴。牛在吃草，他就用柴棍在地上画画。后来，他当了木匠，白天干活，晚上在昏暗的油灯下学画。夏天蚊虫叮咬，冬天两脚冻得发麻，他都不在乎，一直画到灯油燃尽为止。

除此之外，齐白石家里种着许多花草，招来许多小昆虫，水缸里还养着鱼和虾，他每天仔细地观察它们。他要画蚱蜢，就跟在一只蚱蜢后面满院子跑，一直到看清蚱蜢跳跃时双腿的动作为止。别人劝他把蚱蜢拴住，他说拴上绳子蚱蜢不舒服，动作不自然，那就画不准了。

正是因为这种认真刻苦的精神，齐白石的作品才能流芳百世。

思政导学

画国画的作用是养性情、涤烦襟、破孤闷、释躁心、迎静气。画国画讲究身心合一，要有耐心。通过不断的修养，不仅能修身养性，还能提升个人魅力，一举多得。因此，我们在课余时间可以尝试画国画，陶冶情操，放松身心，同时还可以理解历史名画中的人生价值观。

三、书画同源

秦代李斯写了一篇叫《用笔法》的文章，此文宣称书法的微妙之处，在于取自然万物，它的美源于自然的美感。这样的创作态度，无疑也模糊了绘画与书法的精神界限。于是，绘画和书法这两者在画家和书法家的内心世界和行为理念中，得到了和谐统一。这就是中国古代文人所主张的"书画同源"理念。

之所以说书画同源，主要有以下四方面的依据。

（一）同"起源"

中国最古老的文字甲骨文是从最原始的图画发展成的一种具有高度概括力的记事符号，所以在商周时代流传下来的甲骨文和金文中，我们不难发现其中保存有大量的图画文字。这些图画文字随着人们对自身和客观事物的观察能力、思维能力和表现能力的发展，逐渐由图案化的形象符号演变为由线条构成的文字，并在此基础上产生了神奇瑰丽的书法艺术。

（二）同"形源"

书法与绘画在表现形式方面，尤其是在笔墨运用上具有共通的规律性。书法的用笔是中国画造型的语言，于是，中国画本身就带有强烈的书法趣味，国画的线条、墨韵，处处都透出抽象之美，流露出独立的审美价值。反过来，中国书法也总是表现出画作中的气势、韵律和画面感。比如水墨画（图4-11）的特点是引人入胜，意境深远。

图 4-11 水墨画

（三）同"神源"

书画同源之"源"，不仅停留于表面的表现形式、笔墨运用上的同源性，更是深入书法与绘画艺术的精髓之中，具有相同的精髓、意境之源。一画一书，虽表现手法不同，但二者追求的精髓相同（图 4-12）。

图 4-12 书画一体

（四）同"心源"

文字、图画不仅是记录的工具，更是人们表达思想、直抒胸臆的桥梁和宣泄情感的工具。书法与绘画艺术因为有作者的情感投入，具有更高一层次的艺术价值，所以它们不再是死的作品，而成为作者活的人生写照，成为有"心"之物。民谚说，字如其人，画如其人。人的品性会融入其书画作品之中，书法与绘画艺术也因作者而有了各自的品格。故此，书画同源，源自人心。

思政导学

古人语：见字如见人。从一个人的书法造诣上，能够看出这个人的学识如何、修养如何、品位如何。虽然现在书法已经不像以前具有决定仕途的作用，但一手漂亮的好字还是有着很强的实用意义。比如在做笔记的时候，如果自己写出的字，过一段时间之后自己都无法认出，是不是才会明白一手好字的意义有多么重要呢？所以，写出一手好字，也是一种能力上的体现。

相关链接

字如其人的典范：颜真卿

颜真卿在中国书法史上的地位是独特的，他是继"二王"王羲之、王献之之后，又一位继往开来的大宗师级书法家，被誉为书法界的"亚圣"，他创造出了一套根植于"二王"但又有别于"二王"的书学体系，对后世的影响极为深远。《颜氏家庙碑》（图4-13）立于公元780年，这一年颜真卿72岁，人近晚年，书风已经褪去火气，近于炉火纯青之境，此碑在笔法上雄健而精稳，每一个笔画都沉雄而厚重，像是以沉雄的大笔，满注劲力所为，所以笔力雄健，有着极为强大的张力。

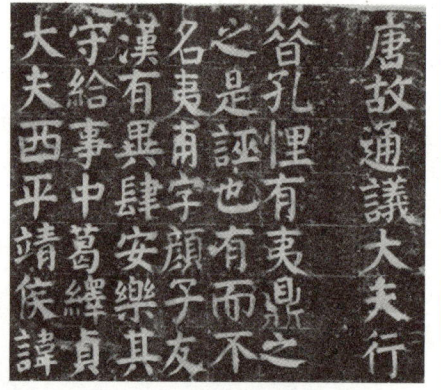

图4-13 《颜氏家庙碑》

从这通《颜氏家庙碑》当中，取出一根线条，其圆融而浑厚之感，有着极浓厚的汉魏篆籀笔意，所以后世用"大、重、朴、厚、严"这五个字来形容此碑。

四、书画文化的作用

中华民族的艺术创作和审美法则一贯具有真、善、美的人格化倾向，强调对一切艺术表象的认识作用、审美作用和教育作用，这一文化传统和思维模式可以追溯到中国古代先秦诸子百家的艺术观和审美观上。在庄子审美思想中，德成为万物彰显的崇高审美标准，形神成为德的存在条件。他对万物的审美思想认识，是古代中国书画艺术审美及艺术创造的美学思想核心。

书画对从古至今以来的中国社会，有以下两种作用。

（一）社会教化的作用

张彦远在《历代名画记》中开宗明义，认为"成教化，助人伦"，是绘画所产生的社会功能；"穷神变，测幽微"，则是绘画在表现自然万物时所具有的特殊意义。从社会的角度来看，绘画与"匡时济世"的经典著作具有相同的作用；从自然的角度来看，绘画则与天地之间的变化规律一致。

不仅绘画如此，书法也具有社会教化意义。自古以来，中国绘画作品主题丰富，无论是借物、景言志，还是对生活情景、历史故事、人物情态的刻画，都具有深刻的教化意义。绘画是定格的艺术，图像往往要比文字更具教育意义。

（二）指导生命审美的作用

庄子有关人物形、神、骨、气的美学阐述，是中国书画笔墨形态最完美的表达形式。老庄对万物"形神"审美思想有重要影响，人物"骨"的审美认识也被后人逐渐展开。例如，《论衡》率先拉开了魏晋南北朝时期对人物品藻的审美帷幕，追求对人物"风骨、神韵、精气"的品格审美境界，人物绘画的艺术审美被艺术家所重视。

相关链接

> 画的"骨"以线的力量来支撑，以墨的神韵来显现。文人风骨，具象地说，就是脊梁，文人画的就是品格、品德与品质。由此我们就可以得出一个结论，就是行笔留下的线中要有品格、品德与品质，通过墨韵而表现出来的。很多画作，颜色也够亮丽，形象也够逼真，可是就是没有神韵。原因是什么呢？就是画作中缺少"骨"。而"骨"的丢失，就是因为很多画画的不是文人，或者说没有文人的风骨。
>
> "骨"的存在，也证实了中国画是和文人密不可分的。而文人的特征就是善学，有知识、有涵养，是道德高尚之人。这也就充分说明，中国画是由绘画技术来承载文化赋予的精神的。由此，我们去鉴赏中国画时，就有了鉴赏的标准。也可由此确立中国画的艺术性，是建立在文化属性之上的，而不只是简单的形象表现。

第二节　龙飞凤舞：中国书法艺术

书法艺术，是文化的独特表现艺术，不同时期的书法艺术都表现着不同特定时期的社会经济发展和人们的价值取向。中国的书法艺术兴始于汉字的产生阶段，书法艺术的第一批作品不是文字，而是一些刻画符号——象形文字或图画文字。汉字的刻画符号，首先出现在陶器上。最初的刻画符号只表示一个大概的混沌的概念，并没有确切的含义。

一、笔墨与汉字的结合

书法是书写汉字的艺术，汉字是书法的根。有学者认为，书法这个称谓就是特指中国汉字的书写艺术。那么，书法为什么产生在中国，而没有在其他国家呢？这有两方面的原因。

（一）书法的产生与汉字本身有关

汉字结构复杂，形态生动。汉字是由300多个不同的组成部分构成的，有左右结构、左中右结构、上下结构、上中下结构、半包结构、全包结构、品字或倒品字结构等多种组合形式。汉字笔画多寡对比强烈，字的大小、长短都会随时发生变化，使书法作品产生有疏有密、错落有致、形态各异的美。汉字的结构美如图4-14所示。

另外，汉字笔画纵横交错、相互穿插，为字的造型美提供了不可或缺的条件。

而且，汉字往往一字多体——表现古朴可以选择篆书；表现庄重可以选择楷书；表现厚重可以选择隶书；表现奔放可以选择草书；表现活泼可以选择行书。最值得一提的就是草书，由于它结构简单，笔画连绵，所以最有利于抒发书写者的情感。

图4-14　汉字的结构美

（二）书法的产生与中国特有的书写工具有关

毛笔是书法艺术的基本工具，倘若没有毛笔，对书法艺术来说将是不可想象的。而毛笔的功能又必须通过墨来体现，只有用墨才能留下毛笔所运行的痕迹。毛笔结构如图4-15所示。可以这样说，书法实际上是一门笔墨艺术。中国古人发明的毛笔"实是天地之伟器"，它的特点决定了中国书画的特性。明代文学家屠隆说："制笔之法，以尖、齐、圆、健为四德。""尖、齐、圆、健"这四个字可谓一支好毛笔的四"德"（图4-16）。

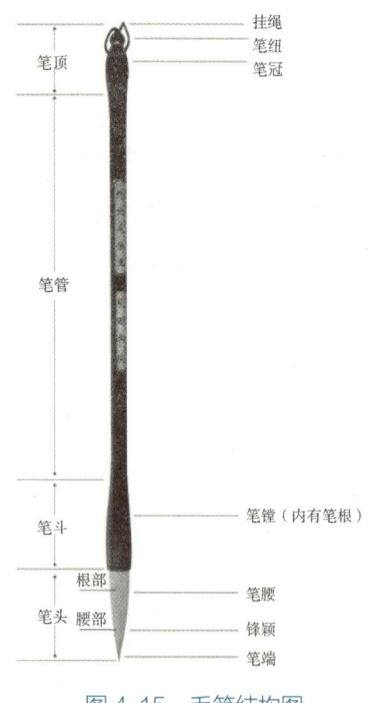

图4-15　毛笔结构图

图4-16　毛笔四德：尖、齐、圆、健

1. 尖

尖，指笔锋尖。只有笔锋尖，才既可以写细的笔画，又能写粗的笔画。因为笔锋尖，则锋可藏可露；若笔锋不尖，就是秃笔。

2. 齐

齐，指笔锋铺开时笔毛是齐平的。齐就使笔锋点画圆融，假如毛笔被虫咬掉一些，就不齐了，而是成为破锋。

3. 圆

圆，毛笔的毛为圆锥形，所以毛笔又称"毛锥"。刷子、油画笔是扁方的，因此其线条笔触就是扁的。善于用毛笔者，其线条点画有立体感，即使"细如丝发亦圆"，八面使转自如，这就是圆的优越性。

4. 健

健，指笔锋的弹性。善于用笔者就是借笔锋运转之势，表现节奏和张力，使点画线条成为运动痕迹，富有生命感与运动感。

（三）书法的产生与中国特有的颜料有关

通常，"笔墨纸砚"这四个字是分不开的，其中，"墨"指的就是毛笔专用的颜料。

墨产生于西周宣王时期，《述古书法纂》记载："邢夷始制墨，字从黑土，煤烟所成，土之类也。"东周时期，墨已经被广泛用于文字书写。人工墨因质量优于天然墨而逐渐被认知和推广。秦汉时期，松烟墨成为书法家们的最爱。到了魏晋时期，松烟墨的生产已全面成熟。隋唐时期，一种被称为"易墨"的墨一枝独秀。宋元时期，"徽墨"又代之而起。明清时期，中国墨的生产更是突飞猛进，而最引人注目的就是不用研磨又有同等效果的墨汁的诞生。

相关链接

> 春秋战国时对笔的叫法各地不一，有"笔""聿""拂"等多种名称。直到秦施行"书同文，车同轨"，才统一称作"笔"。相传，秦将蒙恬曾在善琏村取羊毫制笔，在当地被人们奉为"笔祖"。又据说，蒙恬的夫人卜香莲也精通制笔技艺，被供为"笔娘娘"。到了汉代，笔已比较考究。汉代制笔头的原料除羊毛外，还有兔毛、鹿毛、狸毛、狼毛等，硬毫软毫并用。同时，笔管的质地和装饰也丰富起来。

思政导学

> 毛笔是我国独有的文化发明，中国文人用它挥洒奇思，宣泄情怀，在漫长的历史长河中以笔为锄、以纸为田，为我们留下了"笔下春秋"，作为中国人的精神象征，一笔一画，美妙而优雅。如果把文化分为"刚性文化"和"柔性文化"两种类型，中国传统文化无疑属于柔性文化。因此，我们也要学会其中的刚柔并济，树立正确的人生观和价值观。

二、中国书法大观：气势、意态、韵律

对中国人来说，汉字的书写能够表达许多不能够用语言表达的东西，往往较字面意义更为丰富。所以，一篇文章要用很多字表达意思，而书法中，几个字就能见到书写者的内心，且只

有闭目深思的默契,而非言传才能领会。这种强烈的象征意义和神秘,到了传统文人那里就成了一种个人修为和品行的见证与表征。

中国书法有三个特点:气势、意态和韵律。不论是篆书、隶书、楷书、行书还是草书,都贵在气势、意态和韵律。

(一)中国书法的气势美

"势"在书法艺术中有三个重要作用:一能产生笔力,力必须以气为凭借,有气自然有力;二是使点画妥帖,心随笔运,取象不惑;三是使血脉流通,精神贯穿,意境活泼。有气势的作品能将全幅字贯注成一个片段,从而表现出一种精气凝结的意境。

中国书法的气势美由笔势、体势、行气、章法所构成。一般来说,篆书、隶书、楷书势从内出,盘纡于虚,为无形之使转;草书势从外出,盘纡于实,为有形之使转;而行书则介于两者之间,虚实并见,锋势时藏时露,体势时斜时正。

这种纵横挥洒、磅礴酣畅的气概,是一个书写者圆熟的笔墨技巧和深厚的功力所产生的综合效果,同时也体现出高度的艺术修养和才华。没有气势的作品滞钝而没有精神,字字僵化而没有生命力。

(二)中国书法的意态美

一幅好的书法,其结构的安排最见书写者的匠心——有的精心安排,字体严谨,堪称佳妙;有的妙手偶得,自然天成,出人意表。字的体势和神态都是字的结构的表现。字的结构又是点画的组合,正如建筑设计,由构件组合成许多不同的空间。

意态在字外。我们说一个女子婀娜多姿,喜怒哀乐皆率真或婉转,这说的就是美女的意态。所谓意态,包括体态和神态两部分,两者都可以在书法作品中表现出来。

在中国书法历史上,篆书既有整齐停匀之美,又要婉转曼妙;隶书既有雄健厚重之美,又有跌宕飞动之势;楷书既有精严庄重之美,又要神采焕发;行草既有流畅飞动之美,又要遒劲有力。无论是书写节奏还是书写结构,都能表现出独特的意态美。所以,欣赏中国书法,必须懂得欣赏字的体态和神态所表现的独特韵味。

(三)中国书法的韵律美

书法的线条、结构、墨色等是构成书法艺术美的元素。一幅作品,从上到下、从左到右都传递出韵律的信息,线条的飞舞、跳跃,墨色的变化都影响到韵律。作品中的神韵、墨韵,促人深思、遐想。

例如,颜真卿的《祭侄文稿》(图4-17)就是抒情作品的典范,他以情感为主笔墨,直抒胸臆,把感受到的痛苦、悲愤,倾泻于笔端,读之感人肺腑。书法韵律具有层次性、品位性,而这些性质也与音乐的韵律相吻合。

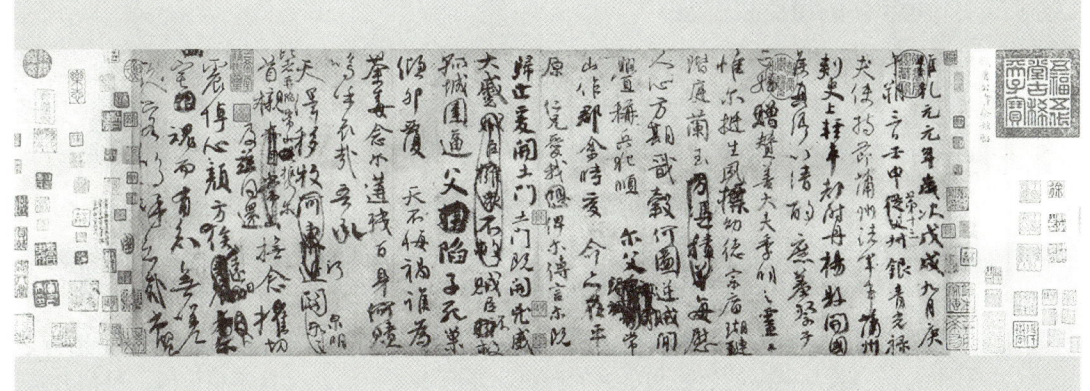

图 4-17　颜真卿:《祭侄文稿》

相关链接

唐代书法家张旭的书法以草书的成就最高,史称"草圣"。张旭是一位纯粹的艺术家,他把满腔情感倾注在点画之间,旁若无人,如醉如痴、如癫如狂。唐代韩愈的《送高闲上人序》中评价道:"往时张旭善草书,不治他技。喜怒窘穷,忧悲、愉佚、怨恨、思慕、酣醉、无聊、不平,有动于心,必于草书焉发之。观于物,见山水崖谷,鸟兽虫鱼,草木之花实,日月列星,风雨水火,雷霆霹雳,歌舞战斗,天地事物之变,可喜可愕,一寓于书。故旭之书,变动犹鬼神,不可端倪,以此终其身而名后世。"

思政导学

书法讲究气势,这种气势同样体现在我们的日常生活中。例如,做人做事不优柔寡断、犹犹豫豫、拖泥带水,做事敢作敢当,做人诚实信用,那么这样的人是很有气魄的,也是有责任感的人。其中还有一点,就是说要有自信和自己的主见,不要人云亦云。

三、审美实用,由繁到简

中国的原始文字是可以读出来的图画,称为"图画文字"。后来,文字变得逐渐符号化,脱离图画,形成成熟的汉字;到了商朝,汉字已形成完整体系。此后,汉字演变的总趋势是由繁到简。

(一)自发与自觉的阶段

上一节中详细介绍了中国书法从甲骨文到行书的一系列发展,现在概括来看,中国书法艺术的发展大致可以分为两个阶段:魏晋以前基本是自发阶段,魏晋时期开始进入自觉阶段。由隶书衍生而来的楷书、行书、草书,通过众多书法家的努力实践,臻于成熟。从此,中国书法兼具审美功能与实用功能,自觉地创造了书法美,成为体现中华民族文化特色的一种艺术形式。

（二）不同字体的特点和价值

为了推广汉字，让更多的平民百姓可以看懂、写出文字，从古至今的领导者们一直致力于让汉字变得更加美观易懂而汉字与书法又不可分离。因此，中国书法也逐渐演变成了以下三种常见的字体。

（1）楷书。楷书笔画详备，结构形体严整，具有其他书体不可比拟的实用价值。楷书又分为欧体、颜体和柳体等，成为后人学习、临摹的范式。

（2）草书。草书笔画简约，勾连不断，线条流畅纵情，具有极高的审美价值。魏晋以来，草书盛行不衰，名家辈出。东晋的王羲之、王献之，唐朝的张旭、怀素等，都是草书大家。

（3）行书。行书兼具楷书的规矩和草书的放纵，既有审美价值，又具实用价值，雅俗共赏。

 相关链接

在中文网站上，我们经常看到的字体包括宋体、仿宋、华文行楷、微软雅黑、方正舒体、华文中宋、黑体、幼圆、楷体等。其中，比较受欢迎的包括黑体、宋体、楷体等，以上字体都是一些比较标准的基础字体，尽管非常普通，但是较为耐看，通常内文都会运用到这几款字体。

第三节　以形写神：中国绘画艺术

"以形写神、形神兼备"是传统国画艺术的基本造型法则，更是绘画理论与实践的永恒话题和基本追求。所谓"形"，是指客观事物可视之形态、形象、形状、形体，比如我们看到的一朵花、一只鸟、一座山。所谓"神"，就是事物的内涵、精神气质和气韵。能否把"形神"的关系处理好，做到形神兼备，是中国画特别是人物画创作的关键。

一、中国画三门：人物、花鸟、山水

中国画主要分为人物、花鸟、山水这三大类。表面上看，这是按照题材进行划分的。其实，这是在用艺术表现一种观念和思想——人物画表现的是人类社会、人与人的关系；花鸟画则表现大自然的各种生命与人的和谐相处；山水画表现的是人与自然的关系，将人与自然融为一体。

中国画之所以分为人物、花鸟、山水这三大类，其实是由艺术升华的哲学思考，三者之合构成了宇宙的整体，相得益彰。

（一）人物画

人物画的出现要远早于山水画与花鸟画。据记载，商周时期，已经出现了人物壁画。人物画大体分为道释画、仕女画、肖像画、风俗画、历史故事画等。画家们对人物画的基本要求是，人物个性刻画得要逼真传神,气韵生动,形神兼备。其传神之法,常把对人物性格的表现,寓于环境、气氛、身段和动态的渲染之中,如宋代画家李唐创作的《采薇图》(图4-18)。

图4-18 《采薇图》

(二)花鸟画

花鸟画和人物画、山水画共同构成了中国画三门,三者虽然在画技难度上有高低之分,花鸟画的创作相对较容易,但在艺术表现上却是平分秋色。

魏晋南北朝之前,花鸟画一直是以图案纹饰的方式出现在陶器、铜器之上的。那时候的花草、禽鸟和一些动物具有神秘的意义,有着复杂的社会意蕴。魏晋南北朝时,一批专门画花鸟的画家出现,并且带来了异彩纷呈的作品。

从明代吕纪创作的花鸟画《桂菊山禽图》(图4-19)可以看出,古时的花鸟画较多的是画一些花、树、鸟、虫等植物和动物,因为它们往往和神话有一定的关系,有的甚至是神话中的主角,如为王母捣药的玉兔、太阳中的金乌、月宫中的蟾蜍,以及代表四个方位的青龙、白虎、朱雀、玄武等。

(三)山水画

山水画,顾名思义,是以描写山川自然景色为主体的绘画。这种画在魏晋南北朝时期就已展露,但仍附属于人物画,

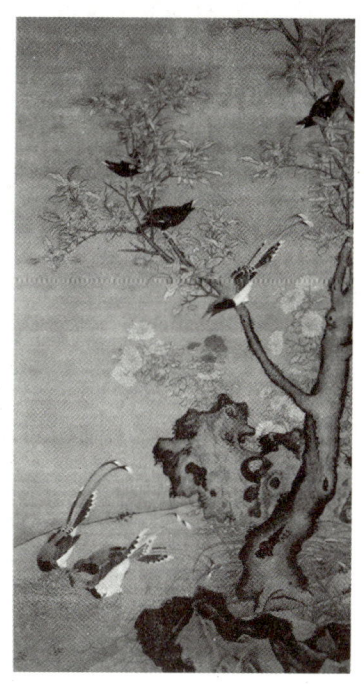

图4-19 《桂菊山禽图》

作为背景的居多。五代、北宋之后,山水画大兴,南北竞辉并达到高峰,从此成为中国画领域的一大画科。到了元代,山水画趋向写意,以虚代实,侧重于笔墨神韵,开创了山水画的新风。

山水画能脱离人物画自立门户,有一个非常重要的原因,那就是画家们的借景抒情。文人墨客崇尚自然之道,醉心于自然界,从而对于艺术的审美更加深刻。而世俗生活和自然超脱之间有着较大差距,在不同审美意象的矛盾之下,隐逸的山水画的产生其实是一种必然。

山水画本质上是脱离世俗、亲近山水、借景抒情的一种艺术载体，因此在山水画中多看到摒弃世俗、寻求自由的思想。画家能够和山水画中的理想形成统一的关系，更容易将心思寄托在山水画中。比如北宋画家米芾创作的《春山瑞松图》（图4-20）。

图4-20 《春山瑞松图》（局部）

相关链接

阎立本的《步辇图》（图4-21）属于历史人物画，描绘了唐太宗在众侍女的簇拥下端坐在步辇上，接见松赞干布派来的迎亲使者的场面。画家依靠神情举止、容貌服饰，生动地刻画了不同人物的身份和精神气质。

图4-21 《步辇图》

思政导学

国画的基本追求是"由中致和"，儒家思想由"道中庸"而"致中和"以达"极高明"的基本精神，决定了中国画的基本道路与追求也是由中致和，即经由适宜的、合度的、富有分寸感的全面协调达到整体和谐。儒家思想坚持"经世致用"原则，更注重发挥书画艺术的教化功能。因此，我们也能从国画中体会到"中庸"的传统价值观，并取其精华，去其糟粕，进一步将其发扬光大。

二、中国画的形神兼备

中国画以写意为主，注重气韵和神似，主要表现事物的神，抒发艺术家所获得的意趣，对形态表现则在其次。但这不能理解为不要形似，因为神态的表现要建立在一定形态表现的基础之上，所以常说中国画形神兼备。这里所说的神似，是指艺术创作上的主导精神和艺术欣赏阶段的主导意趣。

（一）顾恺之与"传神"

东晋时的画家顾恺之（图4-22）有意识地追求"传神"效果，极注意刻画人物的神态，并总结出"传神写照，正在阿堵中"的绘画理论。"迁想妙得"也是顾恺之首先提出来的，这是关于画家如何体验生活以得到艺术构思的理论。

那么什么是"迁想妙得"呢？画家在作画之前，首先要观察、研究绘画的对象，深入揣摩、体会绘画对象的内在精神和思想感情，这就叫"迁想"；在迁想的基础上画家逐渐了解和掌握了对象的精神气质，经过分析、提炼、加工，获得了艺术构思，这就叫"妙得"。

图4-22 顾恺之

其实，"迁想妙得"的过程就是形象思维活动的过程，是艺术家体验生活，进行艺术构思的过程，也是使绘画形神兼备的过程。

（二）谢赫与"六法"

南朝绘画理论家谢赫（图4-23）提出的绘画创作与批评的六条法则即"六法"，包括以下六点。

（1）气韵生动。
（2）骨法用笔。
（3）应物象形。
（4）随类赋彩。
（5）经营位置。
（6）传移摹写。

图4-23 谢赫

在"六法"中，他把"气韵生动"列为评价绘画优劣的第一条标准，足以见得这一条是绘画的要旨。"气韵生动"是指人物的精神气质，即顾恺之所说的神或韵。也就是说，讲究神韵不能完全脱离客观事物本来的形态。

（三）最终的评画标准："四格"

宋代之后，文学家们才明确了评画的标准，即"四格"，即逸格、神格、妙格、能格，体现了中国画的创作意趣和人们的审美趣味。其中"神格"就是指形神兼备，立意妙合自然。

（四）有关"形神兼备"的神话故事——画龙点睛

中国古代著名画家、南北朝时期的张僧繇曾画了四条龙在寺壁上，四条龙没有画上眼睛，他常对人说，"点睛即飞去"。大家都认为他吹牛，非要他为龙画上眼睛。张画家被迫无奈只好画上，但只点了两条龙的眼睛。他刚点完，一声霹雳，两龙破壁乘云腾空而去，另外二龙未点睛，所以没有飞走。这就是"画龙点睛"的故事（图 4-24）。这个故事虽然有点夸张，却说明了这样一个事实：形神兼备才是最好的画作。

图 4-24　画龙点睛

相关链接

"传神"的提出者是东晋大画家顾恺之。《世说新语》中有这样一则记载："顾长康画人，或数年不点目睛。人问其故，顾曰：'四体妍蚩，本无关于妙处；传神写照，正在阿堵中。'"阿堵就是眼睛，可见顾恺之对画睛的重视。从此，"传神论"成为古代画史、画论中被提到最多的美学术语之一。

随后，南齐的谢赫在总结吸取顾恺之画论的基础上，于《古画品录》中系统地提出了"六法"的中国画造型理论，即气韵生动、骨法用笔、应物象形、随类赋彩、经营位置、传移摹写。这"六法"成为中国人物画造型艺术的现实主义创作法则。山水画和花鸟画，甚至很多石窟庙宇也受之影响，都提出了"传神"的法则。

思政导学

"画龙点睛"的典故，以及画家们对于"形神兼备"的要求，实质上是要求人们在做事的时候抓住重点，然后才能获得成功。因此，我们遇到问题时也要学会抓住关键点，"打蛇打七寸"，高效地解决问题。

三、中国文人画的意境与格调

意境是中国传统绘画和绘画艺术创作的一个核心问题，它是中国画艺术的灵魂，历来被艺术家视为最高的美学追求。中国绘画不仅要求形似，且要求神似，更进一步是要在形神兼备、情景交融的基础上，追求"象外之象"的意境美。

中国画按照本节第一部分的内容，明确可以分为人物、花鸟、山水这3个种类。而能做到"象外之象"的绘画，一般集中体现在中国文人的绘画作品中。对于这类绘画作品，我们统称为"中国文人画"或"文人画"。

（一）文人画的特点

所谓"文人画"，顾名思义，就是古代文人（士大夫们）所绘的画作。当然，并非任何一个文人所绘的画作都属于"文人画"，它必须符合以下3个特点。

（1）绘画者必须学养深厚。要想胸有韬略，腹中需垒起万卷诗书。这样的人画出画来，才会文气十足。

（2）画作必须言之有物。古时的文人画不是画出来立马就要卖掉的，而是兴之所至，信笔拈来，承载的是亦忧亦乐，表达的是真性真情。

（3）格调必须高雅。格调和画家的人品有一定的关系，但不是全部，更重要的是画家接受的教育和所处的环境。对画作格调的赏析与赏析者的品位有极大的关系，即俗语所说"好画还需识者看"。也就是说，之所以称为文人画，必须有和文人同等格调的人来欣赏。

（二）文人画的意境与格调

我们欣赏文人画时就会发现，文人画的图式、笔墨和布局，是直观可视的第一个层面；其第二个层面则是通过想象、联想映现出的意象与意境；最后一个层面则是画家在意象、意境中自觉不自觉地表现出的、与观者交流的精神境界和艺术格调。

文人画的意境与格调大致有以下五种。

（1）虚幻。文人画的作者们认为，宇宙是一个气场，生生不息，变化无穷，一切都处于变化之中。我们所能感知到的，是虚幻的事实，是人类根据已经得知的知识做出的一种判断。只有充分意识到世界的"虚幻性"，才有可能了解世界的"实体性"。

（2）拙丑。美与丑、巧与拙，是人为划分的，是人所认定的。中国文人意识到了这一点，因而对美的质疑、对巧的质疑，对拙的追求、对丑的追求，一直是中国传统美学中非常重要的内容。

（3）寂寞。中国文人无论在朝在野，在心灵上往往都是孤独寂寞的。艺术上的寂寞是一种空灵悠远、静穆幽深的境界。

（4）荒寒。中国文人画中多寒林图、寒松图、寒江图、多雪景、硬石、枯树、寒鸦、野鹤，主要是为了表现萧疏宁静、幽远的意蕴。这与文人独立孤傲、旷远放逸的襟怀是相通的，与空、虚、寂、静的禅的境界是相通的。

（5）淡雅。云淡风轻，是文人心仪的境界。文人画和其他画是有重要区别的，如画工画。文人画不求形似，而求"象外之意"，所以可以"淡墨挥扫"；而画工为了形似，只能在丹青朱黄铅粉色彩上下笨功夫。

相关链接

苏东坡的《潇湘竹石图》（图 4-25）是文人画的典型代表。整幅画的内容非常简单，一片土坡，两块怪石，幼竹冲破巨石的重压，昂扬着向上的生命激情，反映了苏东坡对于险恶逆境的抗争与不屈。

图 4-25 《潇湘竹石图》

四、中国画的遗貌取神

中国画，尤其是文人画，终极目标就是追求"境生象外，遗貌取神"。在此时，画作本身的内容已不是重点，真正的重点是画作内容透露出的境界、格调和伟大的心灵。如果说"境生象外"还在同时注重"象"和"境"的话，那么"遗貌取神"就是彻底放弃了"象"和"貌"，一心一意要表达"境界""格调""神韵"了。

（一）"遗貌取神"的深层源头

文人画家们认为，画家和世界的关系不是站在世界的对岸来看待世界、欣赏世界、描绘世界，而是回到世界里，把自己看成世界的一分子，世界的一切都与自己的生命密切相关。由此就产生了心灵的感悟，产生了对世界的独特体验，这便是心灵的境界、生命的境界。画家所画的已不是眼睛看到的景物，而是在瞬间生命体验中有所"发现"。

心灵之境，是绘画艺术的最高境界。心灵之境自然是以心为主，文人画"遗貌取神"的一个主要特点就是声东击西。看似画的是鸟，其实是在"画"人性；看似画的是竹，其实是在"画"人品。

（二）"遗貌取神"的经典作品

东晋顾恺之的《女史箴图》（图 4-26），画面上一女子在对镜梳妆，暗喻人每天要检点自己的道德行为。

元代盛懋的《秋江待渡图》（图 4-27），以两段式深远构图法，画近树繁茂，远山起伏，中间澄江如练，芦雁惊飞，风吹树杪，一派清秋气氛。岸上一年老儒者携书童坐地待渡，秋水望穿，而客船才刚刚驶离对岸。诗人自题七言绝句："山色空蒙翠欲流，长江浸彻一天秋。茅茨落日寒烟外,久立行人待渡舟。"

图 4-26 《女史箴图》

图 4-27 《秋江待渡图》

元代倪瓒的《六君子图》（图 4-28），表面看是树，实际上是想通过伫立于水边的六棵树，比喻远离世俗的"六君子"。

明代沈周的《庐山高图》（图 4-29），以庐山的崇高雄伟，形象地隐喻他老师的高尚品德，传达出对老师的崇敬之情。

图 4-28 《六君子图》

图 4-29 《庐山高图》

相关链接

汪曾祺（图4-30）有诸多角色，是作家、戏剧家、民间文艺家，是书画家、美食家，更是"生活家"。他自谓"抒情的人道主义者"，浑身洋溢着中国传统士人的精神风采，人们称他"中国最后一个纯粹的文人""中国最后一个士大夫"。

图4-30　汪曾祺

汪曾祺所具有的中国特有的士大夫气，体现在他的创作上。他的文字充溢着"中国味儿"的语言美质，很淡却很有味道，既朴实又典雅，既亲切又隽永，表现出一种宁静空灵的深邃。他曾在为自己《蒲桥集》一书所拟的广告词中说："娓娓而谈，态度亲切，不矜持作态。文求雅洁，少雕饰，如行云流水。春初新韭，秋末晚菘，滋味近似。"这种淡而有味正是他孜孜以求的审美取向。

思政导学

中国画的"遗貌取神"，实际上就是透过现象看本质，分析矛盾抓关键。毛泽东提出，用直觉一看就看出本质来，还要科学干什么？还要研究干什么？事物的现象多种多样、真伪并存，仅靠我们的直觉和眼力是远远不够的，必须不断学习和掌握新理论、新知识、新经验，坚持深入实际、注重实践，借助科学方法，将丰富的感性材料加以去粗取精、去伪存真、由此及彼、由表及里，从而逐层深入地认识本质，才能揭示事物的规律。

思考：

1. 书法字体有行书、草书、隶书、篆书和楷书五种，每种都有其代表作。请根据具体作品，谈谈你对不同字体特点及其所表达的气势、意态和韵律的理解。

2. 阅读冯骥才的《文人画宣言》，根据文人画经典作品，思考画作所表现的意境与思想追求。

实践：

1. 宋代文豪苏轼称赞王维"诗中有画，画中有诗"。上网查找中国历史上诗画俱佳的代表人物（不少于三人），根据他们的作品，归纳出其所体现的"诗中有画，画中有诗"的意蕴。

2. 请你从商店购买毛笔、墨水、宣纸，尝试自己写一幅毛笔字或画一幅国画。

第五章 心灵启迪

古典文学艺术

以古体诗、近体诗和格律词为代表的中国传统诗歌，起源于先秦，鼎盛于唐代，流行于宋代，迄今已有三千多年的历史。在特定的时代和社会背景下，元曲和明清小说在表达形式、主题思想、审美追求等方面达到了一个巅峰，是古代通俗文学的重要发展阶段。近年来，中华诗词、元曲和小说等得到了繁荣发展，对于我们增强文化自信，无疑具有重要的理论价值和实践意义。

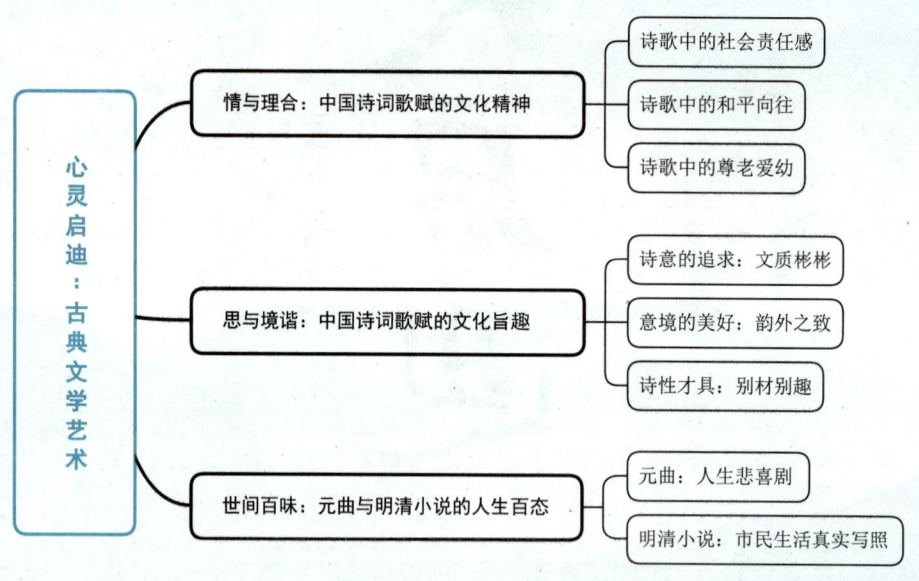

学习目标

知识目标： 了解中国诗词歌赋的发展历程及其特点，了解中国诗词歌赋所体现的人文精神、道德情操与艺术魅力。了解元曲和明清小说的特点及其艺术成就。

能力目标： 能够诵读《诗经》、汉赋、唐诗、宋词的主要经典篇章，理解作品意思，领悟作品思想，能够背诵一些自己喜爱的古诗文，能够鉴赏元曲和明清小说的艺术魅力。

思政目标： 深刻领悟中国诗词歌赋、元曲和明清小说中的意蕴和道德精髓，用诗词歌赋、元曲、明清小说中的人文精神提高个人素养。

学习重点

通过学习经典的诗词作品，了解不同时代的诗人各自的不同经历，以古鉴今，从而进一步发扬诗歌中体现的人生理想。

情境导入

以元曲为例，南宋后期，随着我国北方各民族的融合和文化的交流，契丹、女真、蒙古等的"胡夷之曲"和河北、山西、辽东等地的"俗谣俚曲"相结合，就逐渐形成散曲这一新诗体。明代文学家王世贞云："自金、元入主中国，所用胡乐，嘈杂凄紧，缓急之者，词不能按，乃更为新声以媚之。"从元代文学家周德清《中原音韵》等书籍记载的曲调来看，像"者剌古""阿纳忽""唐古歹"等，应是"胡夷之曲"；而"木兰花慢""摸鱼子""采茶歌"等则是流行在中原一带的"俗谣俚曲"。这说明，元曲是中国各民族共同创造的文化财富。

第一节 情与理合：中国诗词歌赋的文化精神

中国古代诗歌重在抒发诗人的情志，虽然一直存在"诗言志"与"诗缘情"的争论，但是"情与理合"始终是中国古代诗歌创作者为诗为词的基本宗旨。直白而言，诗歌对诗人来说之所以是重要的，是因为它是抒情言志、表达思想得心应手的工具。

一、诗歌中的社会责任感

诗词对客观世界的反映，时时叩问着诗人的社会责任。

诗人首先要问问自己：写诗有没有注意反映这些客体？从诗词作品的总体上说，诗人的社会责任就是要让人民群众的事业和生活、顺境和逆境、梦想和期望、爱和恨、存在和死亡，人类生活的一切方面，都可以在作品中找到启迪。其次要问问自己：反映得深刻不深刻？能不能给人一种茅塞顿开、醍醐灌顶的感受，对人产生提气鼓劲、振奋精神的效果？

从诗词的反映功能来看，诗人不只是待在"小我"的天地里，同时还拥抱自然、深入社会、了解社会心声，然后从为社会提供正能量的角度用诗词反映这些对象，尽到诗人的社会责任。

（一）古诗引例

荔枝叹
（宋）苏轼

十里一置飞尘灰，五里一堠兵火催。
颠坑仆谷相枕藉，知是荔枝龙眼来。
飞车跨山鹘横海，风枝露叶如新采。
宫中美人一破颜，惊尘溅血流千载。
永元荔枝来交州，天宝岁贡取之涪。
至今欲食林甫肉，无人举觞酹伯游。
我愿天公怜赤子，莫生尤物为疮痏。
雨顺风调百谷登，民不饥寒为上瑞。
君不见，武夷溪边粟粒芽，前丁后蔡相宠加。
争新买宠各出意，今年斗品充官茶。
吾君所乏岂此物，致养口体何陋耶？
洛阳相君忠孝家，可怜亦进姚黄花。

（二）古诗详解

诗分三段，每段八句。

第一段，写古时进贡荔枝之事。历史上荔枝曾被视为贡品，汉和帝永元年间及唐玄宗天宝年间更受到朝廷追捧。这一段写的正是"一骑红尘妃子笑"（图5-1）的故事，抓住荔枝一日色变，二日香变，三日味变的特点，在要求运输快捷上做文章，指出朝廷为饱口福而草菅人命。

图5-1 "一骑红尘妃子笑"

第二段，转入议论感慨。诗人以无比愤慨的心情，批判统治者的荒淫无耻，诛伐李林甫之类，媚上取宠，百姓恨不得生吃其肉。感叹朝廷中少了像唐羌那样敢于直谏的名臣。

这段布局很巧，"永元荔枝来交州"总结第一段前四句汉贡荔枝事，"天宝岁贡取之涪"总结后四句唐贡荔枝事，"至今欲食林甫肉"就唐事发议论，"无人举觞酹伯游"就汉事发议论，互为交叉，错合参差，余下四句承前启后。

第三段，写当朝时事。由古时的奸臣，诗人想到了当朝的奸臣，诗便进一步引申上述的感叹，举现实来证明，先说了丁谓、蔡襄进贡武夷茶，又说了洛阳忠孝世家的钱惟演进贡牡丹花。这段对统治者的鞭挞与第一、二段意旨相同，但由于说的是眼前事，所以批判得很有分寸。这一段，如异军突起，忽然完全撇开诗所吟咏的荔枝，择取眼前事，恣意挥洒，视野开阔，且写得层次分明。

（三）诗歌与社会责任感

在中国诗歌史上，诗人具有特别重要的地位。这不仅因为诗人是诗歌的创作主体，而且因为中国人有着崇高的诗歌理想。如果一个人要创作出好的诗歌，就一定要有正确的人生价值观念，有良好的人格修养，有高尚的道德追求。这对作为创作主体的诗人提出了极高的要求。在中国古代，以诗人为代表的文人墨客的人生理想多是成为辅助圣君、达到天下大治的贤臣，因而中国的诗人总是自觉地担当着崇高的社会责任，具有圣人的情怀。

例如，黄遵宪、王国维、郭沫若、闻一多、徐志摩、戴望舒、艾青、穆旦等近现代著名诗人的诗歌名篇，就展现了中国诗人博大的胸怀和崇高的社会责任感，展示了中国古典诗歌走向现代过程中所追求的自由、民主、平等、博爱的精神，表达了他们对诗歌这一文学样式的特殊体认。

因此，在中国历史上用诗歌反映人民劳作的辛苦、生活的痛苦，关注民生的诗人很多，这类诗歌也有很多。中国的知识分子们就这样将"关注民生"的思想和理念，用诗歌这种文学形式，用诗歌的思维方式和语言一代代传承下来。

相关链接

> 辛弃疾（1140—1207年），原字坦夫，后改字幼安，别号稼轩居士，山东济南府历城县（今山东省济南市历城区）人。南宋官员、将领、文学家、豪放派词人，有"词中之龙"之称。与苏轼合称"苏辛"，与李清照并称"济南二安"。
>
> 辛弃疾一生以恢复疆土为志，以功业自诩，却命途多舛，壮志难酬。但他始终没有动摇收复中原的信念，而是把满腔激情和对国家兴亡、民族命运的关切和忧虑，全部寄寓于词作之中。其词艺术风格多样，以豪放为主，风格沉雄豪迈又不乏细腻柔美，题材广阔又善用化用典故入词，抒写力图恢复国家统一的爱国热情，倾诉壮志难酬的悲愤，对当时执政者的屈辱求和颇多谴责，也有不少吟咏祖国河山的作品。现存词六百多首，有《稼轩长短句》等传世。

二、诗歌中的和平向往

中华民族是热爱和平的民族，坚决反对那些不义的战争，这一思想在诗歌上表现得十分突出。

（一）古诗引例

古从军行
（唐）李颀

白日登山望烽火，黄昏饮马傍交河。
行人刁斗风沙暗，公主琵琶幽怨多。
野云万里无城郭，雨雪纷纷连大漠。
胡雁哀鸣夜夜飞，胡儿眼泪双双落。
闻道玉门犹被遮，应将性命逐轻车。
年年战骨埋荒外，空见蒲桃入汉家。

（二）古诗详解

本诗大概作于唐玄宗执政后期，诗人借汉武帝遮断玉门关的旧事，针砭唐王朝开边、远征的政事，讽刺了唐玄宗的好大喜功、穷兵黩武、不顾将士生死，抒写了征戍生活的悲苦。

本诗写得思想深刻，感情沉痛，尤其是最后两句，对比鲜明，笔端富于情感。诗中善用叠字，增强了诗的乐府韵味。典故的运用，也增加了诗的信息容量，使诗的思想更加含蓄、深刻。尤其是诗人没有被狭隘的民族偏见所局限，对不义战争给边疆民族人民带来的不幸也表示了深切的同情。

 相关链接

> 木兰从军讲述了古代民间女子木兰替父从军的故事。木兰从小练习骑马，后朝廷征兵，其父也在征兵之列。因担心父亲年老体弱不能胜任，木兰便女扮男装，替父亲出征。
>
> 木兰从军体现了木兰保家卫国的英雄气概，以及孝敬父母的儿女情怀，这种精神值得称赞和学习。

三、诗歌中的尊老爱幼

尊老爱幼是中华民族的传统美德，也是中国古典诗歌经常表达的一种情怀。

（一）古诗引例

游子吟
（唐）孟郊

慈母手中线，游子身上衣。
临行密密缝，意恐迟迟归。
谁言寸草心，报得三春晖。

（二）古诗详解

全诗用缝衣送别这一富有典型意义的事件，以白描的手法书写了慈母对游子的深情，真切歌颂了伟大的母爱，拨动了儿女报答慈母养育之恩的心弦，以艺术的手法体现了传统的伦理孝道。

开头两句"慈母手中线，游子身上衣"，用"线"与"衣"两件极常见、极普通的东西将"慈母"与"游子"紧紧联系在一起，写出母子相依为命的骨肉之情。

紧接两句"临行密密缝，意恐迟迟归"，写出了人的动作和意态，把笔墨集中在慈母身上，通过慈母为游子赶制出门衣服的动作和心理的刻画，深化母子的骨肉之情。这里既没有言语，也没有眼泪，然而一片爱的真情就从这普通、常见的场景中充溢而出。

最后两句是前四句的升华，以当事者的直觉，翻出更进一层的深意。这两句采用传统的比兴手法：儿女像区区小草，母爱如春天阳光。儿女不能报答母爱于万一。悬绝的对比，形象的比喻，寄托着赤子对慈母发自肺腑的炽烈情感。

（三）尊老爱幼与中华传统美德

对待老幼的态度是关心，还是漠视，是衡量一个民族文明程度的重要标志。我们的祖国是文明古国、礼仪之邦，有着五千多年的历史和传承，早在战国时期，伟大的思想家孟子就说过"老吾老，以及人之老；幼吾幼，以及人之幼"，讲的是人不仅要尊敬自己的父母，还要尊敬别的老人；不仅要爱护自己的孩子，还要爱护别人的孩子。

尊老爱幼乃是中华传统美德，如果全社会的人都能拥有尊老爱幼的优良品质，那么人与人之间的关系将会更和谐、更融洽、更亲密，人间将到处充满爱。

思政导学

尊老爱幼的优良传统，不能只停留在口头上，而要付诸实际行动，从自己做起，从小事做起。每一次充满爱心的行动，每一次尊老爱幼的行为，虽然看起来微不足道，甚至毫不起眼，但只要持之以恒地做下去，必将起到榜样的示范作用，将会潜移默化地影响周围的人。

相关链接

子路，春秋时期鲁国人，在孔子的弟子中子路是政事科（孔子设案授徒，辟德行、政事、言语、文学四科）的优异者，尤其以勇敢闻名。子路小的时候家里很穷，长年靠吃粗糠野菜度日。有一次，年老的父母想吃米饭，可是家里一点米也没有。子路想：要是翻过几座山到亲戚家借点米，不就可以满足父母的这点要求了吗？

于是，小小的子路翻山越岭走了十几里路，从亲戚家背回了一小袋米。看到父母吃上了香喷喷的米饭，子路忘记了一路上的疲劳。邻居们都夸子路是一个勇敢孝顺的好孩子。

第二节　思与境谐：中国诗词歌赋的文化旨趣

中国是诗的国度。古典诗歌作为一种中文特有的文体，不仅是"六艺之一，群经之始"，也是每一个中国文人必备的文化技能，更是中国文化百花园中的一朵奇葩。孔子云："兴于诗，立于礼，成于乐。"千百年来，那些历久弥新的古典诗歌，不仅凝聚着中华文化独一无二的理念、志趣、气度、神韵，而且诗歌内容博大、精深，展示了古代文人墨客的多彩生活，更饱含了中国国民精神。

从《诗经》起，一直到今天，诗歌以其广泛的内容、深邃的内涵、真挚的情感，承载着中华民族辉煌的历史。古诗词正是先人给予我们的一份最宝贵的精神财富。

一、诗意的追求：文质彬彬

在中国传统的艺术思想中，强调内容与形式的和谐统一。为了体现这一原则，中国古代诗歌不但具有表现君子之德的思想内容，而且具有表现君子风范的艺术形式。诗歌与论文不同，它是诗人情怀的自然流露，是"情""志"内容与诗化形式的个性化、形象化的统一。

（一）"文质彬彬"的含义

"文质彬彬"出自《论语·雍也》，子曰："质胜文则野，文胜质则史。文质彬彬，然后君子。"这里的"文"是指当时的"礼乐"和"六艺"，相当于今天的文化素养；"质"是指人的质朴本性。

孔子所说的这一段话的意思是：人单依其质朴的本性而行，虽然也很好，但若不提高文化素养，难免会流于粗野；相反，如果一个人的文化雕琢掩盖了他的质朴本性，那又会流于虚伪、浮夸。所以，真正的君子，要在文化素养与质朴的天性之间配合得恰到好处。

具体而言，可以从以下三个方面来解释"文质彬彬"这个词语。

（1）"文"。"文"的产生，旨在克制本初人性的粗放和粗野，节制人性的野蛮和强横，规避人性的放纵和放任。

（2）"质胜文"。这意味着文与质的关系不合宜，有过于或偏重自然本性之弊。"野"者，就是放任人性，而不能用文化加以节制、调适的不良后果。

（3）"彬彬"，为物相杂而适均之貌，体现着损有余而补不足的中和之道。要使心性之真实不流弊于恶，必要以正向的道德来主导，以适宜的礼节来节制，以规范的礼仪来呈现。

（二）"文质彬彬"的深层追求：君子之道

君子之儒雅风范，必是文质兼备，诚实而又文雅，真实而又文明，务实而又得体，求实而又规范。既保留"质"的纯粹，又坚守"文"的高雅，方能达到人生修为较高的境界。

如果一个人质朴而文雅不够，就显得粗野，《水浒传》里的鲁智深、李逵就明显是质胜文的典型。而文采胜过质朴，又不免虚浮，有的人吹牛吹过头了，又达不到这个境界，没有那样的实力，以致文和质不相符合，看着就有些令人厌烦，不舒服。所以君子必须文质彬彬，文和质配合得很恰当，和谐地融合在一起，文不过，质也不过，这样才能称为君子。

> **相关链接**
>
> 南宋朱熹《论语集注》曰:"言学者当损有余,补不足,至于成德,则不期然而然矣。"
>
> 清刘宝楠《论语正义》曰:"礼,有质有文。质者,本也。礼无本不立,无文不行,能立能行,斯谓之中。"
>
> 孔子此言"文",指合乎礼的外在表现;"质",指内在的仁德。只有具备"仁"的内在品格,同时又能合乎"礼"地表现出来,方能称为"君子"。文与质的关系,亦即礼与仁的关系。于此一则体现了孔子所竭力推崇的"君子"之理想人格;二则反映了其一以贯之的中庸思想:不主张偏胜于文,亦不主张偏胜于质,当不偏不倚。而做到这点实属不易,子曰:"虞夏之质,殷周之文,至矣。虞夏之文,不胜其质;殷周之质,不胜其文;文质得中,岂易言哉?"

二、意境的美好:韵外之致

中国古代诗歌中,意象是一种值得称道的文学形象。意象就是意中之象,即客观事物经过诗人的人格化,为寄托情感活动而创造的独特形象;是一种被赋予主观色彩,迥异于生活原态的艺术形象;是诗人主观情感的流露。

意象往往蕴含丰富的意旨,寄托复杂的情感,反映深刻的哲理。

诗人通过对意象的选取,依据自身强烈的主观情感,情景结合,虚实相生,创造出蕴含丰富审美和内涵的艺术境界,则为意境。

(一)意境:古典文论的独创概念

意境是我国古典文论独创的一个概念,是抒情文学,尤其是诗歌的审美理想的集中体现,是诗歌塑造艺术形象的独特方式。"韵外之致"的概念,总共经历了以下几个发展阶段。

(1)"意境"的概念最早在刘勰的《文心雕龙》(图5-2)和钟嵘的《诗品》(图5-3)中已现端倪。盛唐以后,意象开始全面形成。

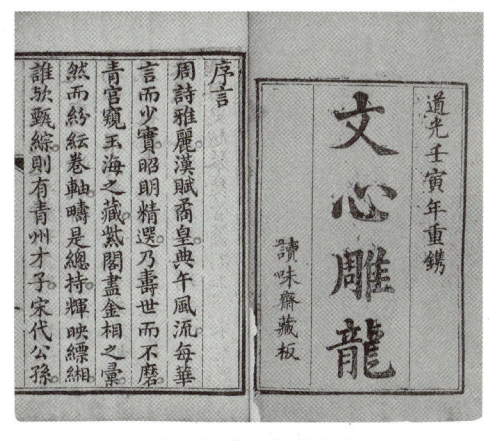

图5-2 《文心雕龙》

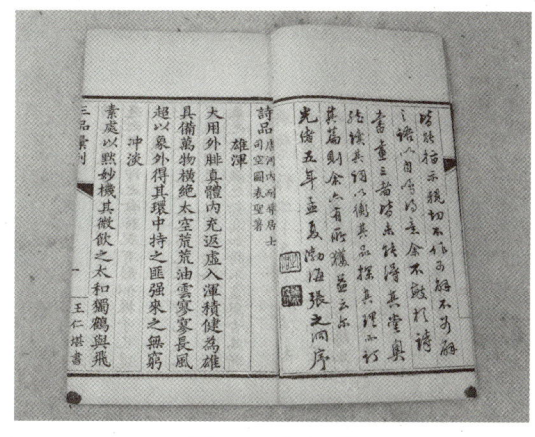

图5-3 《诗品》

(2)王昌龄提出将诗的境界分为"物境""情境""意境"三境;诗僧皎然又把意境的研究推

进了一步,提出"缘境不尽曰情""文外之旨""取境"等重要命题。

(3)中唐之后,刘禹锡提出了"境生于象外"的观点。

(4)清末王国维是意境论的集大成者,他在《人间词话》中提出了意境的分类方法:"有我之境"就是感情比较直露、倾向比较鲜明的意境,"无我之境"就是情感比较含蓄、倾向不明显的意境。

(二)意境之"境"

总的说来,意境是指抒情作品中呈现的那种情景交融、虚实相生的形象及其引发的审美想象空间,包含情与景这两大要素和一个审美想象的空间。所谓的"境",包括两部分内容,即"象"和"象外之象"。

1."象"

诗人在创作之初,先选取与诗人内心情感相对应的物象,然后在构思过程中,或景中藏情,或情中见景,或情景并茂,总之是以情景交融抒发胸臆,并使之虚实相生,韵味无穷。例如,李商隐的《无题》中有"春蚕到死丝方尽,蜡炬成灰泪始干"的诗句,诗人以春蚕吐丝到死方尽,蜡炬燃烧成灰烛泪才干,喻恋爱当中的人只为付出不求回报、相思之情绵绵不绝的强烈情感,以诸多情景与物象叠加、组合,从而引发人们的想象,仔细体会当中隐含的深厚情意,留下无穷的回味空间。

2."象外之象"

正如前段所说,"春蚕""蜡炬"是诗人头脑中的"物象",这些物象承载了诗人的情感,由于它可以引发无限的想象空间,即可成为"意境"。读者阅读作品先看到的是"春蚕"和"蜡炬"这样实实在在的"物境",然后体会到诗人在字里行间透露的情感为"情境",而读者在此提示下又因各自的生活经验和知识结构的不同联想,想象出丰富的"象外之象,景外之景",这便是"意境"。

(三)意境与诗歌的"形制"

诗歌运用意境塑造艺术的形象,使之含蓄隽永、韵致无穷,这是它最突出的审美特征。诗歌在文学体裁中篇幅最为短小,文字最为洗练。究其原因,过去人们往往用"反映生活的概括性"来归结;但真正的缘由还在于诗歌抒情的本质与造境的特征。

1.意境重于形式

诗人的情感是靠意境来抒发的,而意境的创设是靠意象连缀而成的,而不是靠详尽的叙述和细致的描写来表现的。例如,陈子昂《登幽州台歌》中的"前不见古人,后不见来者",虽有时间跨度,但这是创设意境,而不是叙述。但如果没有首句创设的历史空间之境,那任凭如何去"念",也难抒这"天地悠悠"的感慨,更不会有"怆然而涕下"的孤独之感。

2.审美的张力

在诗歌结构的创设中,诗人遵循的是情感与想象的逻辑,以造境抒情的角度来看,其实是十分严谨缜密的。例如,白居易《卖炭翁》(图5-4)中的"可怜身上衣正单,心忧炭贱愿天寒",对于造境来说,关键是要创设一个"身"与"心"、"内"与"外"对比鲜明的"情境",最终写出百姓的"宫市苦"。

图 5-4 《卖炭翁》

3. 跳跃性

诗歌的跳跃性可以使它超越时间的樊篱、空间的鸿沟，从这一端一跃而到另一端，或由过去一跃而到未来，其间只是被感情的线索维系着。诗歌在动作、形象、图景之间的这种跳跃结构方式，以断续表现连贯，以局部概括整体，给读者留下了开阔的想象空间，从而能够满足其无限的阐释愿望。

 相关链接

唐代有个叫齐己的诗人，某年冬天，他在雪后原野上看到傲雪开放的梅花，于是诗兴大发创作一首《早梅》，咏诵在冬天里早开的梅花。诗中有两句："前村深雪里，昨夜数枝开。"他的朋友诗人郑谷看到这两句诗后，认为诗的意境未出。于是反复思考推敲，将这两句诗改为："前村深雪里，昨夜一枝开。"因为他认为既然数枝梅花都开了，就不能算是早梅了。

郑谷的这一改动，虽然只是将"数"字改为"一"字，却使之更贴合题意了，诗的意境也更完美了。齐己对郑谷的这一改动非常佩服，当即称郑谷为自己的"一字师"。

 思政导学

近年来，电视台推出了如《诗词大会》这样形式新颖的宣传优秀传统文化类的节目，值得反复观看回味。节目中的古诗词篇篇经典，以多样的形式进行吟诵与演绎，有利于传承中华经典，有利于贯彻落实社会主义核心价值观、弘扬传统美德。

三、诗性才具：别材别趣

中国古代诗歌的意境创造，对诗人的诗性、文采等方面提出了特殊要求。在中国古代诗歌理论史上较早深入讨论这一问题并对后世产生重要影响的是宋代严羽提出的"别材别趣"说。

（一）"别材别趣"的含义

（1）"别材"。"材"即诗歌题材，"别材"是说诗歌创作在题材和内容方面都有自己特殊的要求与规定，即吟咏情性。这一理论反对以知识学问为具体内容和表现对象，只有吟咏情性的诗歌，才会产生一定的审美效果。

（2）"别趣"。"别趣"又名"兴趣"或"兴致"，它的具体内涵有：第一，它要求诗歌内容必须表现诗人独特的审美感受，即情性，别趣以别材为前提条件；第二，要求在诗歌的语言、情感、意趣等艺术表现上做到"不落言筌""无迹可求"，共同构成一个生机勃勃的艺术整体，创造出透彻、浑然天成的意境，使读者领悟到丰富的艺术旨趣；第三，别趣并不否定理性内容的存在，严羽反对的是以诗歌讲理的概念化倾向，主张将理趣寄寓在审美的境界中。

（二）如何处理"才能"与"情趣"的关系

诗创作的别材、别趣是建立在诗人的认识能力、知识结构、生活阅历的基础之上的，关键是要摆正二者的位置，处理好二者的关系。别材别趣从题材内容、审美效果、艺术表现方式等方面论述了诗歌的独特规律和审美特征，这个理论描述了诗歌创作中的情理关系，纠正了宋诗之弊，具有很高的理论价值。

"才"，很多时候需与情连在一起，才能成为所谓的才情。有才而无情，就干瘪得令人生厌。才与情相连，情与趣相连，才、情、趣在一起，生活才有圆润的感觉，也有了美感和仪式感。

（三）材趣兼备的经典诗歌：《哭象棋》

1. 古诗引例

哭象棋
（明）王守仁

象棋在手乐悠悠，苦被严亲一旦丢。
兵卒堕河皆不救，将军溺水一齐休。
马行千里随波去，士入三川逐浪流。
炮响一声天地震，象若心头为人揪。

2. 古诗详解

传说这首诗是王守仁少年时期写的。下棋可以锻炼智力，悟出某些哲理，使思维严密，而且可以培养意志、毅力与品格。王守仁少年时期迷恋下象棋，所谓"寝食皆废"。他母亲多次劝说无效，一怒之下，便将他的棋子倒进大河中。王守仁心若刀剜，捶胸顿足，便"哭"出了这首怪诗。

可以想象，当他母亲倒棋子时，他一定哭哭咧咧跟在后面抢着捡拾，可是他只得眼睁睁地看着心爱的棋子们落进水中或滚进河里，就好像他的心也滚进河里一样。另外，少年思维跳跃，就在这一刹那，他出于深情，顿生奇想，这些平日指挥若定、出谋划策、猛打猛冲、死不回头的将士相、车马炮、小兵小卒们一齐完蛋了，从今而后便没有什么胜负可言了。所以在天真中又含有一定哲理。

这首诗联想丰富怪诞，幽默风趣隽永，有儿童诗的特色。妙在嵌字手法，将"兵""卒""将""马""士""炮""象（相）"巧妙地嵌在颔联、颈联、尾联的第一字位置上，而又一点不显得生硬。

相关链接

中国古代的诗歌，尤其是《诗经》，常常被人形容为"一唱三叹"。这是一个极富魅力的词语。什么是"一唱三叹"，它能给诗歌带来怎样的魅力呢？

"一唱三叹"这个词最初的意思是指一个人首唱而三个人随声附和，这本是形容音乐作品的表演形式的。但是，随着时间的推移，"一唱三叹"却渐渐地引申出其他含义。更多的时候，它不是指向作品的表演形式而是指向作品的艺术效果的。

那是一种什么效果呢？不妨看看《诗经》中的这首歌诗。

> 南有乔木，不可休思；汉有游女，不可求思。
> 汉之广矣，不可泳思；江之永矣，不可方思。
> 翘翘错薪，言刈其楚；之子于归，言秣其马。
> 汉之广矣，不可泳思；江之永矣，不可方思。
> 翘翘错薪，言刈其蒌；之子于归，言秣其驹。
> 汉之广矣，不可泳思；江之永矣，不可方思。

这首诗采用了《诗经》最经典的三叠章的样式。"汉之广矣，不可泳思；江之永矣，不可方思"四句在每一章中反复吟唱。

第三节　世间百味：元曲与明清小说的人生百态

在特定的时代和社会背景下，元曲与明清小说表现出较强的世俗性、现实性、反叛性、悲观性，作品中刻画的人物形形色色，描绘的世间百态耐人寻味。在表达形式、主题思想、审美追求等方面，元曲和明清小说都与此前的文学样式迥然不同。因此，元代和明清是古代通俗文学的盛世，也是中国戏曲和现代小说的重要发展阶段。

一、元曲：人生悲喜剧

元曲和唐诗、宋词并列，同为中国古代文学发展史上的艺术高峰，在思想内容和艺术形式上取得了极高的艺术成就，对于中华民族诗歌的发展、文化的繁荣产生了深远的影响，作出了卓越的贡献。

（一）元曲的前身：散曲与杂剧

宋初时期，民间兴起一种新的歌曲形式，即散曲。散曲没有动作、说白，只供清唱吟咏之用。散曲题材广泛，内容生动活泼。杂剧，是一种把歌曲、宾白、舞蹈结合起来的中国传统艺术形式，最早见于唐代，到了宋代，逐渐成为一种新表演形式的专称。元代，散曲与杂剧得到了进一步发展，合称"元曲"。

散曲分小令（单独一支曲子，相当于一首诗）和套曲（将同一宫调的两个或两个以上的小令连缀在一起组成一套）；杂剧在结构上规定每本四折（一折相当于一场或一幕），剧本主要由曲词和宾白组成，如著名杂剧《梧桐雨》（图5-5）。散曲之所以称为散，是与元杂剧的整套剧曲相对而言的。如果作家单纯以曲体抒情，与科白无关的话，就是散曲。

散曲有以下3个特点。

（1）在语言方面，散曲既需要注意一定格律，又吸收了口语自由灵活的特点，因此往往会呈现出口语化及曲体某一部分音节散漫化的状态。

图5-5 《梧桐雨》剧图

（2）在艺术表现方面，散曲比近体诗和词更多地采用了"赋"的方式，加以铺陈叙述。

（3）散曲的押韵比较灵活，可以平仄通押，句中还可以衬字。北曲衬字可多可少，南曲有"衬不过三"的说法。衬字，明显地具有口语化、俚语化的特点，起到使曲意明朗、活泼，穷形尽相的作用。

（二）元曲的兴起

元曲这种文艺形式兴盛于元朝。元朝时期民族压迫较为严重，社会矛盾复杂，但同时，元朝统治者在文艺思想的管控上比较自由放任。元朝儒家思想衰微，唐宋时期建立起来的"文以载道"的理论销声匿迹。"马上得天下"的元朝统治者一向信奉武力征服，他们习惯于逐水草而居的游牧生活，因而对封建礼教束缚有所松弛。加之处于社会下层的贫苦人民在政治上和经济上遭到种种歧视、压迫和剥削而引起的愤懑与不满，要求杂剧舞台加以表现，戏剧家就能在题材和主题的选择上有较大的回旋余地。

（三）元曲的文体解放

元曲作为一种新的韵语文体，其文体解放首先体现在格律形式上。由于元曲产生之初就受到北方民间文艺的直接影响,所以格律形式相对比较宽松,突破了传统诗词格的严格规范,采用了平仄通押、不避重韵的押韵方式。

另外,元曲在遣词用字上不拘一格,纯任自然,与其他文体迥然不同。它采用了大量宋金时期的方言俚语、村语乡谈和少数民族语言,达到了"无语不可以入"的地步。元曲是我国古代各种文体中语言较为接近生活本色的一种,达到了任情而发、随境生成的境界,如著名元曲《西厢记》(图5-6)。

图 5-6 《西厢记》剧图

(四)元杂剧的悲剧情结

元杂剧的悲剧突出表现为3种情结:牺牲情结、复仇情结与忧郁情结。

1. 牺牲情结

中国人的民族心理结构以人伦、和谐为中心,中国古代悲剧情绪中的主人公是主动为伦理和谐、道德完善而至死不渝的殉道者,是舍生取义的自愿信仰者。这种牺牲是极其悲壮的,昭示着内在精神的悲壮与伟大,也就是中国儒家文化人生观极其看重的"明知不可为而为之"的英雄主义。

2. 复仇情结

如果说元代悲剧主人公的直面失败、蔑视死亡的殉道精神,透露出中国文人理想的英雄主义与现实相撞击的矛盾的话,那么《赵氏孤儿》(图5-7)、《哭存孝》、《窦娥冤》等悲剧作品则以主人公的无辜受难和死后复仇的行动方式来表达对奸陷忠、强凌弱的社会现实的批判。

3. 忧郁情结

图 5-7 《赵氏孤儿》剧图

元剧作家以极其细腻且耐人寻味的抒情笔调宣泄悲怨,表现出其忧郁情结。这突出地体现在两个方面:一者为生死之叹,二者为爱情伤感。这些元杂剧的共同特点是更多地融入了作为一个知识分子的独立人生感受和现实感受。作者把自己个体性的内在精神感受注入这种世俗的文化娱乐形式之中,使之超越了浮面的社会揭露、个人道德的谴责,也超越了通俗娱乐的性质,从而进入了具有哲理性的艺术审美的境界。

相关链接

"赵氏孤儿"即赵武。赵武,嬴姓赵氏。春秋时期晋国卿大夫,政治家、外交家,为国鞠躬尽瘁的贤臣,后任正卿。出身世卿大族,幼年其母与叔公不和,后随母移居宫中。后下宫之难,赵氏灭族,赵武独存。公元前 573 年,晋悼公以之为卿。

公元前 548 年,赵武继范宣子执政,晋再修文德,弃征战,赵武尊王室,与楚弭兵。晋楚分霸,中原始宁。赵武秉承悼公遗志,与韩起、魏舒克制范、荀。然而国资蓄于私家,六卿才能卓越,家臣任要职,而公室腐败,国家险象环生令赵武痛不欲生。公元前 541 年,赵武郁郁而终。

思政导学

从众多元曲元杂剧当中,我们能充分感受到古人的爱国主义精神,这种优秀的民族精神一直流淌在中国人的血液里,并传承至今。如今,在校园里进一步加强爱国主义教育、弘扬爱国主义精神对于培养担当民族复兴大任的时代新人、早日实现中华民族伟大复兴具有重要意义。

二、明清小说:市民生活真实写照

唐宋以前,我国文学作品基本用文言写成,到唐宋时期,由于城市和商业的发展,市民阶层开始兴起。随着市民阶层的壮大,要求有适应他们欣赏习惯的文艺形式,于是运用口语创作的多种形式的说唱文学便应运而生。到了元朝,由于元杂剧的主要观众是市民,当时的统治者也提倡白话,诏敕公文也用俗文,因此继元曲之后,小说在明清时期越发受到民众欢迎。

(一)明清小说的兴起

任何一种文学、艺术样式,它的产生和发展,都与外在条件有复杂的联系,受到一定程度的制约。在明清文化政策的高压之下,为文者"徒取老生腐儒训诂讲解之语",被视为文章之正轨;诗歌创作则模仿成风,句句字字拾人牙慧,傍他人门户,拾人唾余,缺乏真情实感。

小说则不然。小说所关心的是与国计民生息息相关的热点问题,向往的是公平、正义、诚信、善良社会风气的重新建构,追求的是平等、自由、摆脱封建教条羁绊的潇洒人生。与正统文学相比,小说极易唤起社会中下层人民的强烈认同,极易在广大平民百姓中产生影响。以江苏为例,尽管官府屡次对小说施行严禁政策,但往往事与愿违,其结果仍是禁而不止,各类小说依然大量产生。

(二)明清小说的特点

在特殊的政治与经济社会环境下,明清小说呈现出与以往截然不同的文学风格,其不仅关注现实、接近底层人民,更是在主题内容和思想情感上大胆突破传统,具有突出的反叛性。其思想特征主要有以下两个方面。

1. 敢于表现爱情

明清时期,有关才子佳人小说因违反"男女授受不亲"的传统教化,而发出大胆开放的自由恋爱的呼声,传统社会的统治阶层将其视为异端邪说,并将之列为禁书。然而,这类小说却在文坛形成了一种前所未有的繁荣趋势,从明末清初到乾隆年间,模仿者纷起,产生了数十部类似的作品。

2. 敢于批判社会现实

明清小说的社会批判有很多是以讽刺切入的,如《红楼梦》对封建教化的犀利抨击。

同样地,《西游记》(图 5-8)对一切妖魔鬼怪、牛鬼蛇神的打击和揭露也蕴含讽刺。在取经途中,作者别具匠心地安排了九个人间国度,这里"文也不贤,武也不良,国君也不是有道"。在描绘神魔世界的主干故事里,也暗藏了浓厚的讽刺意图,如写皇帝的昏庸无能、贤愚不分,都隐喻着对现实的嘲讽。

图 5-8 《西游记》

(三)明清小说的经典作品:《红楼梦》

曹雪芹的《红楼梦》(图 5-9)代表着中国古代长篇小说悲剧艺术的巅峰。《红楼梦》的深刻性恰恰在于其人物的悲剧命运不是他们可以自由选择的,而是必然的,是在人的存在本身的矛盾关系中形成的。在《红楼梦》中,不仅贾宝玉是悲剧性的,甄宝玉也是悲剧性的;不仅林黛玉是悲剧性的,薛宝钗也是悲剧性的;不仅晴雯是悲剧性的,袭人也是悲剧性的;不仅尤三姐是悲剧性的,王熙凤也是悲剧性的……人生莫不是悲剧性的,他们各以自己的方式完成了自己的悲剧。

图 5-9 《红楼梦》

曹雪芹的喜怒哀乐是包含在《红楼梦》所描写的这个封建大家庭的盛衰荣辱之中的,《红楼

梦》的悲剧也就是曹雪芹的悲剧。作者对他所描写的一切都无法采取超然的旁观态度，这就把小说这种世俗娱乐形式真正提高到了严肃的高雅艺术的高度。

在这样一个高度上，作者思考了人与世界的关系、个人与整体的关系、个别与一般的关系、偶然和必然的关系，从而把小说艺术提高到了人生哲理的高度。正是在这人生哲理的高度，人的存在的悲剧性被小说家所深刻地感受到，并入木三分地刻画出来。

曹雪芹与《红楼梦》

曹雪芹早年在南京江宁织造府亲历了一段锦衣纨绔、富贵风流的生活。曾祖父曹玺任江宁织造；曾祖母孙氏做过康熙帝的乳母；祖父曹寅做过康熙帝的侍读和御前侍卫，后任江宁织造，兼任两淮巡盐监察御史，极受康熙宠信。雍正六年，曹家因亏空获罪被抄家，曹雪芹随家人迁回北京老宅。曹家从此一蹶不振，日渐衰微。曹雪芹后又移居北京西郊，靠卖字画和朋友救济为生。

经历了生活中的重大挫折后，曹雪芹深感世态炎凉，对封建社会有了更清醒、更深刻的认识。他蔑视权贵，远离官场，过着一贫如洗的艰难日子。曹雪芹素性放达，爱好广泛，对金石、诗书、绘画、园林、中医、织补、工艺、饮食等均有所研究。他以坚韧不拔的毅力，历经多年艰辛，终于创作出极具思想性、艺术性的伟大作品——《红楼梦》。

思考与实践

思考：

1. 过去在学习中国古代诗文时强调朗诵和背诵，现在强调素质教育，反对死记硬背。请对是否应该朗诵和背诵中国诗词歌赋发表你的看法。
2. 自选一篇诗歌，分析中国古典文学作品所体现的道德情操与人文精神。

实践：

1. 请从中国诗词歌赋中挑选一篇自己喜爱的篇章，有声有色地将其诵读出来。
2. 寻找多个题材的诗词歌赋和诗人的生平及逸事，深刻理解诗词歌赋对中国文化的影响。

第六章

雅俗共赏

传统乐舞与戏曲艺术

中国被称为礼乐之邦，无论音乐、舞蹈还是戏曲，都是在传统礼乐观念的统摄下。"立于礼，成于乐"，礼乐相济的主导思想渗透在这三大表演艺术的方方面面。中国的音乐、舞蹈和戏曲强调直觉，重视体验，坚持虚与实、形与神、有限与无限相统一的诗化原则，追求"天人合一"、端方雅正又不失灵动优美的"典雅"境界；注重审美，讲究心灵体验，以典雅的艺术来净化受众的心灵，陶冶人们的情操，最终达至一种圆融和谐、清逸高尚的精神境界。

中国传统音乐的历史源远流长。据考古发现，新石器时代就已经有了音乐，其后又经历了三个发展阶段：第一阶段是以钟磬乐器为代表的先秦乐舞；第二阶段是以歌舞大曲为代表的中古伎乐；第三阶段则是以戏曲音乐为代表的近世俗乐。

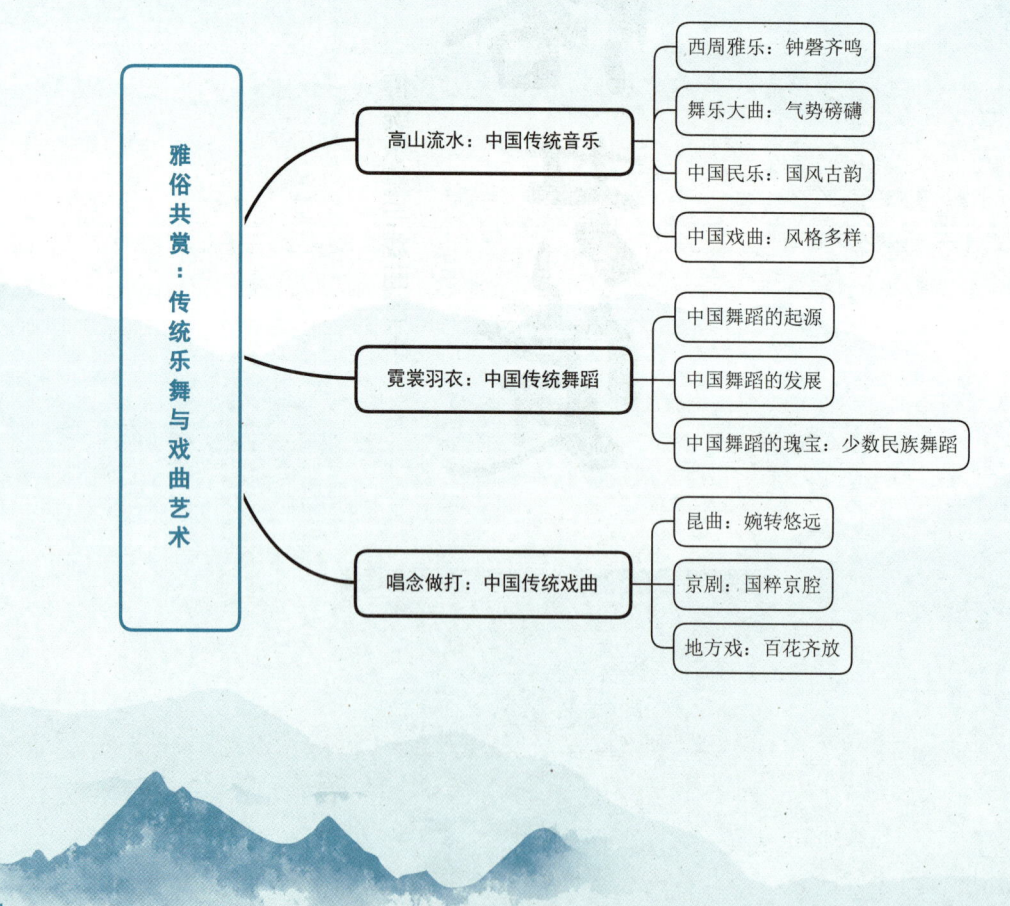

第六章 雅俗共赏：传统乐舞与戏曲艺术

学习目标

知识目标： 了解中国古代音乐、舞蹈和戏曲的基本特征和历史，了解中华民族丰富的艺术文化遗产，了解音乐、舞蹈、戏曲中的美学理念与高雅情趣。

能力目标： 能说出中国古代音乐、舞蹈、戏曲的几部代表作品，分析其艺术特点和表达的情感、思想，能感悟和鉴赏音乐、舞蹈、戏曲中的美学理念与高雅情趣。

思政目标： 对中国传统乐器及中国传统戏剧、舞蹈产生热爱之情，形成高雅的审美情趣与品位。

学习重点

了解中国的传统音乐、乐器、舞蹈、戏曲，通过各类艺术形式，学习中国传统文化的独特魅力，树立正确的娱乐价值观。

情境导入

公元前500年，鲁国国君和齐国国君在夹谷举行和平会议，孔子以鲁国礼仪专家身份出席。会议结束后，齐国国君举办了一场歌舞晚会，在戏曲节目中，齐国的演员们演出了一个少数民族的歌舞。孔子根据《周礼》的规定指责齐国不该表演这样的节目，而应该表演传统的宫廷舞。齐国马上更换为宫廷舞，却是宫廷中平时演出的轻松喜剧，舞蹈"不正经"，音乐也"不正经"，孔子大怒，立即命令鲁国的卫士把那些演员驱逐出去。事后，儒家门徒评价孔子这一行为时说，"孔夫子知礼知乐，真是圣人"。

这正是中国古代音乐、舞蹈、戏曲所遵循的准则：立于礼，成于乐。

第一节 高山流水：中国传统音乐

《论语·述而》："子在齐闻《韶》，三月不知肉味，曰：'不图为乐之至于斯也。'"意思是：孔子在齐国听过《韶》乐之后，有很长时间尝不出肉的滋味，他说："想不到韶乐的美竟达到这样迷人的地步。"

一、西周雅乐：钟磬齐鸣

所谓西周雅乐，就是西周贵族在祭祀天地、神灵、祖先等典礼中所演奏的音乐。西周雅乐在前代礼仪乐舞基础上发展完善，其主要内容是带有史诗性质的古典乐舞，是由舞蹈、歌唱、器乐结合而成的歌、乐、舞"三位一体"的原始乐舞。

（一）雅乐的概述

雅乐分为文舞（图6-1）、武舞（图6-2）两种。如果国家以揖让得天下，先演文舞；若以征伐得天下，先演武舞。周代的雅乐到了秦代只留舜乐《大韶》和周乐《大武》，汉魏以后又有大的改革。每逢改换朝代，乐舞并不相沿袭，但周代所制定的乐舞制度的精神，却是千年一贯的。唐代以武力得天下，故先奏武舞《神功破阵乐》，次奏文舞《功成庆善乐》。

无论是文舞还是武舞，都有一套严整的程式规范：乐舞的前进和后退都像军队一般整齐，合乎规范且富有气势；开始时演奏抒情的曲调，至高潮时节奏加快，结束高潮则以打击乐器"相"为标志，控制速度用打击乐器"雅"掌握。

图6-1 文舞

图6-2 武舞

（二）雅乐的乐器：编钟与编磬

有音乐，就必然要有乐器，周代是青铜文明的高峰，所以乐器都是由青铜所铸，编钟（图6-3）即其中的典型。编钟是由若干个甬钟和钮钟依照一定的音列组合而成的，甬钟侧悬，钮钟直悬。其组合方式大致有两种：一是音阶（或调式）组合，二是十二律组合。编钟用以合乐，是周代礼制的产物。

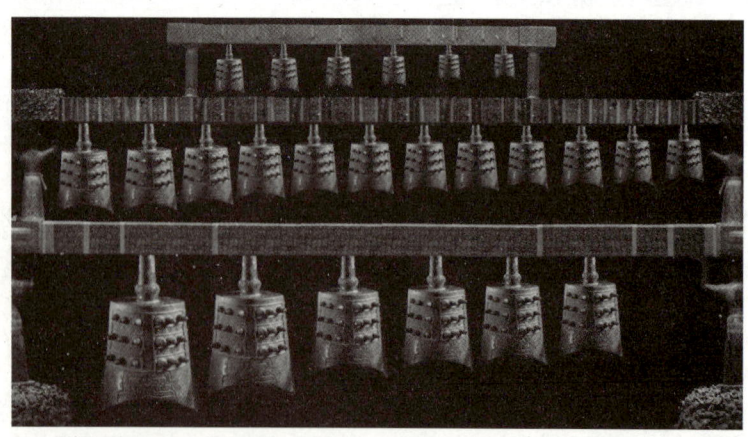

图6-3 编钟

与编钟一起组成礼乐重器的是编磬（图6-4）。和编钟相比，编磬在形制上有所改进，提高了稳定性，更便于演奏，制作也更加精细。

第六章｜雅俗共赏：传统乐舞与戏曲艺术

图 6-4　编磬

钟、磬等乐器在当时的音乐文化中占据着重要地位。编磬与编钟密切配合，可在同一音调上进行合奏或同时转调演奏，其音响效应"近之则钟声亮，远之则磬音彰"。"金石之声""钟鼓之乐"在肃穆的宫廷演奏中，展示的不仅是"乐"的形象，而且是"礼"和周文化的象征。

（三）雅乐的历史作用

在中国古代，人们十分重视"礼乐"的教育，只是在"礼乐"的教育中比较偏向"礼"的学习和表现，而或多或少忽视了"乐"的教育。其实，"礼"和"乐"应该是相互辅佐、融合发展的，两者都不可或缺。在一些重大的活动中，礼乐的地位不可撼动。"礼"给人的感觉就是庄严肃穆、规模宏大，而"乐"则是控制"礼"的活动节奏，把一切顺序安排得井井有条，"礼"和"乐"紧密配合，才能把庆典、祭祀等活动做好。

雅乐在当时的统治者看来是治理国家不可缺少的手段。周人相当关注音乐教育，用雅乐配合道德方面的宣导，以和平中正为原则，以庄重肃穆为标准，运用音乐的美感，端正社会风气，使整个社会达到和谐一致。

其中，六代之乐用于祭祀天地山川、日月星辰、列祖列宗，歌颂统治者的文德武功，目的是使参加典礼的贵族及其子弟受到伦理教育的感化，营造出一种庄严、肃穆、安静、和谐的气氛，从而影响参与者，进而巩固王室的统治。

思政导学

优秀的礼乐作品，可以倡导良好的社会风气，把礼乐文明中和谐与秩序的理念在现代社会中表达出来。礼乐音乐就是一种最直接、有效的表达工具。由此可以看出，发展礼乐文化在当今社会也具有重大的意义。

相关链接

周代的乐器制作已趋于成熟，出现了用金、石、土、革、丝、木、匏、竹八种材料制作的各类乐器，统称为八音（图 6-5）。

图6-5 八音

二、舞乐大曲：气势磅礴

歌舞大曲是一个音乐术语，指的是一种集器乐、舞蹈、歌曲于一体，含有多段结构的大型乐舞。歌舞大曲在隋唐时期的宫廷燕乐中具有重要地位，也代表着隋唐音乐文化的高度。

（一）不同时期的歌舞大曲

中国的歌舞大曲可分为前、后两个时期，前一时期包括秦、两汉、三国、晋，即公元前221—公元420年；后一时期为南北朝、隋、唐、五代，即公元420—960年。两个时期的共同特点是：歌舞大曲是音乐的主要形式。区别则是：前一时期以汉族音乐为主，后一时期则有了少数民族音乐的元素。

（1）汉武帝时期，乐府曲发展至巅峰。起初，宴会娱乐歌童歌女演唱的人数一般不超过70人，另有乐队伴奏，规模不大。但到后来，参演人数可达800人。乐府收集的有名的歌曲形式叫"相和歌"（图6-6）。"相和歌"本是民间的无伴奏"徒歌"，往往是一人唱，几人和，在这个基础上加丝类、竹类乐器伴奏，也就是"丝竹更相和"。

（2）南北朝时期，少数民族给中国本土音乐带来了异域之风。历经几百年的融合，随着隋唐时期（581—907年）社会的相对稳定，音乐进入融合、消化、吸收的历史阶段。隋朝和唐朝都把影响较大的少数民族音乐专门分部：隋分立"七部乐"，后增为"九部乐"；唐先立"九部乐"，后增为"十部乐"（图6-7）。

图6-6 相和歌

图6-7 唐宫的十部乐

（二）歌舞大曲的构成部分

大曲的结构较为复杂，基本上可分为三部分：散序、中序、破。

（1）散序。散序的节奏自由、散板，器乐独奏、轮奏或合奏；散序若干遍，每遍一个曲调。

（2）中序。中序的节奏固定、慢板；歌唱为主，器乐伴奏为辅；有时有舞蹈表演。

（3）破（或舞遍）。以舞蹈为主，节奏变换，由散板而渐快，到极快。全曲推向高潮；后渐渐慢下来，最后煞住。

无论散序、中序、破，所演奏和演唱的曲调都有许多遍，每遍一个曲调。所以，大曲的规模体制是很大的。

相关链接

《霓裳羽衣舞》（图6-8）是唐代最著名的歌舞大曲，相传由唐玄宗李隆基根据《婆罗门曲》改编而成，这是一部非常富有浪漫主义色彩的作品。

图6-8 《霓裳羽衣舞》

《霓裳羽衣舞》又叫《霓裳羽衣歌》或《霓裳羽衣曲》。唐代诗人鲍溶曾作长诗《霓裳羽衣歌》，描述了该曲的演奏情景：大曲由一段散序开始，没有舞蹈，仅由演奏者用钟、磬、箫、筝、笛交错地演奏，抒情气息浓郁；中序时，舞者翩然起舞，有时像柳枝低垂任风吹拂，有时斜拖裙子袅袅飞去，千变万化，美不胜收；渐渐地，乐声转急，进入"破"；最后乐器长奏一声，舞者缓缓收翅，音乐慢慢终止。

以《霓裳羽衣舞》为代表的唐代大曲处处体现着气势宏伟、高贵典雅的气魄，其诗、乐、舞的综合结构实际上体现了一种中华民族整体的、综合的审美意识，以及中华美学对象外之象、言外之意的不懈追求。

三、中国民乐：国风古韵

中国民乐是中国传统乐器和中国传统音乐的统称。中国传统音乐是指中国人运用本民族固有方法、采取本民族固有形式创造的、具有本民族固有形态特征的音乐，不仅包括在历史上产生、流传的古代作品，还包括当代作品。中国传统乐器种类繁多，有堂鼓、花鼓、铃鼓、太平鼓、书鼓、象脚鼓、云锣、钹、钟、磬、埙、箫、排箫、八角鼓、笛子、唢呐、笙、三弦、阮、琵琶、箜篌、二胡、京胡、扬琴、古琴等。

(一)中国民乐的种类

中华民族音乐按其体裁艺术特点尚可分为六大类：民间歌曲、歌舞音乐、说唱音乐、戏曲音乐、民族器乐、综合性乐种。每类音乐又各有多种体裁、形式、乐种和作品。

（1）民间歌曲：分为劳动号子、山歌、小调、长歌及多声部歌曲等不同的体裁；同是山歌，又因地区的不同而风格迥异，各具特点。

（2）歌舞音乐：伴随着民间舞蹈的歌唱和器乐演奏。

（3）说唱音乐：说唱艺术是说（白）、唱（腔）、表（作）"三位一体"的艺术，也称曲艺。

（4）戏曲音乐：戏曲是演员在舞台上综合运用唱、念、做、打等艺术手段，装扮角色（剧中人物）表演故事，以情、理、艺来动人，教人、娱人的戏剧艺术。

（5）民族乐器：按其演奏方法和性能，可分为吹管乐器、拉弦乐器、弹弦乐器和打击乐器四类。这些乐器既能独奏，又能组合成各种形式和乐队进行重奏和合奏，并具有独特而丰富的艺术表现力，各种乐器的独奏乐是民族器乐的重要组成部分。

（6）综合性乐种：是指兼具以上五种类型中两类或两类以上的乐种。

(二)中国民乐的经典曲目

1. 经典民族器乐

民族器乐有各种乐器的独奏、各种不同乐器组合的重奏与合奏。不同乐器的组合、曲目和演奏风格，形成多种多样的器乐乐种。琴曲《广陵散》《梅花三弄》，琵琶曲《十面埋伏》《夕阳箫鼓》，筝曲《渔舟唱晚》《寒鸦戏水》，唢呐曲《百鸟朝凤》《小开门》，笛曲《五梆子》《鹧鸪飞》，二胡曲《二泉映月》等，都是优秀的独奏曲目。

2. 经典清锣鼓乐

纯粹用锣鼓等打击乐器合奏的清锣鼓乐，音色丰富，节奏性强，擅长表现热烈红火、活泼轻巧的生活情趣，如《八仙序》《十八六四二》《鹞子翻身》《八哥洗澡》等。

3. 经典弦索乐

由各种弦乐器合奏的弦索乐，以优美、抒情、质朴、文雅见长，适宜于室内演奏，如《十六板》《高山》《流水》等。

4. 经典丝竹乐

用吹管乐器与弦乐器合奏的丝竹乐，演奏风格细致，多表现轻快、活泼的情绪，如《三六》《行街》《雨打芭蕉》《走马》《八骏马》《梅花操》等。

5. 经典吹打乐

由吹管乐器和打击乐器合奏的吹打乐，演奏风格粗犷，适宜于室外演奏，擅长表现热烈、欢快的情绪，如《将军令》《大辕门》《普天乐》《双咬鹅》等。有不少吹打乐种在乐队中兼用弦乐器，因而音乐兼具丝竹乐的特点，如《满庭芳》《五凤吟》等。

思政导学

各个民族的繁荣都脱离不了历史的影响，因此大家要结合当代历史的进步，推动中华民族民间音乐的成长。中华民族民间音乐在继承各民族、各地区历史文化精华的同时，还应根据时代变化弥补现存的缺陷。在这一继承与发展的过程中，可以将民间音乐与时代的融合作为其传承与发展的条件，在世界的先进文化中汲取较为优秀的部分，再将中华民族民间音乐和流行音乐、网络科技等有效结合起来，使中国民间音乐得到更好的传播与发展。

相关链接

中国古典名曲有《高山流水》《梅花三弄》《夕阳箫鼓》《汉宫秋月》《阳春白雪》《渔樵问答》《胡笳十八拍》《广陵散》《平沙落雁》《十面埋伏》等。

四、中国戏曲：风格多样

中国戏曲起源于原始歌舞，是一种历史悠久的综合舞台艺术样式，经过汉、唐到宋才形成比较完整的戏曲艺术。它由文学、音乐、舞蹈、美术、武术、杂技及表演艺术综合而成，有360多个种类。它的特点是将众多艺术形式以一种标准聚合在一起，在共同的性质中体现其各自的个性。

中国的戏曲与希腊的悲剧和喜剧、印度的梵剧并称为世界三大古老的戏剧文化，经过长期的发展演变，逐步形成了以京剧、越剧、黄梅戏、评剧、豫剧五大戏曲剧种为核心的中华戏曲百花苑。

（一）戏曲音乐与歌唱

中国戏曲音乐是以群体风格、地方风格、民族风格为特征的，所以它才能将各个剧种明显地区别开来。同样一个剧本，可以排成京剧、越剧或豫剧，但只有音乐不能动。在戏曲这个综合艺术的概念中，既重于编导、表演、服装、舞美各艺术门类，又重于手、眼、身、法、步等其他表现手段。可以说，音乐是区别剧种的生命线和识别标志。民间把看戏不叫"看"，而叫"听"，充分说明了音乐在戏曲中的重要性。

戏曲音乐的歌唱，从昆腔、高腔、梆子腔、皮黄腔四大声腔形成以来，互相借鉴、互相吸收，从而形成了以京剧、昆曲、豫剧、越剧、黄梅戏、秦腔、川剧、粤剧为代表的中国戏曲音乐。尤其是被称为"国剧"的京剧，它的音乐是吸收了东、西、南、北许多剧种的音乐元素而形成的，如著名京剧《霸王别姬》。

（二）戏曲音乐与伴奏

每个剧种在初期都有最基本的骨干器乐编制，如京剧三大件（京胡、月琴、京二胡），河北梆子三大件（板胡、梆笛、笙），粤剧三架头（高胡、扬琴、秦琴），越剧三大件（主胡、副胡、琵琶）等，这些主奏乐器的乐师与鼓师共同掌握着全剧的伴奏。

在这种文、武场的基本组合下，根据剧情与唱腔的需要，后来逐渐加入了唢呐、笙、琵琶、三弦、中阮、大阮、二胡、中胡、大胡（大提琴）、贝斯等乐器，乐师与鼓师从10多人到20多人不等，逐渐形成了一个中型编制的乐队。

（三）戏曲音乐在戏曲中的作用

戏曲音乐就是用音乐的形式"唱"故事，它在戏曲中的作用表现为以下三方面。

1. 刻画人物形象

戏曲是通过由演员扮演的人物表演一定的故事情节，进而通过戏剧人物表现社会、历史中的人物及其命运。因此，以音乐（唱腔和伴奏）作为手段表现人物，自然就成为戏曲音乐的首要任务。

2. 统一舞台节奏

在戏曲表演的四种艺术手段——唱、念、做、打中，靠打击乐伴奏的念白是重中之重。通过加强念白的节奏感、厘清句读、强调重点词句等方式，使戏曲成为一种节奏鲜明的艺术语言。"做"和"打"更离不开打击乐的伴奏。"做"是演员的舞蹈化表演，但必须依赖于打击乐伴奏，突出其节奏感；至于"打"，则是各种花样武术动作，演员在台上不能乱打，必须用打击乐来调控节奏，甚至控制武打场面的整体节奏。

3. 渲染戏剧气氛

戏曲表演中，主要是通过管弦乐演奏器乐曲牌来渲染戏剧气氛。也就是说，特定的戏剧场面要由乐队演奏一定的器乐曲牌予以配合，如《万年欢》用于喜庆场面，《哭皇天》用于祭奠等。这些器乐曲牌一般被称作"场景音乐"，清楚地显示着它们的用途及其在戏曲中的作用。

中国之所以有风格多样的戏曲，就是因为有风格多样的戏曲音乐，它与钟磬齐鸣的西周雅乐、恢宏磅礴的歌舞大曲一样，都是中国传统音乐文化的重要组成部分。

思政导学

中国戏曲的意义和价值体现在戏曲是民间社会的文化活动主体。中国戏曲体现了广泛的审美趣味和欣赏口味，成为从城市到乡村众多国人的爱好。戏曲也是传播中国传统文化价值的重要载体。戏曲的故事情节中展现的善恶分明、惩恶扬善、褒忠贬奸，传达了民众的理想和愿望。戏曲中所体现的爱国情怀、优秀品格、善良人性、传统美德是中华民族的宝贵精神财富。

相关链接

中国的戏剧主要有京剧、越剧、秦腔、潮剧、昆曲、湘剧、豫剧、曲剧、徽剧、河北梆子、皮影戏、川剧、黄梅戏、粤剧、花鼓戏、巴陵戏、木偶戏、梨园戏、歌仔戏、庐剧等。

中国著名古典悲剧包括元朝的《窦娥冤》《汉宫秋》《赵氏孤儿》《琵琶记》，明朝的《精忠旗》《娇红记》，清朝的《清忠谱》《长生殿》《桃花扇》《雷峰塔》等。

中国著名古曲喜剧包括元朝的《救风尘》《墙头马上》《西厢记》《李逵负荆》《看钱奴》《幽闺记》，明朝的《中山狼》《玉簪记》《绿牡丹》，清朝的《风筝误》等。

第二节 霓裳羽衣：中国传统舞蹈

在中国舞蹈发展历程中，从原始社会到封建社会时期的中国舞蹈，统称为中国古代舞蹈。作为拥有古老文化的统一的多民族国家，中国舞蹈的发展有着悠久的历史。它起源于人类社会之初，生成和发展经历了从图腾文化到巫术舞蹈文化、百戏舞蹈文化，再到独立的舞蹈艺术文化几个不同的历史阶段。

一、中国舞蹈的起源

原始社会时期人类还处于低级阶段，没有形成科学的世界观，所以舞蹈还不是有意识的娱乐或艺术创作。原始人的舞蹈带有较强的功利性，可分为两类：一是图腾舞，二是祭祀舞。

（一）舞蹈：人体动作的语言

通过身体语言的特点可以看出，舞蹈作为身体语言，属于一种直观的艺术。舞蹈就是在渲染一种情感，是把被描绘的事物表现为实在的、具体的感性形象，把人物的精神世界利用身体语言有层次地展现出来，通过观众对舞者自身的直观表述而感到舞者身体内的一种情感的流动。

舞蹈中，舞者通过身体的状态、人体的姿势、身体的表情、面部表情，身体运动中呈现的对空间、时间、重力的态度，以及由这种态度构成的结构、语言的表现与交流，表现出生命的情调与色彩，传达出生命内在的冲动和倾向性。

（二）原始舞蹈

原始舞蹈起源于原始社会的图腾崇拜舞蹈和巫术仪式舞蹈。原始社会的人们对自然现象的理解不足而产生畏惧感，逐渐形成了原始的图腾崇拜。他们把动物、植物或自然物作为图腾，认为图腾能为人赐福或降灾，把图腾奉为祖先和保护神。在图腾崇拜的仪式中，人们用舞蹈颂扬祖先和神明的功绩，以求神明的保佑，这就是图腾舞蹈。

巫术仪式舞蹈，是巫师在祭祀活动中的舞蹈，杂以卜筮、巫辞、咒语以及歌舞等手段制造神秘、灵验等气氛，从而达到沟通人神之间的"联系"的目的，尤以舞蹈为重要的手段。

历代统治阶级，为巩固自己的统治地区，常借宗教仪式愚弄人民，标榜自己"真龙天子"的地位。历代的宫廷雅乐常用于封建帝王祭祖，祭天、地、山、川之神，以及佛、道、儒等宗教活动之中。在少数民族宗教活动中，代表性的古老宗教舞蹈有东巴舞、喇嘛教寺庙舞、萨满舞、梅山教舞蹈等。

相关链接

"图腾"一词来源于印第安语"totem",意思为"它的亲属""它的标记"。在原始人类的信仰中,认为本氏族人都源于某种特定的物种,大多数情况下,被认为与某种动物具有亲缘关系。于是,图腾信仰便与祖先崇拜产生联系,某种动物、植物便成了这个民族最古老的祖先,如"天命玄鸟,降而生商"(《史记》),玄鸟便成为商代的图腾。因此,图腾崇拜与其说是对动物、植物的崇拜,还不如说是对祖先的崇拜。图腾与氏族的亲缘关系常常通过氏族起源神话和称呼体现。

二、中国舞蹈的发展

中国古代舞蹈有着极为悠久的历史。图腾舞和祭祀舞发展到周代,已具备了作为艺术的舞蹈架构。

(一)西周时期

西周时期,统治者加大力度对前代的乐舞加以整理、继承和发展,形成了以汉民族乐舞为主体,包括其他民族乐舞的中国乐舞传统,并制定了较系统的乐舞制度,由此形成的雅乐舞蹈,成为中国艺术文化的一座高峰。不过,从一开始,周代统治者们就把艺术和政治捆绑在一起,全力强化乐舞的政治意义和教化作用,把传统乐舞和当时新创制的乐舞加工整理,形成了气势恢宏的"六代乐舞"。

"六代乐舞"包括黄帝时代的《云门》(用于祭祀天神)、唐尧时代的《大章》(用于祭祀地神)、虞舜时代的《大韶》(用于祭祀日月星海四方神)、夏禹时代的《大夏》(用于祭祀山川)、商汤时代的《大濩》(用于祭祀先妣)及周代的《大武》(歌颂周武王伐纣的乐舞,用于祭祀先祖)。前四种属文舞,后两种属武舞,"文以昭德,武以象功",以此表现一个国家的文化和武力。

(二)汉代

汉代是中国舞蹈繁荣的时代。周朝雅乐经过儒家的乐舞教育,代代相传。西汉初年,儒术独尊,庙堂乐舞以法定的地位流传下来。与此同时,汉代世俗的乐舞也得到了极大的普及,出现了举国上下从君主到臣民,"鸣竽调瑟,郑舞赵讴"的歌舞热潮。

汉代舞蹈受杂技、幻术、角抵、俳优的影响,向高难度发展,丰富了传情达意的手段,扩大了舞蹈的表现力,形成了中国舞蹈技艺并重的特点。统治者的提倡,使群众歌舞大普及,开创了两汉舞蹈艺术多姿多彩的新局面。此外,两汉时代由于封建制度趋于巩固,经济繁荣,人民生活有了提高,各地乐舞也有了相应发展,著名的歌舞有"东歌""东舞""赵讴""赵舞""荆艳""楚舞""吴歈""越吟""郑声""郑舞"等。

(三)三国两晋南北朝

三国两晋南北朝时期,由于少数民族文化的融入,中国舞蹈又有了新的发展。这一时期,胡舞和宗教舞蹈占据了半壁江山,其中最为人们所知的就是敦煌壁画上的飞天舞。

从飞天舞中,现代的人们演化出了典雅、优美、纯净的《飞天》,在舞台上再现了敦煌灿烂悠久的民族文化。那飘动如飞的绸带和变化多彩的舞台灯光塑造出了女神的纯洁、高雅和脱俗的形象,将美的形象置于观众心中。七位女神在舞台上或高或低,或动或静,或左或右,或联袂,或对望,或交绕,长长的袖绸忽如长虹,再若回云,变幻莫测。

(四)唐代

进入唐代,中国舞蹈光芒四射。唐代舞蹈当中,以《十部乐》最为有名。这些乐舞或用于外交,或用于庆典,或用于宴享,有鲜明的礼仪性。通过太常寺等乐舞管理机构,把各种乐制和舞制的名称、化妆、曲名、乐器等,都做了整理和规范化。各部乐舞中都包含着制式化了的舞蹈节目。唐朝在宫内设置了内教坊,在京城设立了左、右教坊,负责乐舞的训练与演出。

唐朝人把流传在宫廷、豪门和民间的表演性舞蹈,按其风格特色分为健舞和软舞两大类。一般说来,健舞动作矫健,节奏明快;软舞优美婉柔,节奏舒缓。健舞中,最著名的是从西域传来的"胡旋""胡腾""柘枝"等;软舞则以"绿腰""春莺转"影响最大。

 思政导学

中国古典舞中蕴含着我国的民族精神。当然,传承民族文化基因也需要顺应时代潮流。未来应该让世界看到更多中国本土的优秀作品。中国古典舞理应继续将中华优秀传统文化植入骨血,在创作中坚定文化自信,引领时代主流文化价值,进而推动自身的可持续发展。

 相关链接

2022年央视春晚上,舞蹈诗剧《只此青绿》由中国舞坛"双子星"周莉亚、韩真担任总编导,对话北宋天才画家希孟(据创作方介绍,王希孟是清代以后出现的称呼,此前就叫希孟),"舞绘"的是青绿山水画的巅峰之作《千里江山图》。

《千里江山图》中的矿物质颜料石青、石绿历经千年而未衰,即使在幽暗的环境中依然泛着宝石般的光芒。主创团队正是从这一细节处提炼出"青绿"的意象,也成了剧中唯一一个抽象的、写意的角色,就像《千里江山图》的灵魂。

三、中国舞蹈的瑰宝:少数民族舞蹈

由于历史文化、地理环境、宗教信仰、生活习俗的不同,我国少数民族民间舞蹈呈现出不同的风格。多彩多姿的中国少数民族民间舞蹈在我国历史文化长河中世代演进,流传至今,被誉为"世界宝藏中的瑰丽之花"。

(一)蒙古族舞蹈

蒙古族舞蹈在情感、形态、发力中体现的是一种"圆形、圆线、圆韵"的概念。舞蹈的动作具有柔韧、刚健、剽悍之美的特点,主要为腕、肩、腿的动作。舞蹈时,手腕与肩平直,随着音乐节拍上提下压。肩部动作丰富，随着情绪而变化，有硬肩、柔肩、笑肩、耸肩、碎抖肩等。

（二）满族舞蹈

满族舞蹈中，最有名气的就是秧歌舞，又称扭秧歌。它由十多人至百人组成，扮成历史故事、神话传说和现实生活中的人物，边舞边走，随着鼓声节奏，善于变换各种队形，舞姿丰富多彩。

（三）维吾尔族舞蹈

维吾尔族舞蹈的体态让人神往，颤而不蹿、立腰拔背，具有微颤的律动、多变的舞姿、高超的技巧。其微颤的律动，体现出沙漠上行走的特征；多变的舞姿，在于它广泛吸收西域乐舞的长处；而技巧的运用，则是继承并发展了"胡腾""胡旋""柘枝"舞中那些跳跃、旋转及腰部的各种技艺。

维吾尔族常见的两个舞蹈技艺：一是超级快速地旋转，二是左右摆动脖子。这两个技艺堪称双绝。

（四）藏族舞蹈

藏族舞蹈的基本特征是形体美、韵律美。藏族舞蹈非常强调舞蹈时脚、膝、腰、胸、手、肩、头、眼的配合及统一运用，如"热巴舞"等。其上半身动作像雄狮，威武雄壮，极富有高原人剽悍壮硕的气质；下半身动作则含蓄典雅，给人以健康和优美的感觉。

藏族舞蹈里的基本体态有松胯、含胸、垂背、弓腰、前倾。这些形象和高原地区繁重的劳动生活、虔诚的宗教信仰及习俗有密切关系。"颤、开、顺、左、舞袖"这五大元素是不同藏舞的共同特点。

（五）傣族舞蹈

傣族民间舞要求舞者有膝部柔美的起伏，身体和手臂丰富多彩的"三道弯"造型，柔中带刚的动作韵律，小腿的敏捷运用，加上提气、收腹、挺胸和头部、眼神的巧妙配合，使其具有浓郁而独特的民族风格。最具代表性的傣族舞蹈为孔雀舞，概括了傣族舞蹈的风格、韵律、舞姿造型和动作的组合规律，是傣族舞蹈中的精华，反映了傣族人民的民族精神和审美特征。

孔雀舞通过手的内屈动作和滑翔、旋转、飞跑等舞姿，以及飞跑中腿部的屈伸，细腻地表现孔雀的优美形象。著名舞蹈家杨丽萍，淋漓尽致地表现了孔雀引颈昂首的静态和细微的动态之美。

思政导学

一直以来，中国舞以中华优秀传统文化为艺术创作根基，展现了中华民族深厚的文化底蕴，体现出了中华民族精神的无穷魅力。中国舞发展到今天，其艺术更趋完美，更具有艺术感染力，同时还为歌唱、戏剧、综艺等艺术形式增添了新的魅力。在建设和谐文化进程中，中国舞可以用自己独特的艺术感染力传承民族文化理念，强化中国人的文化自信。

安代舞被称为蒙古族集体舞蹈的活化石。安代舞源于内蒙古科尔沁大草原,盛行在通辽市库伦旗及辽宁省阜新蒙古族自治县等地,至今已有三百多年历史,是蒙古民族最古老、最独特又极富当代表现力的艺术奇葩。它是蒙古族庆典、聚会、迎送的礼仪性歌舞,以其特色鲜明的动作形态在中国各族民间舞蹈中独树一帜。

第三节 唱念做打:中国传统戏曲

中国古人日常的重要活动之一,就是看戏。"舞台小社会,社会大舞台",民众常把自己的情感与戏中反映的内容对照起来,将剧情与感情系为一体,对真善美的热爱,对假恶丑的憎恨,都能在看戏当中流露无遗。

戏曲里的好恶倾向来自整个社会的好恶观,戏曲里的人生观来自整个社会最具代表性的人生观。作为民俗文化的突出代表及重要的教化工具,中国戏曲呈现既俗又雅、既驳杂又统一的复杂面貌,是中华民族文化中一颗不可替代的璀璨明珠。

一、昆曲:婉转悠远

明朝前期,南戏形成了四大声腔:昆山腔、弋阳腔、海盐腔和余姚腔。昆曲就是在昆山腔的基础上发展而来的;明朝嘉靖、隆庆年间,以魏良辅为代表的一批民间音乐家汇集南北曲的优长之处,借鉴吸收海盐腔、余姚腔等地方声腔及江南民歌小调,对昆山腔进行了全面而成功的改革。

(一)昆曲与新昆腔

昆曲是中国古老的戏曲声腔、剧种,现又被称为"昆剧"。昆曲是汉族传统戏曲中最古老的剧种之一,也是戏曲艺术中的珍品,被称为百花园中的一朵"兰花",自明代中叶以来独领中国剧坛近三百年。2001年,昆曲被联合国教科文组织列入非物质文化遗产名录。

明代嘉靖年间,杰出的昆曲音乐家、改革家魏良辅对昆山腔进行了大胆改革,广受欢迎。因为这种腔调软糯、细腻,好像江南人吃的用水磨粉做的糯米汤团。因此起了个有趣的名字,叫"水磨调"。

昆曲在其起源、形成时期更多的是同中国民间艺术紧密联系在一起的,在蓬勃发展的过程中,昆曲更是与一大批明清时代的文化精英结下了不解之缘。明中叶以后,昆曲的创作演出及欣赏,成为文人士大夫日常生活中不可或缺的重要内容。他们将戏曲当作传播思想的主要手段,在剧作中寄寓深刻的思想内涵。同时,他们也借由昆曲抒发感慨,借戏场来倾吐他们的喜怒哀

乐，展现他们感情色彩极浓的生活。

（二）昆曲的艺术特点

昆曲的艺术特点主要表现在剧本、音乐、表演三个方面。

（1）昆曲的剧本采用宋、元时代杂剧传奇的结构方式，每出大戏分若干个折子，每折戏自成单元，若干单折戏可以独立演出。在文学语言上，昆曲继承了唐诗、宋词、元曲的优点和长处，采用了长短句的方法，使每句参差错落、疏密相间，把汉语的音乐性发挥得非常充分。

（2）昆曲音乐呈曲牌体结构形式，有1000多个曲牌。昆曲的每出戏就是演唱其中的北曲、南曲或南北曲全套的曲子。它的唱腔婉转细腻，吐字讲究，有四声、尖团之分。一支曲子一直唱到底，而且音域非常宽。例如，女声要求真假声结合，难度非常大。

（3）昆曲的艺术特点可以概括为五个字：慢、小、细、软、雅。

所谓"慢"，是说昆曲的节奏缓慢，轻柔而婉折。

所谓"小"，是说昆曲宜在家宅的厅堂或花园亭榭上演唱。

所谓"细"，是说昆曲表演十分细腻。

所谓"软"，是指昆曲说的是吴侬软语，唱的是柔婉的"水磨调"，再加上擅演缠绵悱恻的文戏，自然给人以一种软而香的感觉。

所谓"雅"，是指昆曲高雅、文雅、典雅和清雅的风格。

（三）昆曲中的经典作品：《牡丹亭》

《牡丹亭》描写的是杜丽娘与柳梦梅的爱情故事，体现了青年男女对自由爱情生活的追求。

杜丽娘系南宋福建南安太守杜宝之女，自幼受到礼教的严格约束。但她是活生生的人，内心蕴藏着青春的活力。她因《诗经》中的《关雎》篇引动情思，为排遣愁闷同丫鬟春香到后花园游赏，杜丽娘在游园之后睡去，梦中与少年书生柳梦梅幽会，并接受了他的爱情。可幻梦中的美景，现实里难寻，杜丽娘就此恹恹卧病，自描春容而殁。家人按其遗言将之葬于牡丹亭边的梅树下，并于旁建了一座梅花观。

冥司胡判官查明杜丽娘因梦而亡的经过，允许她的魂魄自在游荡。柳梦梅在前往临安赴试途中借住梅花观，拾得丽娘画像，又与丽娘幽魂相会。柳梦梅在她的指点下掘墓开棺，使杜丽娘死而复生，两人结为夫妇。但此时的杜宝因平贼有功官至平章，拒不承认女儿的婚事。柳梦梅取中状元，在皇帝的公断下，两人终得美满结局。

作者汤显祖赋予杜丽娘热情奔放的"情"，有超越生死的力量。另外，作者对语言艺术的高超把握，将杜丽娘的心理活动和精神世界刻画得非常细致真实。

思政导学

> 昆曲作为中国古老的剧种之一，是传统文化中的珍品。昆曲糅合了唱念做打、舞蹈、武术等表演艺术，通过温文尔雅的动作、吴侬软语的唱腔、典雅精美的唱词表现了中国传统文化的源远流长。对于这类非物质文化遗产，我们应当重点保护，同时领略其中蕴含的美学价值和人文价值。

相关链接

《桃花扇》是一部反映南明弘光王朝建立和覆亡的历史剧。剧作以明末复社名士侯方域和秦淮名妓李香君的爱情故事为线索,将当时的许多重要人物和重大史实串联。创作者孔尚任一面揭露南明统治集团的腐朽罪恶,一面用饱满的热情塑造了李香君、柳敬亭、苏昆生等坚毅果敢的底层人民。

二、京剧:国粹京腔

京剧的脸谱(图6-9)几乎成了中华文化的一个代表性的符号、一种象征。许多国家举办"中国文化年",招贴画上往往画着一个大大的京剧脸谱。京剧,又称平剧、京戏等,是我国影响最大的戏曲剧种,分布地以北京为中心,遍及全国各地,影响甚广,有"国剧"之称,被联合国教科文组织列入非物质文化遗产名录。

图6-9 京剧脸谱

(一)京剧的发展

"徽班入京"和"徽汉合流"是京剧发展的两大事件。

1."徽班入京"

清朝乾隆后期,昆曲逐渐衰落,京腔兴盛,取代昆曲一统京城舞台。直到1780年,京腔在独据京城戏曲界多年后第一次遭遇秦腔的挑战。1790年,乾隆皇帝八十大寿,各戏曲团进京给乾隆祝寿,其中来自安徽的戏曲班子用博采众戏曲之长的唱腔和表演,给乾隆留下了深刻的印象。仅一年时间,安徽的几十个戏团就相继进京。这就是中国戏曲史上著名的"徽班进京"。

2."徽汉合流"

到了嘉庆、道光年间,徽班几乎占据了京城所有的演出场所,风光无限。与此同时,来自湖北的汉调艺人将汉调带入京城,搭徽班唱戏,开创了徽汉合流的总趋势。在徽调和汉调的基础上，一批戏曲艺术家在表演的过程中不断探索、加工，吸收了昆腔、京腔、梆子等的声腔，逐渐形成了以西皮、二黄为主，兼有昆腔、吹腔、四平调、拨子、罗罗腔等多声腔的和谐统一的体系。同时，考虑观众的需求，艺人们在唱白的字音和声调上，巧妙地将地方字音与北京字音融为一体，使京剧的唱白更具有规范性，听起来更通俗易懂、生动流畅，富有节奏感和韵律美。

（二）京剧的艺术特点

京剧的艺术特点，主要包括以下五点。

（1）在唱腔上，京剧吸收了昆曲、梆子腔等多种地方腔调。

（2）在乐器上，京剧有单皮鼓、拍板、堂鼓、大堂鼓、大锣、小锣、铙钹、碰钟、云锣、汤锣、京胡、二胡、小三弦、月琴、笙、唢呐、挑子等。

（3）在角色上，京剧最初行当分为生、旦、净、末、丑、副、外、武、杂、流十行，不过后来只留下四行：生、旦、净、丑。其各行当都有一套比较严格的表演程式，在唱、念、做、打上各具特色，表现出不同人物的性格特征。

（4）在脸谱上，由于每个历史人物或某一种类型的人物都有一个大概的程式，就如唱歌、奏乐需要按乐谱一样，所以称为"脸谱"。生和旦的面部化妆比较简单，略施脂粉，叫"素面"；而净和丑化妆起来则非常麻烦，纯是用颜料向脸上泼，再加上图案复杂，演员化妆的时间就要用上几小时，这两个角色也被称为"花脸"。

（5）在服饰上，京剧的服饰带有强烈的中国特色，可谓极尽烦琐之能事，主要分为大衣、二衣、三衣和云肩（图6-10）四大类。

图6-10　京剧的服饰：云肩

（三）京剧的剧目

京剧剧目非常丰富，已知的有5000多个剧本，其中多数是历史故事。从远古时代的后羿射日、嫦娥奔月，直到清朝的江湖侠义，各朝各代的历史故事在京剧中几乎都有表现。这些剧目大多出自民间，蕴含着人民所追求的理想、道德和情操。有的揭露封建压迫，歌颂人民的反抗精神；有的反对民族侵略，宣扬爱国主义思想；有的歌颂婚姻自主，反抗封建礼教；有的宣扬恶有恶报、善有善报的传统伦理观念。

包罗万象的京剧既是中华传统文化的一面镜子，同时也是提高人民精神境界、增强民族凝聚力的重要工具。

相关链接

京剧的形成、发展离不开晚清时期一大批杰出的戏曲表演艺术家，正是他们在表演中的融会贯通、大力创新才促使京剧具有今天综合、成熟的面貌。清代光绪年间，晚清画师沈容圃仿照《京腔十三绝》绘制了一幅工笔写生戏画像——《同光十三绝》（图6-11）。画中绘有十三位从同治至光绪初期观众公认的名演员，他们都是技艺非凡的表演艺术家，为开创京剧各行当流光溢彩的流派艺术做出了杰出贡献。

图6-11 《同光十三绝》

思政导学

京剧是年长者与青年人共同喜爱的艺术形式。许多青年作曲家和歌手将现代歌曲与京剧结合，创作了许多经典的歌曲，如《北京一夜》《新贵妃醉酒》《三国恋》《说唱脸谱》《在梅边》《粉墨人生》《盖世英雄》等。这说明，京剧这种古老的文艺作品也能够和当下时代接轨。我们应当对京剧心怀热爱，同时又要借此机会拉近和传统文化的距离。

三、地方戏：百花齐放

我国地域辽阔，民族众多，各地方言不同。因此除京剧外，还形成了丰富多彩的地方戏。据统计，我国的地方戏遍及各地，有300多种，其中影响比较大的有越剧、黄梅戏、评剧。

中国艺术的最高审美境界是韵味，韵味也是戏曲音乐的灵魂。无论越剧、评剧、豫剧还是黄梅戏，"唱得是否有韵味"始终是观众评价戏曲演员的主要标准之一。戏曲为了达到各种独特的韵味，几乎调动了所有可变的因素，包括语言的美化、语气的表达、声音感情色彩的变化及在声腔上多种表现方法和技巧的综合运用。

（一）越剧

越剧发源于浙江嵊州，在发展中汲取了昆曲、话剧、绍剧等特色形成了剧种之大成，经历了由男子越剧为主到女子越剧为主的历史性演变。越剧长于抒情，以唱为主，声音优美动听，表演真切动人，唯美典雅，极具江南灵秀之气。越剧多以"才子佳人"题材的戏为主，代表作有《梁祝》《红楼梦》《西厢记》等，在国内外获得巨大声誉，风靡大江南北。

（二）黄梅戏

黄梅戏，旧称黄梅调或采茶调，唱腔淳朴流畅，表演质朴细致，以真实活泼的风格著称。清代中叶，在皖、鄂、赣三省交界地区形成了一种民间小戏，其中的一支逐渐东移至以安徽省怀宁县为中心的安庆地区，并与当地的民间艺术结合为一种新的戏曲剧种，当时称为怀腔或怀调，这就是早期的黄梅戏。

怀调艺人经过长期的实践、探索，吸收了青阳腔和徽调的音乐、表演和剧目，出演"本戏"，使得黄梅戏一步步走向成熟。黄梅戏至今已有两百多年的历史，代表作有《天仙配》《女驸马》《玉堂春》《牛郎织女》等。

（三）评剧

评剧的前身是莲花落。莲花落作为一种民间演唱形式，于清代在直隶省和东北地区流传。晚清时，莲花落艺人组班进入唐山、天津等大中城市，他们以落子为基本曲调，借鉴吸收梆子腔及乐亭皮影、大鼓的板式和曲调，创造自己的行当唱腔与唱腔板式。同时革新、创作剧目，编演《花为媒》《珍珠衫》《占花魁》等广受欢迎的剧目，为评剧的崛起奠定了基础。

民国初年，女唱手大量涌现，风靡一时。刘翠霞、白玉霜、爱莲君等女演员凭借她们各自的嗓音特点，创造性地形成了各自的唱腔流派与演唱风格，促使"评戏"一词正式诞生。

（四）地方戏的不同风格

受地域和方言的影响，地方戏曲的韵味千姿百态。用河南话演唱的豫剧听起来如滔滔黄河一般波澜起伏，用吴方言演唱的越剧如缓缓西湖碧波一般微起微落……不同地区的审美经验影响了戏曲音乐的风格色彩，使得地方戏曲各呈独特风姿。南昆曲温文尔雅，适合演文人戏；豫剧粗犷激昂，适合演带武腔的戏；秦腔尖厉，起伏跌宕，适合演凄楚的大悲剧；越剧婉约，适合演才子佳人的爱情剧。

在主题上，地方戏曲基本一致地反映了我国劳动人民坚定不移、不畏艰险的乐观主义精神。同时，地方戏曲由于其本身的成长环境、观众群体的特点，相较于京剧、昆曲，与普通阶层、通俗文艺贴合得更紧。不同种类、不同品格的地方戏曲共同构建了我国戏曲亦雅亦俗、多姿多彩的繁荣局面。

思政导学

> 戏曲，塑造了大量鲜活的绝不服输的人物形象。任何一个民族都需要有脊梁式的人物，在生死存亡的关头，担负起救亡图存的责任。戏曲中塑造了许多铮铮铁骨的英雄形象。在

我们浩瀚的戏曲剧目库里,有如此多颂扬抗争的内容,恰恰是中华民族拼搏奋斗史的精彩写照。具有抗争主旋律的优秀戏曲剧目是良好的教科书,让一代代中国人对先辈们拼搏奋斗与不屈抗争的精神有了具体形象的感知。

 相关链接

常香玉,著名豫剧表演艺术家,代表作有《花木兰》《白蛇传》等。为支援抗美援朝,常香玉用义演收入捐献"香玉剧社号"战斗机,被誉为"爱国艺人"。

思考:
1. 举例说明中国传统音乐的特点。
2. 说出一个熟悉的民族舞蹈及其特色。

实践:
举办一场微型民族歌舞晚会。

第七章 匠心独运

传统建筑与雕塑艺术

中国古典园林是中国传统文化宝库的一块瑰宝，鲜明地折射出中国人的自然观和人生观，突出地抒发了中华民族对于自然和美好生活环境的向往与热爱。其中，江南园林是最能代表中国古典园林艺术成就的一个类型，凝聚了中国知识分子和能工巧匠的勤劳与智慧，蕴含了传统哲学、宗教思想，以及山水诗画等传统艺术，具有独特的审美价值和艺术魅力。

中国古代常以"土木""营造"等词表达"建筑"之意。作为历史悠久的文明古国，我国的传统建筑除具备因地制宜的实用性和高度的技巧性之外，还承载着中华文化的诸多方面，体现着不同的古典意趣。可以说，我国的建筑，尤其是浪漫精巧的园林，不仅是人化的自然，也是诗化的自然，其一砖一瓦皆浓缩了历史，一草一木皆包含着匠心。

除中国传统建筑之外，中国雕塑同样历史悠久，作品丰富，具有独特的艺术风格，是世界雕塑艺术的重要组成部分。著名建筑学家梁思成先生曾在《中国雕塑史》中写道："艺术之始，雕塑为先。盖在先民穴居野处之时，必先凿石为器，以谋生存；其后既有居室，乃作绘事，故雕塑之术，实始于石器时代，艺术之最古者也。"

第七章 匠心独运：传统建筑与雕塑艺术

知识目标： 了解中国古代园林和民居建筑的基本类型和主要特征，了解中国传统雕塑的历史沿革、取材、风格及绘画艺术，了解中国传统园林、建筑与雕塑的艺术造诣、人文内涵、美学价值。

能力目标： 能分析、讲述中国传统园林、建筑与雕塑的基本知识、人文内涵、艺术造诣、美学价值，能感知和鉴赏中国传统园林、建筑、雕塑艺术之美。

思政目标： 形成主动学习中国传统园林、建筑与雕塑相关知识与文化内涵的自觉性和热情，热爱我国传统园林、建筑、雕塑艺术文化并对我国在这些艺术上所取得的灿烂成就充满自豪感，形成较高的园林、建筑及雕塑艺术审美品位，积极传扬和践行我国传统园林、建筑与雕塑艺术中蕴含的中华优秀民族精神及品格。

通过学习中国传统园林、建筑与雕塑的类型和特征，进一步了解其对现代艺术的影响，能够鉴赏生活中见到的园林、建筑与雕塑。

情境导入

材料一：

18世纪，欧洲大陆曾掀起持久的"中国热"，而在"中国热"时代里尤其火热的，就是古代中国的园林文化。比如，赫赫有名的沙俄彼得大帝，就曾在皇宫里建造了"中国园林"。在18世纪的英、法等国，仿造中国风格布置私家花园，也一度成为贵族圈的时尚。英国伯爵钱伯斯更在其1772年出版的著作《东方园林观察》里语出惊人："欧洲人在艺术方面无法和东方灿烂的成就相提并论，我们要像对太阳一样尽量吸收中国的光辉。"

材料二：

一、新加坡前总理李光耀是第一个参观兵马俑的外国政要

兵马俑是在1974年被发现的，1975年才决定要建博物馆，结果在1976年，时任新加坡总理的李光耀访华时，听说了秦朝兵马俑出土的消息，感到十分震惊，立刻提出要参观。

当时现场还在挖掘整理中，周围甚至都是土路，连走路都很困难。所以现场的管理人员听说李光耀想参观，第一反应是拒绝的，给出的理由是"目前没有接待条件，希望以后有机会的话再来参观"。但李光耀对中国文化十分痴迷，这一点从他39年内访华33次就能看出来，听说没有接待条件时，李光耀摆了摆手说："我就是去看一看土坑就行，不需要接待。"我国政府克服困难，安排对现场进行了紧急清理。车队在洒水车的引导下，来到了1号坑附近。李光耀下车之后，立刻来到坑边参观，看到那些栩栩如生的兵马俑，脸上露出了难以自持的激动与兴奋。临走的时候，李光耀仍然恋恋不舍地留下了一句话："世界的奇迹，民族的骄傲。"

要知道，当时兵马俑博物馆还没建好，也没有做任何宣传工作，还不为世界上其他国

家所知。

二、法国前总理希拉克参观兵马俑

1978年，时任法国总理希拉克来中国访问，也听说了兵马俑在西安附近出土。

希拉克是个极为痴迷的中国青铜器爱好者，数十年来坚持不懈地购买各种书籍，参观各个博物馆，研究中国青铜器。可想而知，兵马俑的出土对他来说，有多么巨大的诱惑力。

看到希拉克如此感兴趣，我国政府邀请他参观。

当希拉克看到成百上千的兵马俑在坑中壮观的景象后，说了这样一句话："世界有七大奇迹，我觉得兵马俑的发现是第八大奇迹。"

希拉克的这句话，后来成了兵马俑向世界宣传的最好广告语。时至今日，无数青少年在课本上、媒体中看到的"第八大奇迹"的宣传，就是出自希拉克的这句评价。

三、美国前国务卿基辛格参观兵马俑

要知道，实现中美建交，美国国务卿基辛格是重要功臣，他一生都在推动中美和平交流、互惠共赢。

长期接触中国让基辛格对中国文化特别感兴趣，从1979年开始，基辛格连续5次参观兵马俑博物馆。

第一次到访时，基辛格立刻就被壮观的兵马俑所震撼，不断询问讲解员有关兵马俑的修复保护情况，以及中国秦朝作战装备等问题。

后来几次参观，基辛格俨然成了兵马俑专家，甚至带着儿子、孙子、孙女一起，自己担任讲解员，向家人们讲述兵马俑的历史与文化。

2013年，已经90岁的基辛格坐着轮椅来到中国，依然执意参观了兵马俑。在离开之前，基辛格不舍地将轮椅转回了1号坑，说了一句："再让我看一眼。"临走之前，基辛格留言写道："中国的辉煌永不结束，兵马俑就是中国拥有未来的证明。"

第一节 庭院幽深：中国古典园林

中国古代园林，一般由园林建筑物、山水草树、道路及其他诸如题字、雕塑等构成。园林建筑是对自然的回归，表现人类对大自然的热爱与向往，是自然美、建筑美及其他人文美的和谐统一。

中国的古典园林独特的艺术风格，使它成为中华民族文化遗产中的一颗明珠。这一系列现存的技术高超、艺术精湛、风格独特的建筑，在世界建筑史上自成系统，独树一帜，是中国古代灿烂文化的重要组成部分，是全人类宝贵的历史文化遗产。

一、中国古典园林的发展历史

中国园林建筑艺术是中国古代劳动人民智慧和创造力的结晶，也是中国古代哲学思想、宗教信仰、文化艺术等的综合反映，在历史上长期为统治阶级和达官贵人所占有与享用。但是，在经历了漫长的历史之后，现在已经被我们所继承和发展，并为中国广大人民所享用了。

具体而言，中国古典园林的发展历史大致分成 3 个时期。

（一）秦汉时期

在原始社会，先民主要的生产活动是捕鱼狩猎，后来慢慢进化到耕种定居，驯养一些动物，比如猪、犬、羊等，种植一些植物，比如粟、麦、稻等。随着生产力的进一步提高，有了从事农事、畜牧、手工业制作及各种杂务劳动的专业奴隶阶层，为奴隶主们解决了生活的劳务，因此奴隶主和帝王们就有了足够的时间来进行各种游乐嬉戏，其中包括狩猎活动。被选为狩猎的地点一般都是山丘之地或树林茂密、水草丛生之处，这些地方禽兽栖息比较集中，这也是最初"囿"选址的条件。"囿"到汉代就发展得更具专业化了，因而不再是自然山林的原始状态，帝王们为了满足游猎的需要，开始在这里建"宫"设"馆"。除此之外，还增加了用于休息的宫殿和生活设施，还配置了观赏植物、人工山水等景色。这时的"囿"，初步具有了"园林"的性质。

（二）唐宋时期

唐宋时期是中国古典园林的形成时期。由汉代开端的中国园林，经过东汉、三国、魏晋南北朝到隋代的过渡，至唐代出现了一个兴盛的局面（图 7-1）。

由于疆域的扩大、经济的发达、民族的融合，文化艺术在唐宋进入了一个空前繁荣的时期。而此时园林的发展有两个显著的特点。

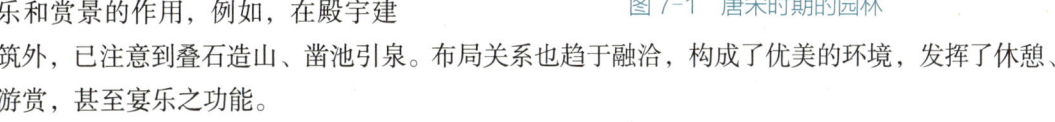

图 7-1　唐宋时期的园林

（1）在苑囿的营建中，注意游乐和赏景的作用，例如，在殿宇建筑外，已注意到叠石造山、凿池引泉。布局关系也趋于融洽，构成了优美的环境，发挥了休憩、游赏，甚至宴乐之功能。

（2）绘画技术与造园艺术在发展的同时还相互促进。当时画家所提炼的构图、排列、层次和色彩，极大地丰富了造园技巧。

（三）宋元明清时期

两宋先后在开封、杭州兴修皇家园林，辽、金、元则先后在燕京一带兴修皇家园林。明代及清代初期，中国园林的发展达到了全盛时期（图 7-2）。

图 7-2　明清时期的园林

这一时期园林的特点主要包括：

（1）功能全。在各个历史时期，园林的功能都有所增加，而至明清后，园林的功能更加完备。当时诸如听政、受贺、宴会、观戏、居住、园游、读书、礼佛、观赏、狩猎、种花等功能，应有尽有，甚至为满足统治者的"雅兴"，还曾在园林中建造商业市街之景。

（2）形式多。作为园林重要组成部分的建筑的形式多种多样，既有建筑群落组合形式，也有单体建筑形式。

（3）艺术化。明清时期的园林风格、布局、景物等已高度艺术化，移步借景、动静结合等艺术美学理论的运用已趋成熟，各种建筑形式及景观融为一体。

相关链接

狮子林中有一处景点，问梅阁。问梅阁是狮子林西部园景的主体建筑，筑于土山之上，阁前遍植梅树。问梅阁周边种有一小片红梅、绿梅，林中铺地也以梅花点缀。重檐巍峨的问梅阁中，悬挂着"绮窗春讯"匾额，取自唐代王维《杂诗三首》"来日绮窗前，寒梅著花未"的诗意。

思政导学

问梅阁内的桌椅都以梅花造型，桌下有精美的梅花雕刻，窗纹、地面都有梅花图案，屏风上的书画也以梅为主题，体现了中国古代文人士大夫的审美情趣。梅花为"岁寒三友"之一，冬末开花，生性耐寒，不惧风雪。"一树独先天下春"的梅花向来被人们视为春天的信使，也被古人称作花中君子。它表现出一种内在的精神美，是冰清玉洁、坚韧不拔、奋勇当先、自强不息等品格的象征。

二、中国古典园林的艺术特点

修建园林的目的是让人回归自然，但是园林源于自然却高于自然，因为园林倾注了人们的审美理想和艺术创造力。因此，园林的湖光山色之中还透露着人的艺术追求和审美情趣。

（一）景色通幽，半露半含

中国古典园林很少让景色一览无余，而常将幽深的意境半露半含，或把美好的景色隐藏在一组景色之后，让人们自己去寻找。园内用建筑、花木、围墙、假山来阻隔视线；又有曲廊、曲径、溪流，弯弯曲曲，迂回曲折，使人几经转折还未窥见全貌，而景色却常走常新（图7-3）。

在这种"不可使景一览无余"的思想指导下，园林设计师还艺术性地运用墙、窗、水等造成虚实对比。一墙之隔是实，一水之隔是虚，墙上漏窗则是实中有虚。一块湖石，几枝翠竹，倚墙而立，自成一景。而墙上设窗，窗外景色和眼前之景互相呼应衬托，明暗相生，相映成趣。

中国古典园林的设计，非常注意讲求天然意趣。园林在平面上很少采用规则的布局，不像宫殿那样

图7-3 "曲径通幽处"

以中轴线为主对称来排列建筑物，而是顺其自然、灵活布局。例如北京的颐和园（图7-4），它是利用自然山水加以人工改造而成的大型园林，园中主体建筑佛香阁北面依山，取山林意境，南面临湖，又得看水意境。颐和园的东北角地势低下，因而以势就势，构成了以水面为中心的谐趣园。

图7-4 北京颐和园

(二)诗情画意，情景交融

南北朝以来的山水田园诗不仅深刻地影响了中国人的审美情趣，还使园林艺术与文学及绘画紧密结合起来，用匾额、楹联、题咏、碑刻来立意点景，为园景增色。唐宋以来兴起的文人画也深刻地影响了园林的建造，古典园林的设计修建往往由文人或画家主持，诗情画意因此成为园林设计的指导思想。

一般园林中的门、楼阁、亭子都有名称，这些名称多为即景点题的词语，如颐和园中的绮望轩。

相关链接

拙政园，位于江苏省苏州市，始建于明正德初年（16世纪初），是江南古典园林的代表作品。距今已有五百多年的历史。拙政园几度分合，或为私人宅园，或是王府治所，留下了许多诱人探寻的遗迹和典故。拙政园与北京颐和园、承德避暑山庄、苏州留园一起被誉为"中国四大名园"。

图 7-5　拙政园远香堂的匾额、楹联

截至 2014 年，拙政园仍是苏州存在的最大的古典园林，占地 78 亩（约合 5.2 公顷）。全园以水为中心，山水萦绕，厅榭精美，花木繁茂，具有浓郁的江南水乡特色。如拙政园远香堂就在建筑之外还装饰了富有诗情美感的匾额、楹联（图7-5）。

思政导学

古典园林设计艺术不仅反映了园林的功能，也反映了人们对自然精神的理解，体现了道家的哲学思想观念。园林设计的中心思想就是"道法自然""天人合一"。我们在欣赏园林景色的同时，也应当体会到自然和人文相互交融带来的美好意境，在发展现代人文文化的同时，也要注意传承古代优秀人文文化，要保护这些世代流传下来的经典园林建筑。

三、中国古典园林的分类

由于园林艺术的不断推广，除了统治者以外，民间的富商或官员也开始在自己的住所兴建园林。因此，按照建园者的身份，中国古典园林可以分为皇家园林和私家园林两种类型。

（一）皇家园林

中国最早的皇家园林一般规模较大，在平面布局上表现出受儒家礼制的影响，建造风格一般色彩雅丽，追求一种富贵之美。

秦始皇统一六国后，在都城咸阳大规模修建宫室，用以炫耀其文治武功，并尽享人间荣华富贵。在渭水南部，兴修上林苑（图7-6），苑中广植花树。秦始皇晚年希望长生不死，故喜好神仙方术，向往海外仙山，但是屡次寻找而不可得，于是在上林苑堆了一座山，名为"蓬莱"，聊以自慰。

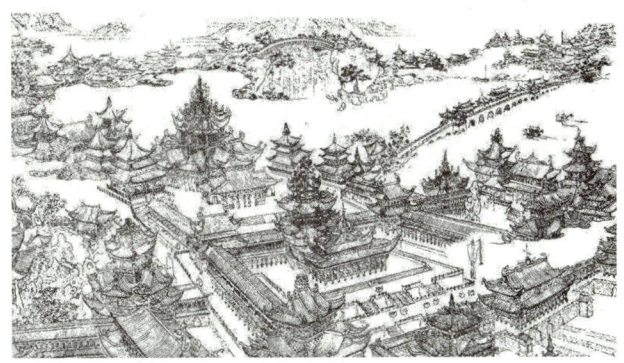

图7-6　上林苑

六朝的战乱之后，隋唐时期皇家园林的修建重新兴旺。隋炀帝好大喜功，认为在他的统治下国泰民安、国力强盛，除了乘龙舟下扬州，还在都城修西苑。西苑以水景为主，园中湖面周长十多里，碧波荡漾，象征蓬莱诸神山的土台山景似浮于烟波之中（图7-7）。

图7-7　西苑

宋时临安建有玉津园、聚景园与集芳园等，当时造园多取太湖石，因此朝廷耗费人力物力运送太湖石。

清代皇家园林修建达到顶峰，以后来毁于英法侵略战火的圆明园与承德避暑山庄及颐和园为代表。被誉为"万园之园"的圆明园，是中国园林艺术的稀世珍宝（图7-8）。

图7-8　圆明园

（二）私家园林

私人修筑园林，从汉代正式开始。当时汉武帝重修上林苑，王室率先，群臣仿效。大将军霍光很喜欢园林；大文人董仲舒发愤读书乃至三年不窥园，可见他也有自己的私家花园。汉代私家建园，同帝王治园一样，其目的也在于显富与享乐。

魏晋南北朝时期，战乱迭起，当时士大夫们常感叹人生短暂，世事无常，于是人们的兴趣便趋向于避开纷扰的社会，向往清静美好的自然，醉心山林，隐逸田园。

私家园林常与住宅相连，占地不多，小者一二亩，大者数十亩。园内景色处理顺应自然，布局灵活，变化有致。私家园林的室内会陈设各种字画、工艺品和精致的家具，这种陈设大大提高了园林建筑的观赏性。在江南私家园林中，楹联、诗词、题咏等与园林相结合，利用文学手段深化了人们对园林景色的理解，启发了人们的想象力，使园林富有诗情画意（图7-9）。

图 7-9　珍珠塔景园

> 在古代，这些私家园林都是私人所有，慢慢到近代才面向公众开放。千百年来，我国第一座私家园林不是出现在江南，而是出现在湖北的襄阳，这里叫作习家池。
>
> 曾经的襄阳侯习郁在这里修堤筑池，引入白马泉的水，然后在池子中央建了一个钓鱼台，两侧摆满了松竹，白马泉的泉水不断地注入，慢慢地形成了一处风景胜地，后人称之为习家池。
>
> 作为我国最古老的私家园林，这里具备了后世园林需要的山水池泉、亭台楼阁，也开创了利用自然山水配合花木房屋修建园林的造园风格，为我国园林的建设奠定了基础，明代造园家计成的著名园林学著作《园冶》将习家池奉为私家园林的鼻祖和典范。

第二节　因地制宜：中国传统民居

民居分布在全国各地，由于各民族的历史传统、生活习俗、条件、审美观念的不同，也由于各地的自然条件和地理环境不同。因此民居的平面布局、结构、造型和细节特征也各不相同，淳朴自然而又有着各自的特色。

民居是我国传统建筑中的一个重要类型，是我国古代民间建筑体系中的重要组成部分。民居的特征，主要指民居在历史实践中反映出本民族地区最具有本质性和代表性的东西，特别是要反映出与各族人民的生活生产方式、习俗、审美观念密切相关的特征。民居的经验,则主要指民居在当时社会条件下如何满足生活生产需要和与自然环境斗争的经验,如民居结合地形的经验、适应气候的经验、利用当地材料的经验及适应环境的经验等,这就是通常所说的因地制宜、因材致用。

一、四合院

北京、山西、陕西、河北等北方地区都有四合院这种传统民居,最简单的四合院仅由一个院子组成,较大的四合院是由三四个院子组成的,社会地位高的富有人家居住的四合院甚至是由好几座四合院并列组成的。这种以方形为主的院落结构会随着家族的不断壮大和新成员的不断增添,以方形院落的形式呈辐射式不断地向外扩张,最后就会形成一种独特的院与院相接的民居形式。

(一)四合院的格局

四合院既是我国传统建筑的代表,也是民居的典型,是一种以庭院为中心的一进或多进建筑。由于格局为一个院子四面建有房屋,通常由正房、东西厢房和倒座房组成,从四面将庭院合围在中间,故得名"四合院"。四合院的大体分布为大门、第一进院、大堂、第二进院、书屋、住宅等,两侧有厢房,各房有走廊、隔扇门相连接(图7-10)。

传统的四合院建筑基本采用中轴对称、前堂后室、左右两厢的建筑格局,从自然环境、社会结构和文化观念等方面很好地满足了人们社会活动和家庭生活的需要。

图 7-10　四合院

(二)四合院的构造

旧时女子在没有出嫁之前,家规甚严,是不允许随便出门抛头露面的,这在很多古典文艺作品中都有体现。而"大门不出二门不迈"中的"大门"是指四合院的正门(图7-11),"二门"是指垂花门。

垂花门是指沟通四合院内院和外院的门,垂花门从外观上看就是一扇带有屋檐的小屋子。垂花门通常占天不占地,这也是垂花门的特色之一。因此垂花门内有很大的空间,从而给家庭主妇与女性亲朋好友的话别提供了极大的方便。

图 7-11　四合院的正门

经过垂花门，就是四合院的中院，中院后面是后院，后院住的往往都是家庭中的女性，古时候讲究这些礼数，女性是不可以擅自走出门的。当然，中院的男性也不能随意进入，否则也失了礼数。如果家中有客人到访，则是先由奴仆将其领到南房，再通知主人。

（三）四合院的装饰

四合院的装修及一些雕饰也处处体现着中国的传统文化和民俗民风，表现出人们对美好幸福生活的追求。例如，以蝙蝠和寿字组成的图案，寓意"福寿双全"；以花瓶内安插月季花的图案，寓意"四季平安"。

影壁是北京四合院正门内外的重要装饰壁面，主要作用在于遮挡大门内外杂乱呆板的墙面和景物，对正门的美化，通常是砖砌。简单一点的影壁可能没有什么装饰，但也必须磨砖对缝非常整齐，豪华的影壁通常装饰有很多吉祥的图样。

相关链接

四合院内相对严格的宅居分配方式深受儒家礼教影响：正房坐北朝南，是家主所居之地；东西两侧的卧室（耳房）也有尊卑之分，东侧为尊，由正室居住，西侧为卑，由偏房居住；东西厢房则由晚辈居住；后罩房则主要供未出阁的女子或女佣居住。

思政导学

在中国古代，儒学渗透于社会的方方面面。儒家主张"中正"、"仁和"、协调统一、不偏不倚、包容万物的中庸之道。其中心思想是承认事物是有对立面的，对立面是可以统一的，对立之中无优劣之分。以此观点来看，居住建筑空间文化的内外、封敞、遮露、人工与自然等对立因素，都不是绝对对立、分离的，是可互相转化的，应该把它们统一起来——北京四合院正是这种思想的反映。

二、黄土窑洞

由于北方平原地区较多，土地广袤，人口相对稀疏，因此建筑民居常常选择平坦地段。但是北方民居也并非都是建立在平原上的，黄土高原沟壑纵横、地形变化万千，分布在这里的民居以窑洞为主。窑洞也是北方传统民居的典型代表，它体现了黄土高原地区的乡土人情和民俗风情，开创了中国传统建筑中的"黄土文化"，被誉为"东方一绝"。这些窑洞或是顺着沟壑的等高线分布，或是潜隐在大片的土塬之下，依山沿沟，层层叠叠，高低起伏，形成了颇为壮观的景象。

（一）窑洞产生的原因

我国黄河流域有大片深厚的黄土层，据说最深处可以挖下去 200 米。经过无数年的风风雨雨，流水冲刷，形成了许多陡峭的土壁地沟（图7-12）。因此，当地的人们因地制宜，挖洞而居，不仅节约了建筑材料，也不会破坏生态环境。窑洞防噪声、防火、冬暖夏凉，是因地制宜的完美建筑形式。

图7-12 黄河流域的黄土地貌

（二）窑洞的特点

窑洞是利用黄土高原土层深厚、渗水性差、直立性强的特点，依山靠崖，凿土挖洞，供人居住。窑洞建筑最大的特点就是冬暖夏凉，传统的窑洞空间从外观上看是圆拱形，虽然很普通，但是在单调的以黄土为背景的情况下，圆弧形更显得轻巧而活泼（图7-13）。

图7-13 建造在黄土高原上的窑洞

陕西窑洞主要分布在陕北地区，指延安、榆林等地的窑洞式住宅。它建在黄土高原的沿山与地下，是天然黄土中的穴居形式。窑洞的建造者不破坏生态，不占用良田，加之经济省钱等优点，因此被当地人民群众广泛采用。

窑洞的墙壁和屋顶都很厚，其既不易从大气中吸热，也不易向大气中散热，因此窑洞里的温差变化不大。此外，窑洞的窗户都不大，这也与当地独特的地理环境有关。黄土高原黄沙漫天，尤其是在冬季，寒风里夹杂着沙土，刮进屋子会形成很厚的灰尘，因此窑洞的窗户都比较小，有利于遮挡风沙。

相关链接

延安窑洞是陕西省的地方传统民居形式之一，具有十分独特的地方文化和民俗风情。延安的窑洞分土窑、砖窑和石窑等。砖窑、石窑是在土窑洞的基础上用砖块、石头做建筑材料，坚固耐用。挖窑洞时，先修"窑面"，即在山坡上挖一竖截面，然后向纵深挖掘。一般窑高3米、宽3米、深6米至8米。门窗用木框，窗户上糊纸或镶玻璃。窑洞里的陈设非常简单，有木桌、木椅、土炕和农家的一些物件。延安窑洞冬暖夏凉，为人们创造了一个舒适的生活环境。

思政导学

窑洞是劳动人民最亲切的家，它们象征了一种"待寰入尘，与众悲欢，始信从中另有天"的博大情怀，象征着一种"撸起袖子加油干"的踏实奋斗精神！

三、客家土楼

客家土楼，这个"中国南方山中的传奇"，以其浓郁的神秘色彩吸引了许多中外学者和游客。它的神奇、它的隐秘令人惊叹，引人入胜。

（一）客家土楼产生的原因

客家土楼最集中的地区是永定、南靖及平和，此外在漳州市的漳浦、云霄、华安、诏安，泉州市的南安、安溪、惠安都有土楼。这个地区历史上曾较为蛮荒，人们只能聚族而居以策安全。在古代动乱的年代，山区土匪出没，防卫成了第一需要，遂形成这种一个家族数百人聚居的防卫性极强的居住形式（图7-14）。

图7-14　客家土楼远景

圆楼就地取材，以一米多厚的夯土墙围合，四周广设箭窗，唯一的出入大门外包铁皮，门上设水槽，可形成水幕以阻火攻。圆楼的底层为厨房；二层做谷仓，对外均不开窗；三、四层以上的卧房对外也只开小窗，有的楼在顶层外墙内侧设有"隐通廊"，以便在防御战中灵活地调兵遣将，相互救援。同时楼内有水井、储粮，极有利于长期固守。凭借土楼内部这牢固的防卫体系，在当时的条件下足以抵御外部的猛烈攻击。

（二）客家土楼的造型

客家土楼多姿多彩、形式各异，按外观造型分为三类：五凤楼、方楼（图7-15）和圆楼（图7-16）。其中以圆楼最具特色、最引人注目，被日本学者比作"天上掉下来的飞碟"。

图7-15 方楼

图7-16 圆楼

圆楼的外围是十几米高的、圆圆的、封闭的土墙和巨大的瓦顶出檐。仰望这庞然大物，你能直观地感受到它的壮丽与雄伟。走进圆楼唯一的大门，你会发现与外围厚实的土墙完全不同，这里是圆圆的木头的世界。环周几十开间的木结构房屋连成一串，一层层回廊、一排排木柱组成极有节奏的重复韵律，黑色的瓦顶勾画出一个圆圆的天空。圆楼的外观犹如一座壁垒森严的城堡，其内院则是数百人聚居的充满生活气息的居住空间。正是这种对比令人惊叹，正是这种完全圆形的楼体令人震撼。

（三）客家土楼的特点

客家土楼建筑具有充分的经济性、良好的坚固性、奇妙的物理性、突出的防御性等特点。

1. 充分的经济性

客家土楼的主要建筑材料是黄土和杉木。在客家人聚居的闽、粤、赣三省交界地区，这两种材料取之不尽。特别是黄土，取自山坡，因而不存在破坏耕地问题。旧楼若须拆除重建则墙土可以重复使用，或用于农作物肥料，不会像现代砖石或混凝土房屋那样产生大量的建筑垃圾。

2. 良好的坚固性

圆筒状结构能极均匀地传递各类荷载，同时外墙底部最厚，往上渐薄并略微内倾，形成较稳定的向心状态，在一般的地震或地基不均匀导致地面下陷的情况下，土楼整体不会发生破坏性变形。而由于土墙内部埋有竹片木条等水平拉结性筋骨，使土楼即便因暂时受力过大而产生裂缝，对于整体结构而言，也并无危险。

3. 奇妙的物理性

客家土楼的墙体厚达 1.5 米，因而热天可以防止酷热进入，冷天可以隔绝寒风侵袭，楼内形成一个冬暖夏凉的小气候。所以说，厚实土墙具有其他任何墙体都无法相比的调节作用。

4. 突出的防御性

古代客家人时常遭遇外部袭击，恶劣的生存环境迫使客家人极其重视防御，他们将住宅建造成一座易守难攻的坚固堡垒，聚族而居。土楼内水井、粮仓、畜圈等生活设施应有尽有，使客家人获得了足够的安全保障。在客家人中间，流传着很多"敌人久攻不下，大楼安然无恙"的故事。

相关链接

建造土楼的第一步便是确定建筑规模和选址。土楼大多建于丘陵或山地，为节省用地，在建造一座土楼之前，建造者会根据家族人口的多少来确定土楼规模，并尽可能地在土楼周边预留一定的空间，目的是当楼内人口接近饱和时，后辈人还可以在周边进行扩建或再建。

当年的客家人十分重视风水，他们认为，风水的好坏会关系到整个家族的兴衰，因此在建土楼前，选好地址后一定会请风水师前去勘察。土楼建造受到中国古代"天人合一"的思想及人与自然和谐统一自然观的影响，风水师会严格遵循阴阳、五行为代表的建筑思想体系，将土楼的布局与地势、水势、风向等统一起来。

思政导学

客家土楼反映了客家人团结互助、敬老尊贤、礼貌文明、知书达理的传统美德。一般来说，一座土楼聚居着一个家族，人们相互之间和睦共处、尊老爱幼。逢年过节，男女老少齐集正屋上厅祭拜祖宗，在正中大门前的禾坪上舞龙舞狮，敲锣打鼓，尽情欢乐，呈现出一派喜悦、祥和的景象。

第三节 巧夺天工：中国传统雕塑

中国传统雕塑在中国艺术史上有着极其重要的地位，早在文字产生之前就有着悠久的历史，融汇着中华民族的文化素养、审美意识、思维方式、哲学思想，是历史发展的一个侧面见证。传统雕塑作品不仅具有极高的审美价值，还折射出当时的自然环境、人文精神，反映出民族的、宗教的、经济的种种状况，以及时代风貌、地域特色、流派传承、工艺材料等许多艺术背景信息。中国传统雕塑是前人留下的宝贵艺术遗产。

第七章 匠心独运：传统建筑与雕塑艺术

一、中国雕塑的历史沿革

中国雕塑的起源可以追溯到史前时期。在传说中的黄帝、尧舜时代，人们用木头、石器等雕刻出人或物的形状，用于祭祀、驱邪、礼仪等场合。到大禹时期，天下平定，人们铸造九鼎以求驱邪庇佑。这时候的鼎，便是中国青铜雕塑的开始。中国古代青铜工艺精湛，工匠们在青铜器上雕刻出花纹、雷纹等图案，用来装饰器物。

（一）雕塑与石窟

提起雕塑艺术，不可不谈"四大石窟"，而石窟雕塑又与佛教在国内的发展密不可分。公元1—2世纪，犍陀罗古建筑中开始出现佛像雕塑，这是世界建造佛像的开始，中国受犍陀罗美术影响尤其深远。起初佛像都是从丝绸之路传入我国的，而晋代实际上是中国制造佛教雕像的开始，甘肃炳灵寺石窟就是在西晋初年开凿的。

炳灵寺存有窟龛183个，共计石雕造像694身、泥塑82身、壁画约900平方米，分布在大寺沟西岸长约200米、高60米的崖面上。炳灵寺石窟的石刻造像，时代不同，风格各异。不论是西秦的剽悍雄健还是北魏的秀骨清像，不论是北周的珠圆玉润还是隋唐的丰满夸张，或是宋代的求变写实，都采用了以形写神，形神兼备，重在写神的传统技艺，它们是佛教观念、信仰、情绪的物化艺术形式。其造型和雕饰，既笼罩着神奇的宗教气氛，又极富现实的生活情趣。造像的主题丰富又全面，佛陀的庄严肃穆，祥和可亲；菩萨的含情脉脉，亭亭玉立；弟子的幼稚天真，深沉世故；天王的勇猛暴烈，怒目而视，无不塑造得栩栩如生，细致入微。

（二）雕塑的主体：佛雕

从南北朝时期开始，佛教盛行，中华文化受到佛教文化的影响，雕塑也渐渐受到影响。

云冈石窟雕刻源于西域，但在传入中国时融入了汉族传统样式，并且在后来受到印度艺术的较大影响，可谓世界雕刻艺术的集大成者（图7-17）。北魏孝文帝时期，龙门石窟开始凿造。龙门石窟在龛窟布置上与云冈石窟基本一致，不过匠人手艺有所不同，而石料也更好一些。龙门石窟中最古老的是古阳洞，由比丘慧成主持、孝文帝大力支持而完成。

图7-17　云冈石窟中的佛像

> **相关链接**
>
> 　　莫高窟、云冈石窟、龙门石窟并称"中国三大石窟群"。
> 　　位于山西大同境内的云冈石窟，可谓中国佛造像艺术的典范。留存至今的石窟东西长约1公里，编号洞窟45个，附属洞窟209个，大小造像59 000余尊，其中最大的佛像高17米，最小的仅2厘米，总雕刻面积约1.8万平方米。云冈石窟中的菩萨、力士、飞天形象生动活泼，塔柱上的雕刻精致细腻，上承秦汉现实主义艺术的精华，下开隋唐浪漫主义色彩之先河。
> 　　位于河南省洛阳市的龙门石窟是世界上造像最多、规模最大的石刻艺术宝库。它南北长达1公里，现存洞窟像龛2 345个，造像11万余尊，其造像多为皇家贵族所建，是世界上绝无仅有的皇家石窟。
> 　　位于甘肃省敦煌市境内的莫高窟（俗称千佛洞）规模巨大，有洞窟735个、壁画约4.5万平方米、泥质彩塑2 415尊，是世界上现存规模最大、内容最丰富的佛教艺术圣地。

> **思政导学**
>
> 　　莫高窟之所以重要，是因为其承载的敦煌文化具有极为重要的历史意义。以莫高窟为代表的敦煌文化，集建筑艺术、彩塑艺术、壁画艺术、佛教文化于一身，历史底蕴雄浑厚重，文化内涵博大精深，艺术形象美轮美奂。随着社会的不断发展，我们应当重视对这些历史文化古迹的保护，让古人的艺术结晶一代代传承下去。

二、雕塑的取材与风格

　　《考工记》曰："天有时，地有气，材有美，工有巧，合此四者，然后可以为良。"这是中国古代一个非常深刻的造物原则和价值标准，包含从自然到人工的全面要求。这种造物观在中国造型文化中有生动反映，那些蜚声中外的古代精美作品，如商周玉器、战国漆器、汉代织锦、宋代陶瓷、明代家具等，就是出于古代工匠对中国古典造物原则的深刻认识和把握。

（一）雕塑的材料

　　中国古代雕塑用材丰富多彩，除了金属材料外，还有大量直接取材于自然或在原始自然环境下进行创作的作品。木刻、石刻、玉刻、泥塑等都是中国传统雕塑中的重要组成部分，而石窟这一中国雕刻艺术的杰出代表更是直接依托天然环境而创作的（图7-18、图7-19）。

　　无论是传统农业社会下中国人民对自然的敬畏，还是中国传统哲学中文人对自然的崇尚，"道法自然""天人合一""万物有灵"等观念始终在深刻影响中国传统艺术的发展。

图 7-18 古代泥塑

图 7-19 古代石刻

（二）雕塑的内容

在雕塑方面，除了材料上强调自然质感之美外，在雕塑内容上也非常重视对自然的刻画。从早期陶器、青铜器装饰雕刻到各代帝陵的表饰雕刻，从皇宫建筑雕塑到居民建筑雕塑，从王城御道华表雕刻到农民房前屋后拴马桩雕镂，无不以动物为题材。丰富多样的动物雕塑构成了中国雕塑的重要内容（图 7-20）。

图 7-20 古代的动物雕塑

中国的动物雕塑从功能上可分为两类：一类是作为家畜或交通工具的一般性动物，另一类则是富有神灵意味的"灵兽"。一般性的动物雕塑多见于明器中，因为家畜家禽是财富的标志，例如，战马是王族大家权威和武功的象征，所以多被陪葬入墓；而生活气息浓厚的"灵兽"则是起通神作用的。

除人物、动物的题材之外，中国雕塑还有许多直接以自然山水为题材的作品。在中国人的观念中，正如动物富有灵性一样，自然山水也富有灵性。

（三）雕塑的风格

中国传统雕塑历经数千年的发展演变，在不同时期呈现各具特色的艺术风格。中国传统雕塑风格大致分为八种类型。

1. 原始朴拙意象风

原始朴拙意象风的生成，基于原始人主客未分的混沌心理状态。泛神论与空间恐惧在此演化为造型手法的稚拙与朴野，这种意象反映了原始人对事物的模糊直觉，在造型上体现为把对象归纳为简单、不规则的几何形，是盛行于后世的写意风与抽象风的基础。

2. 商代诡魅抽象风

东方的抽象带着神秘主义色彩，它是万物有灵与抽象本能的结合。其神秘，是指富于图腾意味；其抽象，是指视复杂事物为简单事物的概念（图7-21）。

3. 秦俑装饰写实风

秦俑的写实风，带着装饰意味，相较于商代的抽象更贴近生活的情感及自然形体的特征。众多人物的塑造在装饰风手法的统一

图 7-21　商王武丁时期玉牛

之下，整体气势更觉恢宏。秦俑在一些局部和人物背后的刻画方面极为用心，它展示的是多维空间（图7-22）。

4. 汉代雄浑写意风

汉代的意象风是中国雕塑最强烈、最鲜明的艺术语言，它是可以与西方写实体系相对立的另一体系。汉俑的一个重要风格特征是每个俑都有着欲与外部联系的表情或动态趋势，有着欲与他人交流的情形（图7-23）。

图 7-22　兵马俑

图 7-23　汉代的雕塑

5. 佛教理想造型风

在佛教理想造型风中，庄严与慈悲是超越现实造型的精神基础。从形式看，如果说汉代雕塑重"体"的话，佛教艺术则发展了中国雕塑艺术中"线"的元素。这主要是由于画家参与了佛像范本的创制（图7-24）。

6. 宋代俗情写真风

宋代写真风的特点可归纳为：题材世俗化、形象生活化、心理人情化、手法逼真化，内容及形式与宗教教义背道而驰，形成表现生活的画卷（图7-25）。

图 7-24　佛教风格的雕塑　　　　　　　　　图 7-25　宋代的雕塑

7. 帝陵程式夸张风

大型陵墓石刻开始于汉代，南朝和唐代的作品代表了陵墓石刻的较高成就。南朝时期的神兽"辟邪"与原始图腾、楚汉浪漫同属一个造型体系，通过对比因素在视觉上造成体量的庞大、凝重、厚硕，时时聚集着冲击的张力，在中国雕塑史上，是对造型的巨大贡献，工艺性强，且有气贯长虹的生动气韵（图 7-26）。

8. 民间朴素表现风

民间艺术的表现性是对生活的歌颂，在这种心态之下创作的艺术，其特点是题材丰富、情感纯真、手法自由、造型生动，如糖人、面人、泥人及南北各地木雕（图 7-27）。

图 7-26　陵墓石刻　　　　　　　　　　　图 7-27　古代的民间木雕

思政导学

> 在校园中，我们能看到各种名人雕塑。这些名人雕塑展现了传统优秀伦理道德和时代的主导思想。这种物化了的精神载体，可以在一定程度上反映学校的整体价值观和审美品质，是对学生进行德育、美育的绝佳素材。

相关链接

兵马俑，即秦始皇陵兵马俑，亦简称秦兵马俑或秦俑，是第一批全国重点文物保护单位的第一批中国世界遗产，位于今陕西省西安市临潼区秦始皇陵以东1.5千米处的兵马俑坑内。

兵马俑是古代墓葬雕塑的一个类别。古代施行人殉，奴隶是奴隶主生前的附属品，奴隶主死后奴隶要作为殉葬品为奴隶主陪葬。后来人们逐渐不再以真人而改用人形的俑陪葬。兵马俑里俑的一类形制，即制成兵马（战车、战马、士兵）形状的殉葬品。

1961年3月4日，秦始皇陵被国务院公布为第一批全国重点文物保护单位。1974年3月，兵马俑被发现。1987年，秦始皇陵（含兵马俑坑）被联合国教科文组织批准列入《世界遗产名录》。秦始皇陵兵马俑被誉为"世界第八大奇迹"，是中国古代辉煌文明的一张金字名片，又被誉为世界十大古墓稀世珍宝之一，前后约有200多位外国元首和政府首脑前去秦始皇陵参观。

三、绘画与雕塑的结合

中国以土质为材料的雕塑艺术从来就是与彩绘结合在一起的。新石器时代灿烂的彩陶文化是塑绘结合的产物，许多陶器上都绘着赤黑等色的几何形、动物形、旋涡形等各种纹饰，有的器盖上绘着人头像，五官与头发、胡须都甚为鲜明。新石器时代的动物人物陶塑、泥塑也多敷有色彩。

不仅陶塑、泥塑与彩绘结合在一起，中国的石雕、木雕等硬质材料的雕刻也是如此。楚文化中的木俑，躯体与四肢用木板裁雕而成，面部凸起的鼻子为雕出的，而眼睛口唇则是绘出的，衣服及腰带等饰物也常常是仿照织物的样子描绘出来的。

（一）彩绘

中国民间关于塑像有"三分坯子七分画""塑其容，绘其质"这样的俗语，可见在雕塑中，彩绘的作用是相当大的。秦陵兵马俑均以色彩绘饰细部，汉代彩绘陶俑至唐代发展为色彩华美的唐三彩（图7-28）。敦煌、麦积山及各地寺院里的彩塑佛教造像，均为敷彩的泥塑。

图7-28　唐三彩骑驼陶俑、唐三彩三花马（局部）

雕塑与彩绘的结合使得中国的雕塑既有形象生动的立体感，又有绘画般的笔墨情趣和色彩美感，能同时给人以丰富的美感。

（二）线条

在中国古代的绘画、雕刻中，线条的作用是一致的。在中国传统雕塑中，线成为雕塑独特的语言要素、审美形式，线的滞涩、流畅、静穆、飞扬赋予了雕塑不同的精神风貌。线为神韵而生，典雅、悠游、流畅、圆润、华滋、静穆，它的功能一般有三种：一是表现轮廓，二是表现体积，三是表现精神。

绘画与书写的笔是富有弹性、适宜于变化的；雕刻的雕刀却是硬质的，不宜于变化，而中国雕塑艺人却能"运刀如运笔"，创造出富有弹性、富有变化的线条，在人物衣纹的处理方面更能见出线条的功夫、线条的魅力。雕塑中展现的衣物纹理常常富有韵律和节奏感，衣褶层叠的线条婉转自如，将衣内人体的动势巧妙地表现出来，且线条本身还起到了装饰作用，人体本身的美感和生气也通过线条的韵律得到充分流露（图7-29）。

图 7-29　雕塑中展现出的衣物纹理

（三）写意传神

虽然雕塑是立体的三维艺术，绘画是平面的二维艺术，但由于两者一样重视写意，精神的相通使得中国雕塑家手中凝重的青铜器、石头、泥块具有了灵巧飞动之势。

霍去病墓前的石刻是中国雕塑写意传神的一大代表，它以原石、原形为体，开创了望石生意、因材雕琢的创作方式（图7-30）。这种方式的哲学根基是"天人合一"的思想，一方面尊重自然、时间对石头的"炼就"，另

图 7-30　霍去病墓前的石刻——马踏匈奴

一方面融入人的创造。中国雕塑直接借助原石的方式，则是自觉或不自觉地利用了自然的力量，这对建于室外的纪念碑雕塑无疑是最为合适的艺术表达方式。

相关链接

戴逵是史上著名的雕塑家兼画家，少负才名，善属文，能鼓琴，工书画，其余巧艺靡不毕载。《晋书》列于《隐逸传》中，称其："性高洁，常以礼度自处，深以放达为非道。"戴逵巧思，善铸佛像及雕刻，他曾造一丈六尺高的无量寿佛木像及菩萨像。"至于开敬，不足动心"，所以隐于帷中，密听大众的议论，不论褒贬，自会于心，以至于"积思三年，刻像乃成"。

思政导学

雕塑与绘画一样，传达着创作者的思想感情，是中华文化的艺术结晶。我们在观摩这些雕塑作品时，不仅要从艺术角度了解它们的技巧和造诣，更要从深层次了解创作者的思想情感，并将这些思想情感，如忧国忧民、保家卫国等，进一步传承下去。

思考与实践

思考：

1. 我国历史悠久、幅员辽阔，古建筑虽在历史上几经沧桑但留存的数量仍然不少，在民间亦有不少亟待发现和保护的遗存。大家怎样看待那些铭刻着祖先智慧和民族记忆的古老建筑？请大家思考一下，可以采取哪些措施来有效保护我国历史上遗留下来的知名古建筑及民间遗存的古建筑？

2. 阅读梁思成的《中国建筑史》，思考当代中国建筑对传统建筑做了哪些方面的继承和变革。

实践：

1. 请你选取国内一个地方（如你的家乡）最著名的建筑景观，讲解该建筑的历史沿革、建筑特色及其所体现的文化内涵。

2. 请你在网上收集一些中国传统建筑的图片和视频，组建一个中国古代建筑的讨论组，进行资源共享。

3. 请围绕"最美中国雕塑"这一主题，和同学一起组成兴趣小组，收集相关资料和图片并制作PPT，向全班同学做成果展示与汇报。

第八章 绚丽多彩

传统服饰与习俗

服饰是文化构成的一个缩影，是人类文明和审美思想的指向标，反映着中华民族在不同历史时期的社会风貌、思想文化和传统理念。《春秋左传正义》中说："夏，大也。中国有礼仪之大，故称夏；有服章之美，谓之华。"中国又称"华夏"，其来源就在于此。服章，简单来说，就是服饰。中国传统服饰作为中华民族演进和发展的重要载体之一，是"衣冠上国""礼仪之邦""锦绣中华"的体现。服饰既是劳动人民智慧的体现，也是人类物质文明和精神文明的一面镜子，承载着一个历史时期的文化心态、思想观念、礼制审美和生活习俗等。大概从服饰起源的那天起，人们就已将生活习俗、审美情趣、色彩爱好，以及种种文化心态、宗教观念，都沉淀于服饰之中，构筑起了绚丽多彩的服饰文化精神。四时节令是我国独有的按季节之序所施行的仪式和节庆活动，与之对应的二十四节气，准确地反映了自然节律变化，在人们日常生活中发挥了极为重要的作用。它不仅是指导农耕生产的时节体系，更是包含丰富习俗内容的民俗系统。二十四节气蕴含着悠久的文化内涵和历史积淀，是中华民族悠久历史文化的重要组成部分。

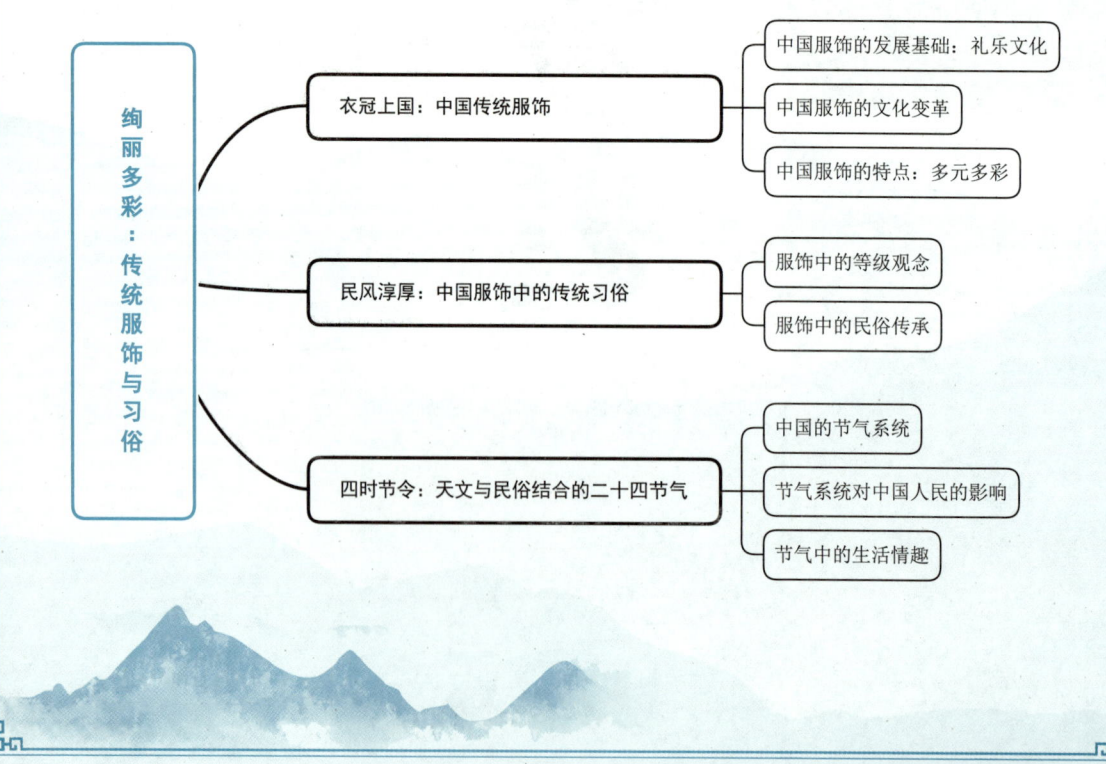

第八章 | 绚丽多彩：传统服饰与习俗

学习目标

知识目标：了解中国传统服饰、习俗的形成和演变，了解其与中国传统文化的关系。
能力目标：能辨认出中国一些民族的常见服饰，能感受、分析中国传统服饰之美。
思政目标：通过了解民族服饰，深刻体会中国各民族的服饰文化和习俗，培养民族人文素养，激发对我国传统服饰的热爱，形成对着装的正确审美观。

学习重点

从服饰的演变和发展的角度出发，学习中华传统服饰的习俗和内涵，探索其中的文化根源，体会服饰中的"求同存异"。

情境导入

风行于20世纪20年代的旗袍，脱胎于清代满族妇女服装，是由汉族妇女在穿着中吸收西洋服装样式不断改进而定型的。当时尚无专业服装研究中心，服装式样是经过千家万户，在时代风尚的影响下不断变化的。从20世纪20年代至40年代末，中国旗袍风行了20多年，款式几经变化，如领子的高低、袖子的长短、开衩的高低，使旗袍彻底摆脱了老样式，改变了中国妇女长期以来束胸驼背的旧貌，让女性体态与曲线美充分显示出来，正适合当时的风尚，为女性的解放立了大功。青布旗袍最受当时的女学生欢迎，一时风行，全国仿效，几乎成了20世纪20年代后期中国新女性的典型装扮。

值得一提的是，当时作为领导服装潮流的摩登女郎、交际名媛、影剧明星等，在旗袍样式上的标新立异，也促进了它的发展。自20世纪30年代起，旗袍几乎成了中国妇女的标准服装，民间妇女、学生、工人、达官显贵的太太，无不穿着。旗袍甚至成了交际场合和外交活动的礼服。后来，旗袍还传至国外，为他国女子效仿穿着。

第一节　衣冠上国：中国传统服饰

中国服饰有着悠久的历史，并且在发展中逐步形成自己的文化。中国服饰文化，从宏观的服饰文化观念到着装配饰与妆容的搭配法则，都融汇了影响中国几千年的礼乐文化。服饰文化也是中国礼乐文化中十分重要的部分，同时，在中国服饰的发展史上，儒家、道家等思想意识起到了贯穿始终的作用，它们是中国服饰发展的灵魂。

一、中国服饰的发展基础：礼乐文化

中国古代礼乐文化源于儒家经典《仪礼》《周礼》《礼记》。在孔子的思想中，服饰是礼的一种具体体现，服饰的安排及规定并非形式上的烦琐仪式，而是与齐家治国平天下相关的一部分，是君子才与德的体现。孔子在《论语·尧曰》中说，"君子正其衣冠"，这句话不仅仅指穿戴衣饰要整齐以示自身的教养，还暗示衣冠整齐、得体本身就是君子最基础的礼仪。不仅如此，服饰还可以代表一定的社会身份和品位。因此衣冠不整的人被认为是羞耻的。

（一）冠冕制度

中国服饰是礼的一种表现，其突出例子就是冠冕制度。冠冕制度具体分为冕冠和冕服，是从帽子和服装上体现的严格的等级制度。

先来看冕冠，冕冠就是礼帽，外黑内红。冕冠是中国古代最重要的冠式，它始于周代，是天子、诸侯、卿大夫在参加祭祀等典礼活动时所戴的等级最高的礼冠。以君王的冕冠为例，盖在顶上的叫冕延，旒数按典礼轻重和着服者的身份而有所区别，其中规格最高的为天子祭祀用的大裘冕和天子吉服的衮冕，冕延的前后各有12串贯穿着玉珠的冕旒，每串有12颗玉珠，共计288颗。天子其他场合所戴冕冠的冕旒少于此数，诸侯、卿大夫冕旒依等级有差。在两耳不远处，各有一颗玉珠，称为悬瑱或充耳，意在提醒君王勿轻信谗言。君王的冕冠如图8-1所示。

冕冠之后，再来说冕服。在周朝，君王的冕服有六种，称为六冕制，即在祭天、会宾、大婚等不同场合下分别需要穿的不同冕服，有大裘冕、衮冕、鷩冕、毳冕、絺冕和玄冕六种。君王的冕服如图8-2所示。其他诸如公、侯、伯、子、男等，其所能穿的冕服种类依次减少，装饰规格也依次降低，充分反映了古代的等级与礼制。

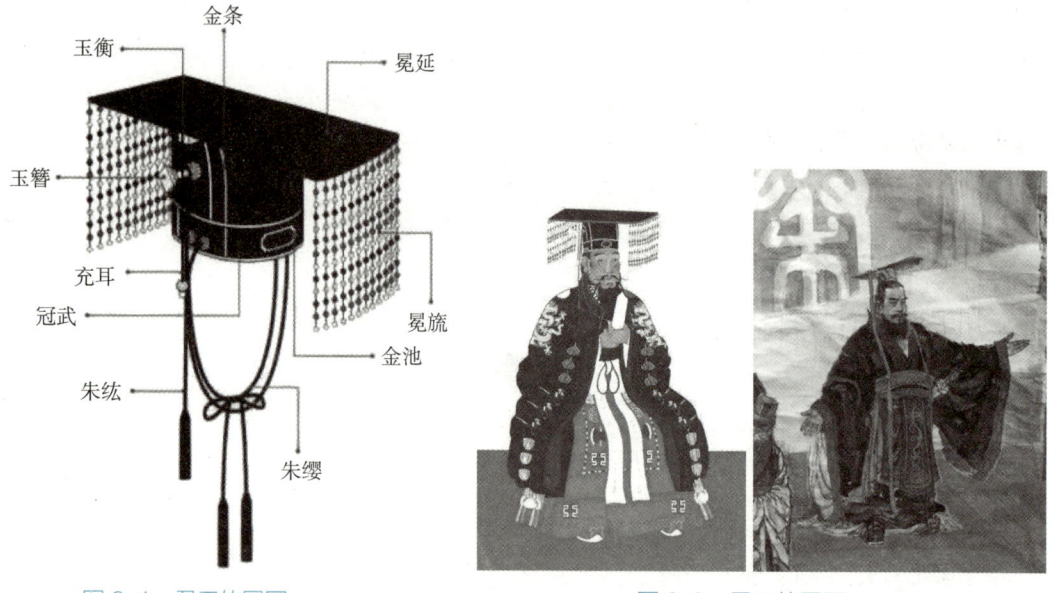

图8-1　君王的冕冠　　　　　图8-2　君王的冕服

（二）龙凤图案：权力的象征

体现权力和身份地位的古代服饰中还有个特点，就是服饰中的龙凤图案（图8-3）。龙凤图案是中华民族服饰最富有特色的纹样之一，它不仅积淀了深厚的华夏文明，也体现了中华传统文化的核心理念。在中国古代，龙凤图案长期是皇权的专用纹样，象征着权力。

图 8-3　龙凤图案

龙凤图案在特定的社会文化背景下，运用于服装上且经久不衰，同时也储藏着浓厚的中国品位，它表达的是人们对美好生活的向往，对幸福未来的憧憬，对吉祥的渴望和世代相传的祝福。"龙凤呈祥""龙飞凤舞"等成语都寓意美好的事物，这是千百年来根植于人们思想中的印记和传统理念。

（三）服饰的材质与样式

除了冠冕制度和龙凤图案之外，古人对于衣服的材质和样式也有详细的分类，根据社会地位的不同，人们只能穿自己所处阶级的布料制作而成的衣裳。

1. 材质

粗糙的麻、毛编织品和细致一些的布，是平民百姓的服饰布料（图 8-4）。达官贵人的服饰布料则多是绫罗绸缎、丝帛锦绢。《红楼梦》第三回写林黛玉眼中的王熙凤，对其服饰有重点描写：身上穿着缕金百蝶穿花大红洋缎窄裉袄，外罩五彩缂丝石青银鼠褂；下着翡翠撒花洋绉裙，把富贵显达的身份表现得恰如其分。

图 8-4　麻制作的衣服

2. 样式

传统服饰样式的适中也是中庸礼仪之道，即讲求一种含蓄美。以汉代女子服饰为例，汉代女服以曲裾深衣为尚。深衣的衣裙曳地，行不露足；衣袖有宽窄之分并多有镶边；衣领可以露

出三层衣领，也称为"三重衣"。全身尽显层次感和含蓄之美。

唐朝女装领子的款式富于变化，有圆领、方领、斜领、直领等，最具特色的则是袒领。如周昉《簪花仕女图》这样的画作和"粉胸半掩疑晴雪"这样的题咏，就是对这种时尚的描绘。如此开放的社会风尚，是丝绸之路开通以来异族文化不断渗透与各族文明交融、交汇的结果。

相关链接

深衣是上衣和下裳连在一起，用不同色彩的布料作为边缘（称为"衣缘"或"纯"），其特点是使身体深藏不露，雍容典雅。

思政导学

中国古代服饰规则充分体现了中国古代文化礼制的特点。在现代社会中，已没有了古代的繁文缛节、等级划分，但人们仍然应当注意自己的衣冠整洁。这不仅仅是一种外形的印象，更是一种礼节。

二、中国服饰的文化变革

（一）清朝以前的服饰

清朝以前的服饰，代表性的有商周服饰、秦汉服饰和隋唐服饰等。

1. 商周服饰

商代衣服材料主要是皮、革、丝、麻。由于纺织技术的发展，丝麻织物已占重要地位。商代人已能精细纺织极薄的绸子，提花几何纹的锦、绮和机织的罗纱。衣料用色厚重。

西周时，等级制度逐步确立，周王朝设"司服""内司服"官职，掌管王室服饰。根据文献记载和出土文物分析，中国冠服制度初步建立于夏商时期，到周代已完整完善，春秋战国之交被纳入礼制。王室公卿为表示尊贵威严，在不同礼仪场合，顶冠既要冕弁有序，穿衣着裳也须采用不同形式、颜色和图案。从周代出土的人形文物看，其服饰装饰虽繁简不同，但上衣下裳已分明，奠定了中国服装的基本形制。

2. 秦汉服饰

这一时期的衣料较春秋战国时期更丰富，汉服的深衣也得到了新的发展。特别在汉代，随着舆服制度的建立，服饰的官阶等级区别也更加严格。秦汉服装面料仍重锦绣，绣纹多有山云鸟兽或藤蔓植物花样，织锦有各种复杂的几何菱纹，以及织有文字的通幅花纹。西汉建元二年（公元前139年）、元狩四年（公元前119年），张骞奉命两次出使西域，开辟了中国与西方各国的陆路通道，成千上万匹丝绸被源源外运，历经魏晋隋唐，迄今从未中断，史称丝绸之路。于是，中华丝绸文化传往西方。

自秦而汉，深衣有了一些发展和变化。从东汉社会上层来看，通裁的袍服转入制度化。秦代服制与战国时无大差别，保持深衣的基本形制。西汉男女服装，仍沿袭深衣形式。不论单、绵，多是上衣和下裳分裁合缝连为一体，上下依旧不通缝、不通幅；外衣里面都有中衣及内衣，其领、袖缘一并显露在外，成为定型化套装；下着紧口大裤，保持"褎衣大裙"风格；足下为歧头履；腰间束带。

汉服，又称汉衣冠，中国汉族的传统服饰，又称为汉装、华服，是从传说中的黄帝时代至明末（17世纪中叶）这四千多年中，以华夏礼仪文化为中心，通过历代汉族王朝推崇周礼、象天法地而形成的传承数千年的礼仪衣冠体系。自黄帝、尧、舜垂衣裳而天下治，汉服已具基本形式，历经周朝礼法的继承，到了汉朝形成完善的衣冠体系并普及至民众，还通过儒家文化和中华法系影响了整个汉文化圈。汉人、汉服、汉语、汉俗皆由汉朝而来。日本、朝鲜、越南均曾颁布法律效仿汉衣冠制度。

3. 隋唐服饰

隋唐时期，中国由分裂而统一，由战乱而稳定，经济文化繁荣，服饰的发展无论衣料还是衣式，都呈现出一派空前灿烂的景象。彩锦，是五色俱备织成种种花纹的丝绸，常用作半臂和衣领边缘服饰。特种宫锦，花纹有对雉、斗羊、翔凤、游鳞之状，章彩华丽。刺绣，有五色彩绣和金银线绣等。印染花纹，分多色套染和单色染。隋唐时期，男子冠服特点主要是上层人物穿长袍，官员戴幞头，百姓着短衫。直到五代，变化不大。天子、百官的官服用颜色来区分等级，用花纹表示官阶。隋唐女装富有时装性，往往是由争奇的宫廷妇女服装发展到民间后，被纷纷仿效。隋唐时期最时兴的女子衣着是齐胸襦裙、高腰襦裙，即短上衣加长裙，裙腰以绸带高系，几乎及腋下。

4. 宋代服饰

宋代服饰总体来说可分官服与民服两大类。官服又分朝服和公服。朝服用于朝会及祭祀等重要场合，皆朱衣朱裳，佩戴和衬以不同颜色和质地的衣饰，还有相应的冠冕。公服是官员的常服，式样是圆领大袖，腰间束以革带，头上戴幞头，脚上穿革履或丝麻织造的鞋子。依照规定，凡有资格穿紫、绯色公服的高级官员，都必须佩戴用金、银装饰为鱼形的"鱼袋"。庶民百姓只许穿白色衣服，后来又允许流外官、举人、庶人可穿黑色衣服。另外，宋代妇女所穿服饰有袄、襦、衫、褙子、半臂、裙子、裤等服装样式。宋代妇女以裙装穿着为主，但也有长裤。宋代妇女的穿着与汉代妇女相似，都是瘦长、窄袖、交领，下穿各式的长裙，颜色淡雅。襦和袄是基本相似的衣着，形式比较短小，下身配裙子。

5. 明代服饰

明代官吏常服包括戴乌纱帽、幞头，身穿盘领窄袖大袍。"盘领"即一种加有圆形沿口的高领。这种袍服是明代男子的主要服饰，不仅官宦可用，士庶也可穿着，只是颜色有所区别。平民百姓所穿的盘领衣必须避开玄色、紫色、绿色、柳黄、姜黄及明黄等颜色，其他如蓝色、赭色等无限制，俗称"杂色盘领衣"。凡文武官员，不论级别，都必须在袍服的胸前和后背缀一方补子，文官用飞禽，武官用走兽，以示区别。这是明代官服中最有特色的装束。

明代士人服装的款式特点为斜大襟、大袖、袖长一律过手、衣长至脚面，穿时腰系丝绦，与道袍相似，是一种宽大而长的衣。明代妇女的服装，主要有衫、袄、霞帔、褙子、比甲及裙子等。衣服的基本样式，大多仿自唐宋，一般都为右衽，恢复了汉族的习俗。

（二）清朝的服饰

朝代更迭推动服饰变革。古往今来，每当有新政权诞生，统治者便会开始统一本朝服饰制度，这也成为稳固新政权的手段和途径之一。以清朝为例，清朝是我国服饰史上变化最大的一个时代。清朝的服饰制度繁缛而庞杂，将中国服饰制度的等级性发展到了登峰造极的地步。

1. 清朝的官服制度

清朝的官帽与前朝截然不同，用来区分官阶等级的标志是顶珠和花翎，即我们常听到的"顶戴花翎"（图8-5）。凡军士、差役以上军政人员都戴似斗笠的而小的纬帽，按冬夏季节有暖帽、凉帽之分，还视品级高低安上不同颜色、质料的"顶子"，帽后拖一束孔雀翎。

翎称花翎，高级的官帽上有"眼"（羽毛上的圆斑），并有单眼、双眼、三眼之别，眼多者为贵，只有亲王或功勋卓著的大臣才被赏戴。赏戴花翎不仅是一种荣誉，也是一种特殊阶层身份的象征，因此清朝对花翎的赏赐制度非常严格：六品以下的官员只赏给蓝翎；五品以上赏给单眼花翎；双眼花翎赏给大官；三眼花翎则是赏给亲王、贝勒等皇族和有特殊功勋的大臣。

图8-5　官帽与花翎

除了官帽，清代文武百官品服有朝冠、吉服冠、朝服、补服、蟒袍等。百官蟒袍：一品至三品绣四爪九蟒，四品至六品绣四爪八蟒，七品至九品绣四爪五蟒。自亲王以下皆有补服（图8-6），其色石青，前后缀有补子，文禽武兽。贝子以上王亲用圆形补子，其余用方补；文官五品、武官四品以上及科道、侍卫等职，均需悬挂朝珠，朝珠共108颗，旁附小珠三串（一边一串，一边二串）。

2. 中国服饰文化的瑰宝：旗袍

旗袍是中华民族最经典的传统服饰之一，至今仍然受到许多人的喜爱，它是中国服饰文化的一块瑰宝，是自然美与含蓄美的统一。

图8-6　清代补服

"旗袍"意为"旗人之袍"。满人因实行八旗制度，又被称为旗人。旗袍本是满人日常所穿的袍子，清军入关后，旗袍得以发展，甚至出现了"十八镶"这样奢华的装饰，款式也从游牧民族服饰的四开衩变为两边开衩。

辛亥革命以后，摆脱了封建政权的枷锁，旗袍开始走进寻常百姓的生活，旗袍的款式也趋于简化，长度缩短，收紧腰身等，更加凸显女性的魅力。

20世纪30年代是旗袍发展最辉煌的时期，由于受到西方文化的影响，这时的旗袍造型趋于完美，并且蜚声海内外。玲珑的曲线，外加袖口领口的变化，使旗袍在充满中国式的优雅与韵味的同时也更显国际化。

相关链接

唐代袍服的纹样，一般以暗花为多，至武则天当朝，又颁赐了一种新的官服，名叫"绣袍"。所谓绣袍，即在各种不同职别的官服上绣以不同的纹样，文官绣禽，武官绣兽。这种以禽兽纹样区分文武官员品级的做法，后又被明清发展成补子，即以金丝、彩线绣成徽织，缀于文武百官常服的前胸和后背，使人一望而知其品级。

三、中国服饰的特点：多元多彩

中国服饰多元多彩、五光十色。这是因为中国幅员辽阔，民族众多，自然环境与生活方式、民族意识观念与信仰等种种因素形成了中国古代服饰文化绚丽多彩、各具特色的大格局。

（一）多彩的民族服饰

中国疆域辽阔，南北方不论在气候上还是地理环境上，都有较大的差异。因此南北方少数民族有着截然不同的生活方式。北方寒冷干燥、地势平坦、森林草原分布较广，因此北方少数民族多以畜牧业为生；而南方湿热多雨，地势以山地丘陵为主，因此南方少数民族主要从事农耕。

1. 北方少数民族服饰

生活在高原和草原的蒙古族、藏族、哈萨克族等民族，其服装多以袍为主。以蒙古族服饰为例，因气候寒冷加之生产以游牧为主，具有御寒保暖和便于骑乘的特征，长袍、坎肩、皮帽、皮靴是蒙古族服饰最常见的形式，男子腰间多挂刀子、火镰、鼻烟壶等饰物。当然，位于不同地区的蒙古族服饰也会有些许差别，历经元、明、清到现代，蒙古族服饰也在不断丰富和完善（图8-7）。

图 8-7　蒙古族服饰

2. 南方少数民族服饰

南方少数民族生活的地区适宜种植棉麻，因此棉布和麻布成为他们服饰的主要材质，湿热的气候也决定了南方少数民族服饰以短窄款为主。以苗族服饰为例，包括女装、男装、童装，其中女装又分为便装和盛装，并因地区差别有百余种款式，其中以对襟上衣、百褶裤、长裤为主，纷繁复杂的刺绣及银饰是苗族服饰的特色（图8-8）。

图 8-8　苗族服饰

（二）多彩的服饰纹样

色彩与纹样是中国传统服饰中一个十分重要的内容。中国传统服饰的色彩文化源于自然色彩，日月星辰、火种、植物、矿石等都是古代人类提取服饰色彩的源泉。

考古发现，红色是人类最早使用的颜色之一，因为这种由赤铁矿研磨而成的颜料是当时最容易获取的原料之一。可能也由于这个原因，中国人对于红色有着与生俱来的喜爱。

服饰纹样无论是其发展历史还是表现形式，都与人们的生活息息相关。从先秦时期的抽象简洁，到秦以后的整齐工整，再到明清时期的写实细腻，服饰纹样的发展也反映着不同时期人们审美情趣的变化。

（三）多彩的配饰与妆容

在中国服饰的配饰中，最典型的就是头饰。头饰的起源既有御寒遮羞、防御隐蔽的因素，也有装饰悦目的因素。

1. 男子的配饰

商周时期，冕冠的出现标志着首服制度已有了雏形。秦汉时期，男子的首服为巾冠制，秦代一些武将开始用四方巾扎头后再戴上帽子。两汉时期，这种头饰广为庶民所用。尤其是东汉时期，头巾更是得到了广泛使用，连身居要职的官员也开始用方巾束发。

明代是一个极其重视衣冠的朝代，男子的巾和帽式样繁多，其中最被人所熟知的有乌纱帽（图8-9）、翼善冠、梁冠、四方平定巾等。古人被罢官免职便会用"丢了乌纱帽"来形容，由此可知乌纱帽是一种官帽，是官位的象征。

图8-9　乌纱帽

2. 女子的配饰

古代妇女头饰主要有笄、簪钗、华胜、步摇、篦、钿花。其中，步摇因尽显女性的姣美与柔情而令人向往。步摇以金银玉石等材料制成，经过汉魏两晋南北朝时期的发展，步摇的花式丰富多样，花兽鸟枝造型都有（图8-10）。

汉代女子的发式多为绾髻，有坠马髻、盘桓髻、百合髻、飞仙髻、垂云髻等。这一时期，女子的发髻由于受道教、佛教和一些外来文化的影响，颇为随性飘逸，灵蛇髻、飞天髻等式样受到当时女子的追捧。到了清朝，清代女子的发式分为满汉两式：满族妇女的"两把头"最为典型，后期发展为"大拉翅"（图8-11）；汉族女子则以牡丹头、元宝头等最为流行。

图8-10　金步摇

图8-11　大拉翅

3. 女子的妆容

"脂泽粉黛"一词，最早见于《韩非子·显学》。历朝历代的妇女对于化妆一直有着不断的追求，无论是色彩还是式样，可谓变化无穷。中国古代面妆的种类，主要有红妆、白妆、花钿妆三种。

红妆的起源很早，红色是古代女子在化妆时的主要颜色。红妆真正的普及是在汉代以后，因张骞出使西域时带回了红蓝花这种能够提取红色颜料的植物，使得红妆成为古代女子化妆的主流。到了唐代，红妆逐渐发展壮大，胭脂也成为妇女必不可少的化妆品（图 8-12）。

在我国古代的审美标准中，以肤白为美，古人常常用"肤如凝脂""肌如白雪"来称赞美人。因此白妆的流行就不足为奇了。白妆的盛行要归功于粉的出现。古时候的粉在材料上大致可分为两类：一种是用米粒研磨后加入香料而成，一种是以土、水银和铅制作而成。

花钿妆是指用极薄的金属片或彩纸、丝绸、虫翅等制作成日月星辰、花鸟鱼虫等小巧精致的图案，再用一种叫作阿胶的胶水贴在额头、眉心、两颊、双鬓的化妆之法，又称"贴花钿""贴花子""贴花黄""梅花妆"等（图 8-13）。

图 8-12　胭脂

图 8-13　花钿

相关链接

十里红妆是古时结婚的风俗习惯，因为汉代崇尚红色，所以从那时候开始，所有喜庆的事情都是用红色来装扮的。于是乎，女子出嫁的时候"红妆"就成了陪嫁用品的代名词。当时十里红妆是富有人家嫁女儿时所出现的盛大场面，江浙一带的红妆最为夸张。大到床榻用品、罗汉床，还有贵妃椅和朱漆大柜，都是最常见的陪嫁用品；小到绣花针线，以及衣裳布匹、日常所需等都在陪嫁用品中。

思政导学

人们常常会思考：化妆的意义是什么？化妆首先是一种积极的生活态度，是热爱生活的表现。从公共礼仪的角度讲，化妆其实是一种仪态的展现。当然，我们不能"一刀切"，要求所有女士都化妆，而且许多女士因皮肤过敏不能化妆。因此，在工作与生活中，最重要的是以良好的外貌状态、精神状态面对他人，以展现出仪容仪表方面的礼貌。

第二节　民风淳厚：中国服饰中的传统习俗

早在新石器时代，人类社会就有了等级观念。由于《周礼》《仪礼》《礼记》（所谓的"三礼"）在漫长的历史进程中奠定了中国礼仪文化，尤其是服饰文化的大格局。因此我们可以看到中国古代服饰中的等级制度清晰而森严，不同等级的服饰可谓泾渭分明。

一、服饰中的等级观念

中国古代的服饰是如何体现等级观念的？在服饰材质、衣服颜色、服装图案等层面，都有严苛的级别规定，不同的颜色与花纹图案意味着不同的官衔等级，以服装的材料和数目的不同来表现衣者的长幼尊卑。

服装中的级别意识具备充分的实际意义，它不但较为有效地维护着旧时代的规则，同时也是中国古代服饰发展的内部驱动力，使中国古代服饰构造日渐成熟，样式日趋多种多样，装饰设计日益丰富多彩。

（一）帝王服饰

提起历代皇帝的服饰，就不得不介绍"龙袍"这一典型服饰。

龙袍是中国古代皇帝的朝服，因袍上绣龙形图案，故名，又称龙衮。唐高祖武德年间令臣民不得僭服黄色，黄色的袍遂为皇室专用之服，自此历代沿袭为制度。

龙袍上的各种龙形图案，历代有所变化。据史籍记载，皇帝的龙袍上都绣有九条金龙，胸前、背后各一，左右两肩各一，前后膝盖处各二，还有一条绣在里襟。为什么要将一条龙绣在里襟呢？因为九是奇数，很难在布局上做到均衡对称，若将一龙绣在里襟，龙袍的实际龙纹不少于九条，而且在正面或背面看又都是五条（两肩之龙前后都能看到），正好与九五之数吻合（图8-14）。

图8-14　龙袍

龙袍的色彩选用颇有研究，并十分严格。隋文帝穿的龙袍第一次采用黄色，其后长期以黄色为最高贵，它象征中央。因此，这种风气一直沿用下来，直到封建王朝结束。

（二）官员服饰

官衣是文官的官服，用于中级文官，源于明代官服——盘领窄袖大袍。其形制基本与蟒服相同，唯不绣纹样，用素色缎料制成。胸前与后背各缀一块方形补子，上面绣飞禽及旭日海水。明、清两代，以补子纹样区分官阶、身份，文绣飞禽，武绣走兽，所绣纹样皆有严格规定。官衣以颜色区别大致的官级：紫色最高，红色较高，蓝色次之，黑色最低（图8-15）。凡穿官衣均佩戴玉带。

图 8-15　不同颜色的官衣

（三）百姓服饰

谈及中华民族历史上的服饰，我们看得最多的其实是历朝历代的皇亲贵族们的礼服，而历史上老百姓到底穿着何种式样的服饰，似乎鲜少了解。也许是因为老百姓的服饰款式不够精美，也许是因为老百姓的服饰颜色不够鲜艳，又或许是老百姓的服饰材质不够贵重。无论多少个或许，但历朝历代的老百姓，才是真正的历史主体。

总的来说，老百姓的服装还是以舒适、朴素为主。富裕的家庭会使用一些昂贵的布料制作衣服，或是专门请来能工巧匠，设计出别致的样式或花纹。不过对于大部分老百姓来说，虽然"衣食住行"中的"衣"排在最前面，但这仅代表人们只需要保暖即可，对款式和颜色可能没有过多要求（图8-16）。

图 8-16　古代市井百姓的服饰

历朝历代皇帝的服饰都无一例外地强调其威仪庄严、雍容华贵的特质，因为它是一种皇权的物化象征。帝王的服饰具有一种独特的内涵，群臣百姓在各大场合，内心自然会生起一种敬畏之情，不知不觉中就感受到皇权的威严。再加上官员的服饰也有严格的等级尊卑规定，百姓和下级不可逾越。在这种服饰等级观念的约束和熏陶下，无论是为官者还是百姓，潜移默化中都会服从于天子的统治。服饰俨然成为一种社会统治手段，成为治乱顺逆的外显标志。

相关链接

赵武灵王是战国时期赵国一位奋发有为的国君，他为了抵御北方胡人的侵略，实行了胡服骑射的军事改革。改革的中心内容是穿胡人的服装，学习胡人骑马射箭的作战方法。其服上褶下袴，有貂、蝉为饰的武冠，金钩为饰的具带，足上穿靴，便于骑射。为此，他力排众议，带头穿胡服，习骑马，练射箭，亲自训练士兵，使赵国军事力量日益强大，而能西退胡人，北灭中山国，成为战国七雄之一。"胡服骑射"这个成语现在多用来比喻所进行的改革，告诉人们不要故步自封，要善于学习他人的长处，勇于改革。

思政导学

古代的服饰除遮体保暖外，还有着等级划分的重要作用，但这种作用在现代已经不再能体现。在日常穿着中，我们主张穿衣自由、风格自由，但同时也应当根据不同的场合选择合适的着装，在体现个性特点的同时，尊重他人和周围环境。

二、服饰中的民俗传承

服饰是民俗礼仪的直接体现，表现在人们的一生中，如：成年礼、婚丧嫁娶等的服饰都是具有标志作用的；在节日礼仪中，也会有一些特定的仪式服饰和歌舞服饰等，起到烘托气氛的作用。

另外，服饰还是一种心意民俗的寄托，包括祭祖祭神、祈福求祥、辟邪驱魔的民间信仰。百姓的心愿通过这些形式得以寄托和释放，这便是民俗仪式所能取得的成效。

（一）服丧的服饰

五服制是一套完整而系统的丧服制度，主要内容是以血缘亲属关系的远近来规定丧礼中生者为死者所穿的衣服（图8-17）。五服制度的原则是亲亲、尊尊、男女有别。亲亲是说血缘关系越亲近，服期越长，限制越多，血缘关系越远则反之；尊尊是根据身份地位的尊卑高低作为标准来确定服丧的轻重，幼卑为尊长服重，尊长为幼卑则服轻；男女有别则是说为父服重，为母服轻，妻子为夫服重，丈夫为妻则服轻。

图 8-17　五服

五服以斩衰、齐衰、大功、小功、缌麻五大类为基础，五种丧服的面料、款式、配件及制作方法都不尽相同。除了丧服之外，冠帽也有绳缨、布缨，带有绳带、麻带、布带，鞋有粗草鞋、细草鞋、麻鞋等不同的区分，十分繁复。

我国古代的服丧制度虽说是一种礼俗，但礼俗对人的约束性是有限的。因此封建统治者除了用礼俗教化民众外，还会使用法律来强制性地维持社会秩序，这就奠定了中国古代社会礼与法结合的基础。

（二）嫁娶的服饰

在中国传统服饰文化中，婚礼服饰是不可忽视的一部分，其中又以女性婚礼服饰最为夺目。

在汉代，王公贵族之女的嫁衣用色就有 12 种之多，面料为上等的锦罗等。唐代的婚礼服饰融庄重与热烈、喜庆于一体，嫁衣的形式有命妇的翟衣、普通妇女所穿的花钗礼衣等，新娘服色均为青色，此时新娘出嫁障面已经成为一种惯例。除此之外，还流行用扇子遮面，洞房之夜众人退出，新娘才缓缓放下扇子，称为"却扇"。

到了宋代，婚礼服饰的发展趋于成熟，大多用大袖和霞帔作为婚礼礼服，配饰为花冠，这种花冠在婚礼时会装饰得比平时更加富丽堂皇，有的贵族之女用凤鸟来装饰，因此又称为"凤冠"（图 8-18）。宋代女子出嫁用红色纱罗蒙面也是必着的首服，并且此时也认可了士庶在婚礼时可以破例使用命妇的大袖和霞帔等服饰。

图 8-18　凤冠

（三）冠礼、笄礼的服饰

冠礼、笄礼是中国古代传统的成人礼仪。冠礼是指古代贵族男子到了二十岁时举行的一场隆重的加冠典礼，作为成年的标志；相应地，笄礼则是指女子的成年典礼。在冠礼仪式中，对于服饰的讲究可谓一丝不苟，不能有丝毫差池。

1. 冠礼

冠礼为三次，就是要加三次冠，同时换三套衣服：初加缁布冠，象征将涉入治理人事的事务，相应的衣服是玄端；再加皮弁，象征将介入兵事，相应的衣服是皮弁服；三加爵弁，象征拥有祭祀权，相应的衣服是爵弁服。三种冠分别象征着成人生活的三个方面，一次为受冠者加上三种冠，是在肯定其作为成人后应尽的义务和应享受的权利，但在冠礼结束后平日里几乎不会戴这三种冠，而是戴玄冠（图 8-19）。

图 8-19　冠礼

冠礼不仅仅是一种仪式，也是将冠者带入一个礼制的社会中，戴不戴冠及戴什么样的冠，都与年龄、身份、所处的环境有着紧密的关系。成为戴冠之人的那一刻起，他心中就要谨记礼仪，节制自己的行为，修炼自己的品德。

2. 笄礼

关于女子笄礼的记载十分少见。从《宋史》记载的宋朝公主笄礼可以了解到，笄礼是女子 15 岁时举行的礼仪，公主笄礼时的服饰为大袖长裙、褕翟之衣及冠笄、冠朵、九翚四凤冠（图 8-20）。

图 8-20　笄礼

思政导学

古代的冠礼和笄礼代表着男子和女子的成年，在礼成之后，他们就正式步入了社会，开始按照成年人的标准要求自己。这一思路到现在依然可以沿用：现代中国以 18 周岁作为成人的标志，这不仅仅是年龄上的变化，更要求我们做到心理上的改变。我们应当承担起相应的责任，遵守相关的规则制度，为社会和国家作出贡献。

相关链接

通常而言，冠礼分为三个环节：一是冠礼之前的筹备，主要是占卜吉日、戒宾、筮宾、宿宾、为期等；二是冠礼的举行，包括陈服器、就位、迎宾及赞者、始加、再加、三加、宾醴冠者、见母、字冠者等；三是正礼后之诸仪，包括冠者见兄弟、赞者、姑姊，冠者执挚见国君、乡大夫、乡先生、醴宾、归宾俎等，以示感恩谢意。冠礼因时代的不同而略有差异，但各朝各代总体上还是沿袭了《仪礼·士冠礼》中的记载，略加增删或调整。

第三节　四时节令：天文与民俗结合的二十四节气

四时节令是指与天时、物候的周期性相适应，在人们的社会生活中约定俗成的、具有某种风俗活动内容的特定时日。由此，二十四节气成了中国人的时间体系，它以自然时序提示着、服务着我们的生活，带来传统文化的温暖和先民的智慧。围绕节气形成的活动形式、饮食习俗，丰富多彩，令人难忘。

一、中国的节气系统

二十四节气是上古农耕文明的产物，它与天干地支及八卦是联系在一起的，有着久远的历史源头。

（一）二十四节气的概述

二十四节气是中国古代历法的重要组成部分，中国远古时代是通过观象授时来指导生产的。古人根据指导农耕生产的时间体系建立了历法之后，并未放弃对于天象的观察，而是继续以天象来检验历法，充实历法的内容，让历法更好地配合天象和自然季节。

通过观星台，古人在正午测日影，夏天日影最短，冬天日影最长，便将最长（冬至）与最短（夏至）之间，分为二十四份，每一份为一个节气，始于立春，终于大寒，周而复始。由此，二十四节气在斗转星移的基础上产生了。人们又根据地面上相应的物候和气象变化情况，为二十四节气定出适当的名称，以此来反映四季、气温、降雨、物候等方面的变化。

（二）二十四节气的产生

二十四节气至今已有两千多年的历史，它是传统农学里，天时与农耕之间所形成的符合规律的指时系统，是中国传统农业文化的精华，是我国劳动人民独创的文化遗产。

二十四节气系统是逐步完备起来的。在二十四节气中，首先是二分和二至，因为古人使用圭表测量日影（图8-21），就能相当准确地测定这四气：春分、夏至、秋分、冬至。战国末年，《吕氏春秋》中出现了立春、日夜分（春分）、立夏、日长至（夏至）、立秋、日夜分（秋分）、立冬、日短至（冬至）八个节气。到了西汉，《淮南子》中就出现了和后世完全相同的二十四节气的名称了，而且顺序也和后世一致。

由以上的介绍可以知道：二十四节气是地球绕太阳运行一周时所经过的二十四个不同位置，各个位置上承受的阳光不同（当然还有其他一些因素），造成了地球上万物生长、气候变化的二十四个不同阶段（图8-22）。

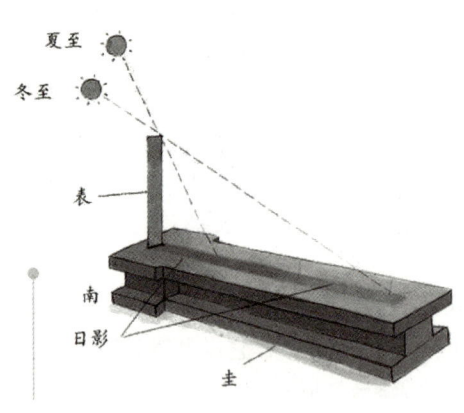

图8-21　圭表

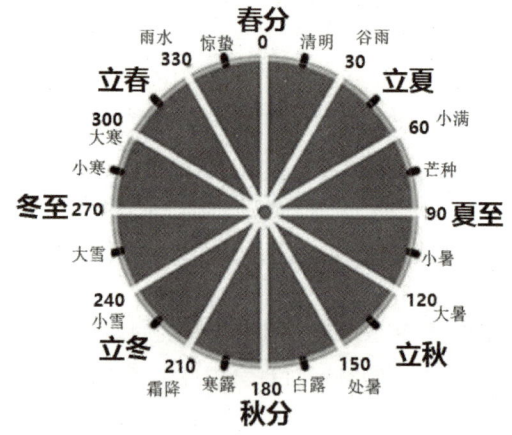

图8-22　二十四节气的划分

相关链接

在民间素有"惊蛰吃梨"的习俗。惊蛰吃梨源于何时，无迹可寻，但山西祁县却有这样一则代代相传的故事。传说闻名海内的晋商渠家，先祖渠济是上党长子县人，明代洪武初年，带着信、义两个儿子，用上党的潞麻与梨倒换祁县的粗布、红枣，往返两地间从中营利，天长日久有了积蓄，便在祁县县城定居下来。

雍正年间，十四世渠百川走西口，正是惊蛰之日，其父拿出梨让他吃后说，先祖贩梨创业，历经艰辛，定居祁县，今日惊蛰你要走西口，吃梨是让你不忘先祖，努力创业光宗耀祖。渠百川走西口经商致富，将其开设的字号取名"长源厚"。

后来，走西口者也仿效吃梨，多有"离家创业"之意，再后来惊蛰日也吃梨，亦有"努力荣祖"之念。

二、节气系统对中国人民的影响

二十四节气科学地揭示了天文气象变化的规律，它将天文、农事、物候和民俗巧妙地结合到一起，衍生了大量与之相关的节气文化，成为中华民族传统文化的重要组成部分。

（一）对农业的影响

节气的美是太阳赐予的。一个一个的节气仿佛是"太阳的脚步"，每个人都能够从寒来暑往、物候变化中感知。

几千年来，古人注意到了草木荣枯、候鸟去来等自然现象与气候之间的联系，并据此安排自己的农事活动。在农民看来，鸟语花香、秋山红叶都是大自然的语言。杏花开了，就好像大自然在传语，让他们赶快耕地；桃花开了，又好像在暗示他们赶快播种。春末夏初，布谷鸟开始唱歌,农民却懂得它在唱什么——它在声声地啼叫着"阿公阿婆,割麦插禾"。这一类的自然现象,中国古代的劳动人民称之为物候,"物"主要是指生物,"候"就是中国古代人民所称的气和候。

于是,在百姓心目中,"惊蛰"是一声春雷惊醒了泥土中深睡的小虫,百草顶开了泥土;"小满"是麦田的疯长,每一株麦子的麦粒都饱满起来,在阳光下都是向上生长的力量。

(二)对民俗的影响

许多节令伴有丰富多彩的民俗活动。很多地方的百姓会按照"小雪腌菜,大雪腌肉"来准备生活物资,还有"清明吃鸡蛋,踏青扫墓""冬至饺子夏至面""大暑吃凤梨""白露不露身"等。这些民俗如今依旧流行,有的地方仍把节气当作节日一样度过。

立夏称人、吃蛋、吃乌米饭都是江南保存至今的习俗;在北方过冬至,大家会吃饺子,寓意"抵御寒冷,保住耳朵";在南方过冬至,人们会吃赤豆糯米饭,寓意"亲朋好友其乐融融"。在这样的民俗活动中,传统文化得到了继承、传播和弘扬,民族文化的认同感得到了增强。

(三)对现代社会的影响

二十四节气是古人为适应农业生产而发明的。古人依照春生夏长、秋收冬藏的节令性质安排日常生活。随着科技的发展,现代人生存能力有所增强,自然时间的变化对人的影响也相对减少。但是,自然节律仍是现代人应当遵循的时间框架,并具有以下积极意义。

(1)二十四节气是中国先民的文化创造,是古人在长期自然生活中的经验总结,是宝贵的文化遗产,具有重要的遗产认知与继承的文化价值。从某种意义上来说,中国的文化就基于自身的地理气候特点发展成独特的农耕文化。

(2)二十四节气已经成为一种民族的文化,它是我们把握作物生长时间、观测动物活动规律、认识人的生命节律的一种文化,如中医的季节用药习惯与治疗方式、日常饮食生活的季节调节与身体保健等。立春尝春、迎春,清明品茶踏青,立秋吃瓜秋游,大寒咏雪赏梅也是一种传统的节气生活情趣。

(3)人类无论有多大的主动性与创造力,最终逃脱不了自然世界的时空限制。只有顺应自然,依循自然时序,人类才能生活得更加愉快幸福。现代人应自觉传承二十四节气这一文明财富,尊重自然时间,尊重生命节律,享受色彩斑斓的自然节气生活。

相关链接

春秋时期,晋公子重耳为逃避迫害而流亡国外,流亡途中,在一处渺无人烟的地方,又累又饿,再也无力站起来。随臣介子推走到僻静处,从自己的大腿上割下了一块肉,煮了一碗肉汤让公子喝了,重耳渐渐恢复了精神,当重耳发现肉是介子推从自己的腿上割下的时候,流下了眼泪。

19年后,重耳做了国君,也就是历史上的晋文公。即位后文公重赏了当初伴随他流亡的功臣,唯独忘了介子推。很多人为介子推鸣不平,劝他面君讨赏。然而介子推最鄙视那些争功讨赏的人,他打好行装,同母亲悄悄地到绵山隐居去了。晋文公听说后,羞愧莫及,亲自带人去请介子推，然而介子推已离家去了绵山。

绵山山高路险，树木茂密，找寻两个人谈何容易，有人献计，从三面火烧绵山，逼出介子推。大火烧遍绵山，却没见介子推的身影。火熄后，人们才发现背着老母亲的介子推已坐在一棵老柳树下死了。晋文公见状恸哭。装殓时，从树洞里发现一血书，上写道："割肉奉君尽丹心，但愿主公常清明。"

为纪念介子推，晋文公下令将这一天定为寒食节，禁火寒食。第二年晋文公率众臣登山祭奠，发现老柳树死而复活，便赐老柳树为"清明柳"，并晓谕晋国，把寒食节的后一天定为清明节。

思政导学

中国现代化的农业技术虽然在不断发展，但是二十四节气对于农业的指导作用依然是不可忽视的。这些节气作为传统文化，蕴含着"天人合一"的哲学思想，同时也是"实践出真知"的成果展现。

三、节气中的生活情趣

作为人类非物质文化遗产，二十四节气凝结着中华优秀传统文化与先民的广博智慧，彰显着中国人的精神气质与民俗风尚。传承和保护这一重要文化遗产，为我国当代文化的创新与世界文明的发展提供了动力。

（一）文化意义

二十四节气作为中国人特有的时间知识体系，具有不可磨灭的文化价值。一直以来，二十四节气为全国各地所采用，并为多民族所共享。在长期的生产生活实践中，各地的人们不仅身体力行地传承着贯穿于其中的中华文明的宇宙观和核心价值理念，而且对于二十四节气进行了因地制宜、因俗制宜的创造性利用，形成了丰富的物质文化和精神文化——既有国家祭典，又有生产仪式和习俗活动，还有谚语、歌谣（图8-23）、传说、诗词、工艺品、书画等文艺作品。

二十四节气不仅深刻影响着人们的思维方式和行为习惯，而且鲜明地体现了人与自然和谐相处的能力，中国人从来没有对事物关系产生固定的看法，而是习惯在运动流转中理解世界，理解时间。这也是节气带给我们文化认同的价值的特殊体现。

二十四节气歌

春雨惊春清谷天，
夏满芒夏暑相连。
秋处露秋寒霜降，
冬雪雪冬小大寒。

图8-23 二十四节气歌

（二）社会意义

虽然地域相异，但节令文化始终以不同的民俗为载体，不断传承发展。例如，立春时节，广州地区击鼓驱疫，祈求平安；潮汕民间还有吃春饼、春卷一俗；浙江地区会"鞭春牛"

（图 8-24），即用一头泥塑牛，村里推选一位老者，用鞭子象征性地打春牛三下，人们依次向春牛叩头，拜毕，便一拥而上抢春牛泥土回家，撒在牛栏内；河北民间习惯吃萝卜、姜、葱、面饼，称为"咬春"。

图 8-24　鞭春牛

节令文化关联着人间亲情。当下，很多人都选择离开家乡，求学、成家、工作，而借以填补对家乡的思念之情的，往往是来自家乡的食物的味道。很多食物又和节气有着密切的关联，例如，每逢清明，江南一带都会盛行做一种叫作"艾草青团"或"艾草粑粑"的食物。此时，离乡的游子若能买来吃一口，吃的不仅是清明的时令佳肴，更是割不断的乡愁。

（三）节气与传统文化的传承

现在，年轻人正以现代化的方式传承节令文化。例如：对二十四节气做气象科普；清明时节着汉服出游踏青，借以了解传统服饰的形制、纹样背后蕴含的丰富的文化内涵等。人们在运动健身、品尝美食中咂摸生活的味道，在现代与传统的碰撞中，体验中华民族四时节令的乐趣与美好。

二十四节气是见人、见物、见生活的一种时间载体，是中国人看世界、看人生的智慧浓缩。从历史上看，二十四节气早就跨出国门，走向世界，影响朝鲜、韩国、日本、东南亚国家。那里的人民依然在传承、弘扬着二十四节气及其附着的文化，这充分表明了它的文化价值。今天的中国，正日益向世界舞台中央迈进，中华文化正以全新姿态展露于世界面前，也仍然浸润着百姓的生活，并滋养着我们的精神。

思政导学

二十四节气由来已久，但地球气候经过了几千年的运转，有些人不禁产生疑问：二十四节气对现在的全球气候依旧适用吗？答案是肯定的。但与此同时，我们也应当注意这个问题背后引申出来的一系列气候问题。目前，全球变暖、自然灾害加剧等环境问题很大程度上是人们滥用自然资源、破坏自然环境而导致的。因此，我们要从个人做起，用自己的实际行动来保护我们赖以生存的自然环境。

相关链接

二十四节气被国际气象界称为中国的"第五大发明"，是中国人认知天象、物候、时令和大自然变化规律的知识体系和社会实践，千百年来深刻影响着人们的生产和生活。我国将二十四节气作为人类非物质文化遗产代表，向联合国教科文组织申报，于 2016 年 11 月 30 日经过评审，正式将其列入《人类非物质文化遗产代表作名录》。可见二十四节气对人类的贡献及存在的意义。

思考与实践

思考：

1. 本章中曾提到，为了富国强兵，赵武灵王进行了"着胡服""习骑射"的改革。请围绕"胡服骑射"改革的背景和成果，研讨其对中国古代服装变革的历史影响。

2. 阅读沈从文的《中国服饰史》(陕西师范大学出版社，2004 年版)，了解中国服饰的历史变迁，思考服饰背后所体现的礼制和规范。

实践：

1. 在网上收集一些中国传统服饰的图片和视频，建立一个中国古代服饰的讨论组，进行资料共享。

2. 选择一个民族有代表性的服装作为主题，收集该民族服装的发展历史及主要特点等资料，制作成PPT，在课堂上演示。

第九章 舌尖意蕴

传统美食与美饮

中华民族是重视饮食、讲究饮食的民族。独特的饮食不但是中华民族文化产生、升华的基础要素，还是中国传统文化的感性载体，甚至成为中国传统文化在世界范围内传播交流的展示窗口和媒介。俗话说，开门七件事：柴米油盐酱醋茶。再加上酒，基本就构成了中国人从古至今日常饮食的基本内容。悠久的历史、辽阔的地域，造就了古代中国的丰富饮食，而丰富多样的饮食又使得中国人的生活体验丰富多彩，培养了中国人热爱生活的人生观和积极向上的进取心。这种进取的人生观又进一步激励着我们的先人投入更大的热情与智慧去创造新的美食美饮，最终使中国赢得了"食在中国"的世界声誉。

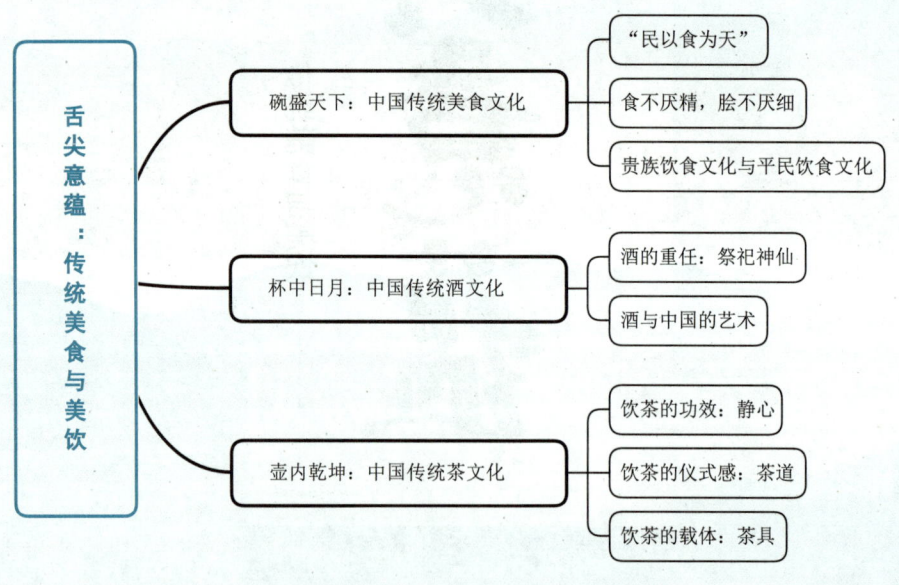

学习目标

知识目标： 了解中国饮食文化的源流与特色，了解中国的饮食礼仪。

能力目标： 继承中国美食传统，掌握一种或几种色、香、味、形、意相统一的菜肴烹饪方法。

思政目标： 体验中国古人视美食美饮为艺术的文化精神，陶冶自己求精、求美的文化情怀。

学习重点

通过学习中国的传统美食、中国的酒历史、中国的茶文化，了解中国饮食文化对中国人民人生观的积极作用。

情境导入

2012年5月，《舌尖上的中国》第一季播出，引得好评如潮。这部大型美食类纪录片介绍了中国各地美食生态，通过中华美食的多个侧面，展现了食物给中国人生活带来的仪式、伦理等方面的改变。同时，也展现了中国的特色食材及与食物相关的、构成中国美食特有气质的一系列元素。

2014年4月，《舌尖上的中国》第二季播出。导演陈晓卿指出，他们的制作初衷是"美食更多只是出发点，不是目的地，我们更多的是想通过美食，让外界了解中国社会"。无论是第一季中的饮食文化，还是第二季中的人文情怀，都充分说明了一点：中国的美食、美饮本身就是中国传统文化不可分割的一部分。

《舌尖上的中国》不仅有美味，还巧妙地通过美食、美饮表现了中国传统文化。有人评价该纪录片：形式上，它记录的是人们的一日三餐和与之相伴的食物；本质上，它展现的却是隐含在其间的历史文化和文化传统，表达的是普通人发自内心的最朴素的情感；它传递的是一种渗透心灵深处的接地气的文化，给人以文化上的自觉与自信。

第一节 碗盛天下：中国传统美食文化

中国饮食文化是一种广视野、深层次、多角度、高品位的悠久区域文化；是我国各族人民在数千年的生产和生活实践中，在食源开发、食具研制、食品调理、营养保健和饮食审美等方面创造、积累并影响周边国家和世界的物质财富及精神财富。其中，突出养助益充的营卫论（素食为主，重视药膳和进补）、五味调和的境界说（风味鲜明，适口者珍，有"舌头菜"之誉）、奇正互变的烹调法（厨规为本，灵活变通），以及畅神怡情的美食观（力求文质彬彬，寓教于食）

等四大属性，有着不同于海外各国饮食文化的特质。

一、"民以食为天"

民谚说："人是铁饭是钢，一顿不吃饿得慌。"食物是人类生存的保障，但各个民族的食物却大有不同。中华民族在"食"上面的追求不仅仅是填饱肚子而已，无论是钟鸣鼎食还是粗茶淡饭，都体现着中国传统文化中特有的"食文化"，久而久之，自然就形成了中国特有的吃的艺术。

（一）中国饮食文化的发展

春秋时期，齐桓公的宰相管仲说"民以食为天"，其背后的意思是让齐桓公关注民生，其字面意思恰好是中国"食文化"历史的一个总概括。中华大地上自有人以来，食的历史就自动自发地开始了。

中国饮食文化源远流长，分为生食、熟食和烹饪三个发展阶段，这一历史是从传说中的有巢氏（旧石器）时代开始的。当时的人们尚不懂人工取火，处于茹毛饮血的生食阶段。直到燧人氏（早新石器）时期，人们钻木取火，开始熟食，进入石烹时代——这一时期，人们已懂得使用烤、煲、煮、焙等多种烹调法（图9-1）。再到伏羲氏（早新石器）时期"结网罟以教佃渔，养牺牲以充庖厨"、神农氏（石器时代）时期"耕而陶"，中国的农业文化也就此展开。

图9-1　燧人氏钻木取火雕像

先秦时期，中国饮食文化正式成形，当时的主食是谷物蔬菜。春秋战国时期，我国原产的谷物蔬菜基本都有了，不过食物结构与现在不同，当时的主要食物是"稷"。我们常会听到这样四个字——江山社稷，社稷是土地之神，用"稷"这个字表示江山，可以想见其重要性。

传说汉代淮南王刘安意外地发明了豆腐，不但使豆类的营养易于消化吸收，还可做出多种菜肴。东汉时期，有人发明了植物油，与此前用的动物油一起，成为中国烹饪中的重要角色。汉代中西（西域）饮食文化相互交流，数百年间陆续引进了石榴、芝麻、葡萄、胡桃（核桃）、西瓜、甜瓜、黄瓜、菠菜、胡萝卜、茴香、芹菜、胡豆（蚕豆）、扁豆、苜蓿（主要用于马粮）、莴笋、大蒜等大量新食材，还传入一些烹调方法。

唐代，由于国力强盛，社会安定，丝路畅通，中外文化得到了很好的交流，举国上下一派歌舞升平的繁荣景象，大家变着花样吃。达官贵人、富商大贾们过着"朝朝寒食，夜夜元宵"的奢侈生活。

宋代由于国家富足，经济繁荣，百姓安居乐业，以及农业的大力发展，都强烈地刺激了宋代饮食文化的繁盛，大小城镇酒楼遍布大街小巷，美食小吃更是数不胜数，市民生活热闹非凡，从而成为中国饮食文化的一个顶峰时期。菜食的口感、味道、品相等都成了宋代人们所关注的对象，这就促进了调料的快速发展。由于经济的不断发展，各民族来往越来越密切，各个民族文化同南宋的饮食文化不断地交流、碰撞、融合。饮食文化之间相互促进，相互发展。饮食文化的不断繁盛，导致世俗大众也极为重视养生，这就促使了素食的盛行，宋代的素食既营养又健康，据《梦粱录》中记载，当时的蔬菜种类已经极其繁多，人们善于利用蔬菜进行素食制作，在一定程度上促进了素食文化的发展。

明清是中国古代饮食文化的又一高峰。在这一时期，唐宋食俗得到延续和发展，同时还大规模引进马铃薯、甘薯、辣椒等新的食材，同时这些蔬菜的种植技术也达到较高水准，成为主要菜肴，饮食结构发生了很大变化。

（二）中国的八大菜系

菜系是在选料、切配、烹饪等技艺方面，经长期演变而自成体系，具有鲜明的地方风味特色，并为社会所公认的中国饮食的菜肴流派。中国饮食文化的菜系，是指在一定区域内，由于气候、地形、历史、物产及饮食风俗的不同，经过漫长历史演变而形成的一整套自成体系的烹饪技艺和风味，并被全国各地所承认的地方菜肴。

八大菜系分别为鲁菜、川菜、粤菜、苏菜、闽菜、浙菜、徽菜、湘菜。

1. 鲁菜

鲁菜起源于山东的齐鲁风味，是中国传统四大菜系中唯一的自发型菜系（相对于淮扬、川、粤等影响型菜系而言），是历史最悠久、技法最丰富、难度最大、最见功力的菜系之一。鲁菜红烧狮子头如图9-2所示。

2. 川菜

川菜是中国汉族传统的四大菜系之一。起源于四川、重庆，以麻、辣、鲜、香为特色。川菜的出现可追溯至秦汉，在宋代已经形成流派，在明末清初辣椒传入中国一段时间后，川菜进行了大革新，逐渐发展成了现在的川菜。川菜辣子鸡、麻婆豆腐、口水鸡如图9-3所示。

图 9-2　鲁菜：红烧狮子头

图 9-3　川菜：辣子鸡、麻婆豆腐、口水鸡

3. 粤菜

粤菜即广东菜，狭义指广州府菜，一般指广州菜（含南番顺），是中国汉族四大菜系之一，源自中原。经历了两千多年的发展后，粤菜在晚清时期已渐成熟。粤菜由广府菜（广州府菜）、

潮州菜（也称潮汕菜）、东江菜（也称客家菜）三种地方风味组成，三种风味各具特色。粤菜是起步较晚的菜系，但它影响深远，世界各国的中餐厅，多数是以粤菜为主。粤菜豉汁蒸鱼如图9-4所示。

4. 苏菜

苏菜指江苏菜系。江苏菜系选料讲究，刀工精细，口味偏甜，造型讲究，特色鲜明。由于江浙地区气候潮湿，又靠近海，所以往往会在菜中增加糖分，来祛除湿气。江苏菜很少放辣椒，因为吃辣椒虽然能够去除湿气，但是容易上火。因此，江浙菜系是以甜为主。苏菜蟹粉狮子头如图9-5所示。

图9-4　粤菜：豉汁蒸鱼

图9-5　苏菜：蟹粉狮子头

5. 闽菜

闽菜最突出的烹调方法有醉、扣、糟等，其中最具特色的是糟，有炝糟、醉糟等。闽菜中常使用的红糟，由糯米经红曲发酵而成，糟香浓郁、色泽鲜红。糟味调料本身也具有很好的去腥臊、健脾肾、消暑火的作用，非常适合在夏天食用。闽菜红糟鱼如图9-6所示。

6. 浙菜

浙菜是以杭州、宁波、绍兴和温州四种风味为代表的地方菜系。浙菜采用原料十分广泛，注重原料的新鲜、合理搭配，以求味道的互补，充分发掘出普通原料的美味与营养。浙菜西湖醋鱼如图9-7所示。

图9-6　闽菜：红糟鱼

图9-7　浙菜：西湖醋鱼

7. 徽菜

徽菜的主要特点：烹调方法上擅长烧、炖、蒸，而爆、炒菜少，重油、重色、重火功。主要名菜有火腿炖甲鱼、臭鳜鱼、腌鲜鳜鱼、黄山炖鸽等上百种。徽菜臭鳜鱼如图9-8所示。

8. 湘菜

湘菜调味特色是"酸辣"，以辣为主，酸寓其中。"酸"是酸泡菜之酸，比醋更为醇厚柔和。湖南大部分地区地势较低，气候温暖潮湿，古称"卑湿之地"。而辣椒有提热、开胃、祛湿、祛风之效，故深为湖南人民所喜爱。剁椒经过乳酸发酵，具有开胃、养胃的作用。湘菜剁椒鱼头如图9-9所示。

图9-8 徽菜：臭鳜鱼

图9-9 湘菜：剁椒鱼头

思政导学

八大菜系各有千秋，一个原因是地域不同而导致的饮食习惯差异，另一个原因就是俗话讲的"众口难调"。从五花八门的烹饪方式和菜系成果来看，人与人之间存在差异，但同时又追求一个共同的目标：色香味俱全。这也正是"求同存异"的体现。

相关链接

精、美、养、情、礼，这五个字基本可以概括中国古代的饮食文化。

精，是指选料、烹调、配伍乃至饮食环境，都要精致。

美，是指饮食活动形式与内容的完美统一，味道美是主要表现。

养，是指养生，中国在几千年前就有"医食同源"和"药膳同功"的说法，利用食物原料的药用价值，做成各种美味佳肴，达到防治某些疾病的目的。

情，是指情感，中国人吃饭喜欢坐在一起，这是最好的人与人情感交流的方式。

礼，是指饮食活动中的礼仪性，座席的方向、箸匙的排列、上菜的次序……都体现着"礼"。

二、食不厌精，脍不厌细

"食不厌精，脍不厌细"这句话并非出自专业美食家之口，而是出自孔子。孔子还讲了他对日常饮食的要求：粮食发霉、鱼肉腐烂不能吃，就连宰杀和烹调方法不当，甚至开饭的时间不对，也不要吃东西。

在吃饭问题上如此高标准、严要求，只有一个理由，那就是孔子是把饮食作为君子人格培养和人生追求的一部分来对待，不仅要尽善，而且要尽美。

（一）对质量的要求

所谓"质"，就是对原料和成品品质与营养的严格要求，也就是巧妇难为无米之炊的"米"，它是美食的前提、基础和目的。原料包括主料、配料、辅料、调料等，选取这些原料时，必须考虑品种、产地、时节、生长期等要素，以新鲜肥嫩、质地优良为佳。

（二）对调味的要求

"五味"一般指咸、甜、酸、苦、辣五种味道。调味的作用，主要是为了矫正原料异味，给无味的食材赋味和确定菜肴口味。五味调和的关键是调味，调味是否恰到好处，除了调料品种齐全、质地优良等物质条件以外，关键在于厨师的调配技艺。调配技艺对调料的使用比例、下料次序、放调料时间（烹前调、烹中调、烹后调）等，都有严格的要求。

（三）对火候的要求

火候是形成中国传统菜肴风味特色的关键之一。掌握火候不仅要能精确鉴别旺火、中火、微火等不同火力，熟悉各种原料的耐热程度，熟练控制用火时间，还要掌握传热物体（油、水、气）的性能，进而根据原料的老嫩程度、水分多少、形态大小、整碎厚薄等，确定下锅的次序，使烹制出来的菜肴在口感、味道（口味与气味）、色泽、形态诸方面恰到好处。

（四）对刀工的要求

厨师对原料进行刀法处理，使之成为烹调所需要的整齐一致的形态，以适应火候，受热均匀，便于入味，并保持一定的形态美，这种技能便是刀工，刀工是烹调技术的关键之一。经过历代厨师的反复实践，菜板上的刀法之丰富让人眼花缭乱，有直刀法、片刀法、斜刀法、剞刀法（在原料上划上刀纹而不切断）等。

思政导学

中国人对饮食的讲究，也从侧面体现了中国传统文化中的人生观和价值观：细致严谨，精益求精。在八大菜系"求同存异"的前提下，人们不约而同地认为应当将饮食做得精致美味，并将这种优良品质进一步落实到生活中的其他方面。

> **相关链接**
>
> 北宋大诗人苏轼不仅是一位美食家,还是一位烹调家,创造出著名的菜肴"东坡肉",这和他善于运用火候有密切关系。他还把这些经验写入诗中:"待他自熟莫催他,火候足时他自美。"后人运用他的经验,采用密封微火焖熟法,烧出的肉原汁原味,油润鲜红,烂而不碎,糯而不腻,酥软犹如豆腐,适口而风味突出。

三、贵族饮食文化与平民饮食文化

中国饮食有两种不同意蕴的文化:一种是钟鸣鼎食的贵族饮食文化,另一种则是粗茶淡饭的平民饮食文化。二者没有高低之分,只有意蕴不同。

(一)钟鸣鼎食

所谓钟鸣鼎食,其中的"钟"是编钟之类的古代乐器,"鼎"是古代炊器(图9-10),意思是"击钟列鼎而食",充分体现了贵族生活的豪华排场。中国古代豪门贵族吃饭时要奏乐击钟,用鼎盛着各种珍贵食品,慢慢地享用。

图9-10 以鼎作为盛餐的容器

钟鸣鼎食的一大特点是漂亮的食具和幽雅的就餐环境。中国古代的食具,主要包括陶器、瓷器、铜器、金银器、玉器、漆器、玻璃器几个大的类别。彩陶的粗犷之美,瓷器的清雅之美,铜器的庄重之美,漆器的秀逸之美,金银器的辉煌之美,玻璃器的亮丽之美,都会给使用者以美食之外的另一种美的享受。

美器之美不仅限于器物本身的质、形、饰,而且表现在它的组合之美,它与菜肴的匹配之美。周代的列鼎,汉代的套杯,孔府的满汉全席餐具,都体现出组合美。

(二)粗茶淡饭

粗茶淡饭的平民饮食文化也有声有色,最典型的就是各种时令节日和人生庆典时的饮食。例如,腊八粥是用多种食材熬制的粥(图9-11)。古代腊八粥的食材因各地物产不同而有不同。

现在的腊八粥一般有大米、花生、红枣、百合、红豆、莲子、桂圆、枸杞等。

无论是钟鸣鼎食还是粗茶淡饭,不要简单地将传统食文化中的"礼"看作一种礼仪,而应该将它理解成一种精神,一种内在的伦理精神。这种"礼"的精神,贯穿在饮食活动过程中,从而构成中国饮食文化的重要内容。

（三）饮食与中国传统民俗

因为"民以食为天",所以中国的百姓常常会将饮食和一些习俗关联在一起,从而产生丰富的生活情趣。

图 9-11　腊八节的传统美食：腊八粥

比如,小孩子生下来,亲友要吃红蛋表示喜庆。"蛋""诞"谐音,表示新生命的诞生和家族的延续,吃蛋寄寓着中国人传宗接代的厚望。此外,婚礼中喝交杯酒,祝寿宴的寿桃（图 9-12）、寿糕、寿面等,都是具有特殊内涵的食俗。这些食俗表面上看是一种生理满足,实际上却表达了一种丰富的心理内涵。吃的文化已经超越了"吃"本身,具有更为深刻的社会与人生意义。

图 9-12　寿桃：对长寿的美好祝愿

平民宴席虽不如贵族宴席奢华,但宴席上的讲究可一点都不少。比如,带骨的菜肴放在左边,切的纯肉放在右边;干的食品菜肴靠着人的左手边,羹汤放在右手边;细切的和烧烤的肉类放远些,醋和酱类放在近处;蒸葱等伴料放在旁边,酒浆等饮料和羹汤放在同一方向;如果要分陈干肉、牛脯等物,则弯曲的在左,挺直的在右。大家共同吃饭时,不可只顾自己吃饱,要检查手是否足够清洁等。

思政导学

在追求美食的基础上,人们同样追求"吃"的形式和礼仪。在不了解中国传统文化的人看来,这些琐碎的饮食礼仪要求十分麻烦。但对于我们这些弘扬中华民族优秀传统文化的中国人而言,表层的饮食礼仪实际上践行了更深层次的文化传承。中国传统饮食文化蕴含了以礼为先、尊重长辈、平缓中庸等众多中华优秀传统价值观。

第二节　杯中日月：中国传统酒文化

中国是世界上最早酿酒的国家之一。中国的饮酒很早就已经摆脱了单纯的食用价值，凝结了人类的物质创造与精神内涵，上升为一种饮食文化——酒文化。中国人用酒感慨人生，用酒祭祀祖先，更用酒描绘艺术画卷。

一、酒的重任：祭祀神仙

酒自诞生的那一刻起，就身负重任，这个重任就是做"神"的贡品，也就是祭祀所用的祭物之一。在中国古代，巫师利用所谓的"超自然力量"进行的各种祭祀或降神、占卜活动，都要用到酒。

（一）酒的发明

中国的酒到底起源于何时，没有定论，最早的记录在夏朝。夏朝第一任君王大禹有一次喝醉了，第二天醒来后说，这玩意儿不是好东西，将来肯定有人因它亡国，结果夏朝的最后一任君王夏桀就因为酗酒不理政事而国破家亡。

现代观点认为，酒最早是谷物、水果等物自然发酵的产物，或者可以这样说，酒是古人无意间的发明。中国最早的酒是果酒和乳酒。汉代时期，制曲技术得到发展，葡萄经由丝绸之路传入，便有了葡萄酒的生产；唐宋时期，有了保健酒和药酒；元代出现了以蒸馏法酿制的烧酒技术，这已很接近我们今天常喝的白酒了，不过度数并不高；明清时期，伴随着造酒业的进一步发展，酒度较高的蒸馏白酒迅速普及。果酒与白酒图片如图 9-13 所示。

图 9-13　果酒与白酒（左为果酒，右为白酒）

（二）以酒祭祖、以酒祭神

中华民族很早就有在一些重要的节日用酒祭祀祖先，在丧葬时用酒举行一些仪式的传统习俗，以表达对祖先和死者的思念和敬仰。

其他的祭祀习俗也要备酒，比如祭灶。明清两代仍祭五祀，清康熙之后，罢去门、户、中溜、井的专祀，只在腊月二十三日祭灶。随着时代变迁，祭灶习俗不断演变，除做纸马，用酒果糕饼做祭祀，还敬以麦芽糖，意谓粘牢灶神嘴巴，不使其乱说，或将酒糟抹于灶门，以醉灶神。

（三）酒的载具：酒器

酒是液体，必有载具，这个载具就是酒器。中国古代的酒器是中国传统酒文化的重要载体，不仅记录了中国古代酒文化发展的历史轨迹，而且最直接地表现了传统酒文化的精神气质。

中国历史上有很多特殊的酒器，如饮酒器夜光杯和盛酒器九龙公道杯、鸳鸯转香壶等。

（1）夜光杯采用优良的祁连山玉与武山鸳鸯玉精雕细琢而成，纹饰天然，杯薄如纸，光亮似镜，内外平滑，玉色透明鲜亮，用它来装酒，甘味香甜，日久不变，尤其在月光下对饮，杯内明若水，似有奇光异彩（图9-14）。

（2）九龙公道杯又叫平心杯，分杯体和杯座两部分（图9-15）。在白腻的瓷面上，有青花钴料工笔描绘的八条姿态各异的五爪龙，连同杯中一条雕刻的龙，共有九条五爪龙，喻示"九五之尊"。更神秘的是，杯中央的瓷龙颈部有一黑色圆点，当酒水低于圆点时，一切正常；当液面超过黑点时，杯中酒水很快就会流出杯外。

图9-14 夜光杯

图9-15 九龙公道杯

（3）鸳鸯转香壶能倒出两种不同的酒，关键在于其有两个盛酒室，在每个盛酒室上部分别有一个气孔。它在武侠小说里经常出现，有毒的酒给敌人，没毒的酒给自己（图9-16）。

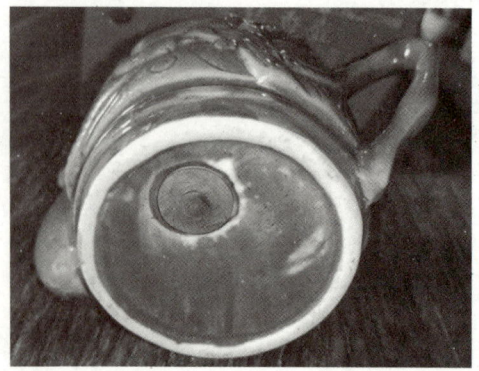

图9-16 鸳鸯转香壶：武侠小说中的常见道具

相关链接

李时珍《本草纲目》云："烧酒非古法也。自元时始创其法，用浓酒和糟入甑，蒸令气上，用器承取滴露。凡酸坏之酒，皆可蒸烧。"图9-17为中国古代白酒的酿造过程。

图9-17　中国古代白酒酿造过程

思政导学

历史上，由于"喝酒误事"而产生的悲剧数不胜数。因此，大家在饮酒上要把握"适时适度"的原则，如工作时间不饮酒；开车前不饮酒、饮酒后不开车；饮酒适量、不贪杯，过量饮酒会伤身；酒桌上不劝酒……

二、酒与中国的艺术

中国的艺术作品中经常有酒的影子，因为中国的艺术家离不开酒。因醉酒而获得艺术的自由状态，这是艺术家解脱束缚、获得艺术创造力的重要手段。刘伶在《酒德颂》中有言："有大人先生，以天地为一朝，以万期为须臾，日月为扃牖，八荒为庭衢。"这种"至人"境界就是中国古代艺术家的精神追求。

（一）酒与诗歌

酒醉而成传世诗作，这样的例子在中国诗史中俯拾即是。若论酒中仙人，当之无愧的自然是诗仙李白（图9-18）。例如，"天子呼来不上船，自称臣是酒中仙""醉里从为客，诗成觉有神""俯仰各有态，得酒诗自成""一杯未尽诗已成，诵诗向天天亦惊""雨后飞花知底数，醉来赢取自由身"等。

图 9-18 李白与酒

（二）酒与书画

在绘画和书法中，酒带来的灵感更是数不胜数。"画圣"吴道子，作画前必酣饮大醉，醉后为画，挥毫立就。"书圣"王羲之醉时挥毫而作《兰亭集序》（图 9-19），"遒媚劲健，绝代更无"，而至酒醒时"更书数十本，终不及之"。"草圣"张旭"每大醉，呼叫狂走，乃下笔"，于是有了"挥毫落纸如云烟"的《古诗四帖》（图 9-20）。

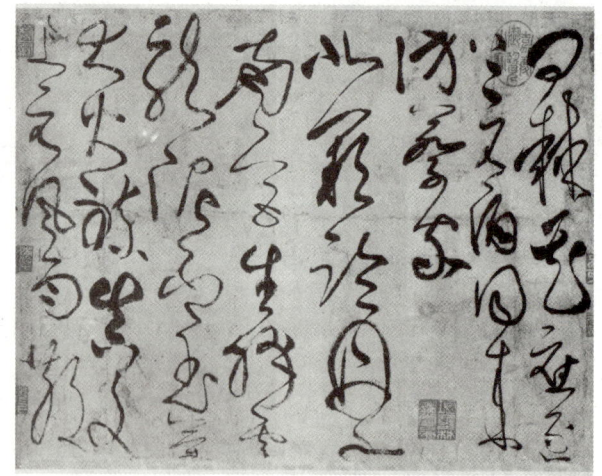

图 9-19 《兰亭集序》局部　　　　图 9-20 《古诗四帖》局部

（三）酒与音乐

在音乐和戏曲的舞台上，吃饭的器皿不是饭碗、菜盘，而是用酒壶、酒杯来代替。请客吃饭，不说请用饭，而是说"酒宴摆下"。不管多么隆重盛大的场面，如《鸿门宴》，在舞台上表示丰盛筵席的道具，也只有几个酒壶和酒杯。

另外，宋词的词牌（也就是乐曲）与酒有关者甚多，例如，醉太平（醉思凡）、酒蓬莱、醉中真（浣溪沙）、频载酒、醉厌厌（南歌子）、醉梦迷（采桑子）、醉花春（谒金门，又名不怕醉、东风吹酒面）、醉泉子、倾杯乐、醉桃源（阮郎归）、醉偎香（朝中措）、醉梅花（鹧鸪天）、醉落魄（一斛珠，又名醉落拓）、题醉袖（踏莎行）、醉琼枝（定风波）、酹江月（念奴娇）、貂裘换酒（贺新郎）等。

可以说，酒本身就是一种艺术，同时它又催生出很多艺术。由此可见，酒对中国艺术的贡献不可谓不大。

 思政导学

古人常常将饮酒与自己的心情相关联，创作了许多经典作品。但在现今社会，我们有各种各样的方式排解心中的苦闷和压力，不一定要"借酒浇愁"。相反，"酗酒"一直都被人们所反对。因此，我们在遇到困难时，应当选用健康、愉快的方式放松身心，不要一味地沉迷于酒精带来的短暂快乐中。

 相关链接

"青梅煮酒论英雄"，该故事是四大名著之一的长篇历史小说《三国演义》中的一个经典情节。指建安四年袁曹官渡之战前，掌控朝局的曹操以酒宴试探刘备是否有称霸天下的野心，最终被刘备巧言瞒过的故事。

在日常生活中，"煮酒论英雄"一般用来表示谈天论地，或对某类事物或人进行品评。也称"青梅煮酒"或"青梅煮酒论英雄"。

第三节　壶内乾坤：中国传统茶文化

茶的历史非常悠久，至迟从春秋战国时期我国西南地区就开始有了对茶叶的食药之用，从西汉晚期开始，茶叶逐渐成为一种饮品，并渐渐形成了独有的茶文化。其核心精神是清醒、沉思、理性、悟性；其独有气质是专一、禅定、淡泊、宁静；其独特趣味是自然、寡欲、无我、坐忘。中国古代茶文化的这些精神、气质和趣味相互作用，共同形成了中国的茶道。

一、饮茶的功效：静心

茶体现一种闲适的生活，是一种慢的行为，所以它需要静心、徐行，毛糙不得。爱茶，就要先学会养心、修性。

(一)饮茶与身体健康

茶,最早是被当作药物来使用的,人们称之为茶疗。一直以来,茶与中医的治疗是密不可分的。除此之外,茶还可以配伍中药形成药茶,抑或单由药食同源的茶制成药茶饮用,起到养生保健之效。

唐代药茶逐渐开始成为家庭必备的养生之品。药茶的组方原则不离中药的性味归经理论,以因时、因地、因人制宜为原则。相传隋文帝晚年患头痛而苦不堪言,后遇一位高僧告诉他:"山中有茗草,煮而饮之,当愈。"文帝服用后,病情果真得到改善。

(二)饮茶与心理健康

中国的茶人历来认为,茶是南方之嘉木,是大自然恩赐的"珍木灵芽"。在种茶、采茶、制茶时,人必须顺应天地自然的规律,才能得到好茶。通过烹茶、品茶,使自己的精神返璞归真,心性得到完全解放,使自己的心境达到清静、恬淡、寂寞、无为,使自己的心灵随茶香弥漫,仿佛与天地宇宙融合,升华到"无我"的境界。这恰好暗合了中国古代"天人合一"的哲学思想,树立了茶道的灵魂。

正因为"天人合一"的哲学思想融入了茶道精神之中,所以在中国茶人心里,充满着对大自然的无比热爱,中国茶人有着回归自然、亲近自然的强烈渴望,也因此,中国茶人最能领略到"情来朗爽满天地"的激情以及"更觉鹤心通杳冥"那种与大自然达到"天地合一,物我玄会"的绝妙感受。

茶可清心,佛教讲"戒定慧",道教讲"坐忘",儒家讲"克己",这些都是茶道达到"至虚极,守静笃"的境界而提出的致静法门。中原佛教以茶助禅,以茶礼佛,在茶中体味苦寂的同时,也在茶道中注入佛理禅机,这对茶人以茶道为修身养性的途径,借以达到明心见性的目的有好处(图9-21)。

图9-21　饮茶与生活

相关链接

相传宋代大文豪苏东坡初到杭州出任知州时,一日去某寺游玩,寺中住持不知其身份,把他作为普通来客对待,一边叫"坐",一边吩咐小沙弥:"茶。"小沙弥遵嘱咐端出一碗普通茶来。

宾主稍事寒暄后,住持感到来者谈吐不凡,并非等闲之辈,便礼貌地将"坐"改为"请坐",并重叫"敬茶",小沙弥第二次奉上一碗较好的茶来。

交谈之后,住持才知道来者就是大名鼎鼎的苏东坡,顿时诚惶诚恐,便情不自禁地起身高叫:"请上座。"并再次吩咐小沙弥:"敬香茶。"

临别时,住持慕名求字留念。苏东坡略作思索后,便将刚才的亲身经历写成一副趣联:"坐,请坐,请上坐;茶,敬茶,敬香茶。"

和尚看完后,顿时面红耳赤,羞愧不已。

思政导学

中国茶道正是通过创造一种宁静的氛围,一种虚静空灵的心境,让人能够明心见性,锻炼人格,超越自我。"静"是一种素养,我们要学会用"静"的心态理解周围,平静做人,平静处事,宁静致远,成为茶之"静"君子。

二、饮茶的仪式感:茶道

茶道是一种文化,其仪式让人赏心悦目,包括选茗、择水、烹茶技术、茶具艺术、环境的选择和创造等一系列内容(图9-22)。

图 9-22 茶道:中国的传统文化艺术之一

(一)茶道对茶艺背景的要求

茶道重在氛围与体验,实现这种氛围与体验需要一些基本条件及恰当的组合,这就是中国茶道所追求的"五境之美"——茶叶、茶水、火候、茶具、环境。

1. 茶叶

茶叶的形状千姿百态、丰富多彩，形成了一个形态美的大千世界（图9-23）。紫砂壶中，茶叶缓缓舒展，它吸收了茶山天地云雾的精华与日月星辰的寄托，也汲取了水的灵气，展示着茶的灵秀之美。

图9-23　茶叶：灵秀之美

2. 茶水

《茶经》中记载："山水上，江水中，井水下。"好水遇见好茶是一种幸运，再遇见好的茶师，更是幸中之幸。茶发于水，水乃茶之母。正所谓"茶性必发于水，八分之茶，遇十分之水，茶亦十分矣；八分之水，试十分之茶，茶只八分耳"。

3. 火候

陆羽在《茶经·五之煮》中说："其沸，如鱼目，微有声，为一沸；缘边如涌泉连珠，为二沸；腾波鼓浪，为三沸，已上，水老，不可食也。"古人认为水煮到锅边上时冒出的气泡增多，像摇曳上升的泉珠，这是投茶的最佳时刻（图9-24）。

图9-24　煮茶的火候十分重要

4. 茶具

一件好的茶具不仅提香、润色，更如知己神交，灵犀化境。器为茶之父，于茶道而言，茶具不仅做盛放茶汤的容器之用,更是人们在享受茶道时欣赏把玩的器物,是物质和精神的审美载体(图9-25)。

5.环境

茶道的环境要清雅幽静,人进入此环境,方可忘却俗世,洗尽尘心,熏陶德化(图9-26)。茶道环境有三类,一是自然环境,如松间竹下、泉边溪侧、林中石上。二是人造环境,如僧寮道院、亭台楼阁、画舫水榭、书房客厅。三是特设环境,即专门用来从事茶道活动的茶室。若说茶道有第六美,那便是静境之美。

图9-25 茶具:茶与水的载体

图9-26 茶道与环境

(二)茶道对泡茶过程的要求

除了五境之美,中国古人泡茶的过程也非常讲究。最具茶道神韵的就是闽南、潮汕等地区的饮茶方式,他们称之为"泡工夫茶"(图9-27)。

图9-27 工夫茶

这种泡茶的程序比较简单,即"烫罐入茶,高冲低斟,关公巡城,韩信点兵":先用开水将茶壶茶杯烫洗一下,再将茶叶装进茶壶中,这实际上有两个作用,一是用开水为茶具消毒。二是用烫热的茶壶泡茶,热力均匀,开水可以直接作用于茶叶,使茶叶的味道很快泡出来。

（三）茶道对礼仪的要求

除了泡茶的过程，喝茶的礼仪也是很重要的。如上述工夫茶在饮用时，主人双手捧茶盏依长幼次第奉于客前；饮者不能一饮落肚，而要让茶水巡舌而转，充分体味茶香后再将其咽下，然后闻茶香，最后还要向主人"亮杯底"，表示真诚领受主人厚谊和对主人高超茶艺的赞美。

喝茶人是讲究一个"敬"字的，中国民间有敬茶的习俗。客人来了，无论是渴还是不渴，都要泡上一杯茶，表达一份敬意。文人以"寒夜客来茶当酒"为胜境，有的地方还流行迎客、留客、祝福三道茶的习俗。敬茶，既体现出中国人好客的传统，也体现出待客敬心的精神（图9-28）。

图9-28　茶道与礼仪：敬茶

相关链接

中国十大名茶

中国茶产地分布广泛，制茶方式多样，因而各地出现了很多名茶。后来逐渐产生了"中国十大名茶"的说法。依据不同标准，"中国十大名茶"有多种说法，其中比较常见的说法为：西湖龙井、洞庭碧螺春、黄山毛峰、都匀毛尖、六安瓜片、君山银针、信阳毛尖、武夷岩茶、安溪铁观音、祁门红茶。

思政导学

在茶道的礼仪中，有诸多意味深长的"寓意礼"。例如："凤凰三点头"就是提壶高冲低斟反复三次，寓意是向客人三鞠躬以示欢迎；"茶倒七分满"表示虚心接纳他人的意见，留有三分的情意。这些寓意不仅体现了茶道中的礼仪，也体现了中国人的传统观念，即待人待物温和有礼。

三、饮茶的载体：茶具

饮茶是一种物质活动，更是一种精神活动。饮茶的器具尤为讲究，不仅要好使好用，而且要有条有理，有美感。因此，中国的茶具是随着饮茶方式的历史演进而不断发展变化的。

（一）茶具的发展

煎茶早在唐代就已经成为主要的饮茶方式（图9-29）。煎茶，就是把茶投入壶中和水一块儿煎煮。煎茶对于古代人来说，既是完成一定礼仪，又是饮茶至好至精的必然过程。同样的，用器的过程也是享受制汤、造华的过程。中国古代茶人，用这样细腻的过程体味自煎自食的乐趣。

茶具到宋代时已臻化境,宋人不再直接煮茶,而用点茶法;在点茶基础上升华为斗茶、分茶和茶百戏,因而茶具亦随之变化。汤瓶(图9-30)是点茶必不可少的茶具之一,其作用是烧水注汤。黄金制作的汤瓶是皇室及达官贵族才能使用的茶具,对于普通民众而言,瓷质汤瓶就是首选。

图9-29 煎茶

图9-30 汤瓶:宋代的茶具

从出土和流传下来的宋代茶具来看,南、北方瓷窑都有生产此类瓷汤瓶,尤其是南方的越窑、龙泉窑及景德镇窑,汤瓶的数量更大。汤瓶的造型为侈口,修长腹,壶流较长,因为宋代注汤点茶对汤瓶长流要求极高。

(二)经典茶具

茶壶在明代得到了很大发展,壶的使用弥补了盏茶易凉和落尘的不足,也大大简化了饮茶的程序,受到世人的极力推崇。

其中,大众最熟悉的莫过于紫砂壶。紫砂壶是中国特有的手工制造陶土工艺品,其制作始于明朝正德年间,制作原料为紫砂泥,原产地在江苏宜兴丁蜀镇。紫砂壶自诞生以来,名家辈出,五百年间不断有精品传世。

紫砂壶按工艺可分五大类:光壶、花壶、方壶、筋纹菱花壶、陶艺壶。

(1)光壶(图9-31)是以圆为主,它的造型是在圆形的基础上加以演变,用线条、描绘、铭刻等多种手法来制作,以满足不同藏家的爱好。

图9-31 光壶

(2)花壶(图9-32)是以瓜、果、树、竹等自然界的物种来作为题材,加以艺术创作,使其充分展现出返璞归真的自然美。

(3)方壶(图9-33)是以点、线、面相结合的方式来设计造型。方壶的设计灵感来源于器皿和建筑等题材,以书画、铭刻、绘塑等作为装饰,壶体庄重稳健,刚柔相济,更能体现人体美学。

图 9-32　花壶：玉兰花六瓣壶　　　　　　　图 9-33　方壶

（4）筋纹菱花壶（图 9-34）俗称"筋瓢壶"，是以壶顶中心向外围射有规则线条之壶，竖直线条叫筋，横线称纹，故也称"筋纹器"。

（5）陶艺壶（图 9-35）是一种似圆非圆、似方非方、似花非花、似筋非筋的形体较抽象的壶，可采用油画、国画之图案和色彩来装饰，是包含传统和非传统于一身的陶瓷艺术。

图 9-34　筋纹菱花壶　　　　　　　　　　图 9-35　陶艺壶

相关链接

供春是中国紫砂壶文化的开创性人物。明代正德年间，供春作为书童随进士吴颐山来到金山寺侍读，闲暇时看到寺内老和尚用当地特有的紫泥捏制茶壶，饮茶参禅，此事已成当地佛界习俗。也许是出于好奇，他就取了老和尚洗手后沉淀在缸底的洗手泥，参照寺院内大银杏树的树瘿，做出了"指螺纹隐起可按"的供春壶。

思考与实践

思考：

1. 有的人爱喝咖啡，有的人爱喝茶。请收集描写这两种爱好的文学作品，比较喝咖啡与品茶的异同，并发表自己的看法。

2. 请阅读《红楼梦》中关于饮食描写的章节，并思考在食材、调料种类并不多的古代，美食真的有小说中描写的那样美味吗？茶作为一种饮品，为什么会发展出清新脱俗的茶文化？

实践：

1. 请在网上寻找《舌尖上的中国》纪录片，将其中最能体现中国文化韵味的饮食挑出来制作成一部短片，可称为"舌尖上的文化"。

2. 请自己做一道菜，并就自己做的菜所体现的色、香、味、形、意进行评价，以此加深对中国传统饮食文化意蕴的理解。

第十章 温故知新 习题

习题一

一、单选题

1. 中国传统书法、绘画、（　　）、舞蹈、饮食、武术、雕刻等，都能陶冶人的性情，提高人的文化欣赏力。
   A. 音乐　　　　　　B. 诗歌　　　　　　C. 建筑　　　　　　D. 以上三项

2. 大学生认真学习中华优秀传统文化有助于牢固树立（　　）、培养家国情怀、建立正确的人际关系道德规范、形成良好的人格修养、提升文化涵养等。
   A. 个人主义　　　　　　　　　　　　　B. 拜金主义
   C. 社会主义核心价值观　　　　　　　　D. 奢靡之风

3. 以国为家、家国一体、（　　），是中华优秀传统文化的重要内容。
   A. 舍本逐末　　　　B. 先国后家　　　　C. 故步自封　　　　D. 小情小爱

4. 以下与中华优秀传统文化中"仁爱共济、立己达人"的道德思想相背离的是（　　）。
   A. "推己及人"
   B. "己所不欲，勿施于人"
   C. "己欲立而立人，己欲达而达人"
   D. "害人害己"

5. 以下关于"正心笃志、崇德弘毅"理解不正确的是（　　）。
   A. "崇德"是指崇尚美德，"弘毅"是指弘扬正义
   B. "正心"是指修养自身的品性
   C. "笃志"指的是专心致志、一心一意，无论做人还是求学，都要从小立志，做到坚韧不拔，持之以恒，方能最终成功
   D. "正心"的"正"是端正的意思

6. 中华优秀传统文化可以为思政教育提供（　　），大学生在不断理解中华优秀传统文化的过程中能够形成良好的思想道德品质。
   A. 思想基础　　　　　　　　　　　　　B. 文化养料
   C. 思想基础和文化养料　　　　　　　　D. 以上都不是

7. 大学生应合理利用中华优秀传统文化来有效培育和提升自己的（　　），最终实现素质教育的目标。
   A. 人文素质　　　　　　　　　　　　　B. 计算机软件应用能力
   C. 外语应用能力　　　　　　　　　　　D. 信息技术运用能力

8. 在专业学习中，挖掘和融入中华优秀传统文化元素，如（　　）等，能够提高专业课程的"含金量"和"温度"。
   A. 工匠精神　　　　B. 鲁班精神　　　　C. 诚信文化　　　　D. 以上三项

9. 大学生通过参与（　　）活动，在传播优秀传统文化的同时，也能感受文化价值，强化文化意识，提高自身的文化素养。
   A. 社会实践　　　　B. 心理咨询　　　　C. 核酸检测　　　　D. 视力检查

10. （　　）与校园文化相结合，能够为校园文化的建设指明方向，进而提升校园文化的内涵，促进大学生的全面发展。
    A. 物理学　　　　　　　　　　　　　　B. 中华优秀传统文化
    C. 化学　　　　　　　　　　　　　　　D. 生物学

二、多选题

1. 中共中央办公厅、国务院办公厅发布的《关于实施中华优秀传统文化传承发展工程的意见》指出(　　)。

　　A. 实施中华优秀传统文化传承发展工程，是建设社会主义文化强国的重大战略任务

　　B. 实施中华优秀传统文化传承发展工程，对于传承中华文脉、全面提升人民群众文化素养，具有重要意义

　　C. 实施中华优秀传统文化传承发展工程，对于维护国家文化安全、增强国家文化软实力，具有重要意义

　　D. 实施中华优秀传统文化传承发展工程，对于推进国家治理体系和治理能力现代化，具有重要意义

2. 2013年3月1日，习近平总书记在中央党校建校80周年庆祝大会暨2013年春季学期开学典礼上的讲话中指出，古人所说的(　　)等，都体现了中华民族的优秀传统文化和民族精神，我们都应该继承和发扬。

　　A. "先天下之忧而忧，后天下之乐而乐"的政治抱负

　　B. "位卑未敢忘忧国""苟利国家生死以，岂因祸福避趋之"的报国情怀

　　C. "富贵不能淫，贫贱不能移，威武不能屈"的浩然正气

　　D. "人生自古谁无死，留取丹心照汗青""鞠躬尽瘁，死而后已"的献身精神

3. 中华优秀传统文化是由中华文明演化而汇集成的一种反映民族特质和风貌的民族文化，是民族历史上各种思想文化、观念形态的总体表现，是(　　)文化。

　　A. 中华民族及其祖先所创造的

　　B. 为中华民族世世代代所继承发展的

　　C. 具有鲜明民族特色的

　　D. 历史悠久、内涵博大精深、传统优良的

4. 中华优秀传统文化的特征包括(　　)。

　　A. 延续性与包容性；以人为本，重人伦道德

　　B. 自强不息，刚健有为；强调人格，提倡节烈

　　C. 崇尚统一，维护国家利益；持中贵和，崇尚中庸

　　D. 儒道互补，三教合流；知行合一，经世致用

三、判断题(若表述正确，请在括号中打√；若表述错误，请在括号中打×)

1. "天下兴亡，匹夫有责"的信念和情怀，对维系国家统一、民族团结，对促进中华民族的发展，起到了十分重要的作用。　　　　　　　　　　　　　　　　　　(　　)

2. 江苏省的"苏绣"、湖南省的"湘绣"、江西省的"赣绣"、四川省的"蜀绣"，合称为"中国四大名绣"。　　　　　　　　　　　　　　　　　　　　　　　　　　(　　)

3. 围棋不属于"中国古代四大艺术"。　　　　　　　　　　　　　　　　(　　)

4. 中国传统文化强调人伦道德，强调要正确处理人与人之间的各种关系。(　　)

5. 中国古代的天文学、数学、医药学、地理学、农学等，大多是与国计民生密切相关的实用科学。　　　　　　　　　　　　　　　　　　　　　　　　　　　(　　)

6. 剪纸艺术是中国民间艺术瑰宝之一。（   ）

7. 中国八大菜系包括鲁菜、苏菜、浙菜、川菜、湘菜、闽菜、粤菜、京菜。（   ）

8. 大学生在弘扬中华优秀传统文化的过程中，同样要在专业学习中融入中华优秀传统文化，实现弘扬中华优秀传统文化与专业学习的有机结合。（   ）

9."礼之用，和为贵。"出自《论语·为政篇》。（   ）

10. 孟子认为，作为一个大丈夫，应该具备一种"富贵不能淫，贫贱不能移，威武不能屈"的精神。

（   ）

四、以"弘扬中华优秀传统文化　守住中华民族的根与魂"为题写一篇演讲稿（不少于1000字）。

习题二

一、单选题

1. "伐一木，杀一兽，不以其时，非孝也。"这句话是(　　)说的。
   A. 孟子　　　　　B. 荀子　　　　　C. 孔子　　　　　D. 老子

2. 对孟子的话"诚者，天之道也；思诚者，人之道也"，以下理解正确的是(　　)。
   A. 作为人，要讲诚信
   B. 作为人，要讲诚信，思想要诚实
   C. 作为人，要讲诚信，思想要诚实，这是基本的准则和规律
   D. 作为人，最根本、最重要的就是发现自然规律，掌握自然规律，老老实实地按自然规律办事，这就是"思诚"，即"人之道"

3. "人法地，地法天，天法道，道法自然。"这句话是(　　)提出的。
   A. 孔子　　　　　B. 老子　　　　　C. 孟子　　　　　D. 庄子

4. 在中国的传统哲学中，和谐的(　　)是实现持久和平。
   A. 终极目标　　　B. 基本类型　　　C. 理论依据　　　D. 典型案例

5. 中华人民共和国成立初期，我国在寻求与各个不同制度的国家建立外交关系时，提出了"和平共处"五项原则，这是老一辈国家领导人对"(　　)"理念的自觉运用，显示了我国向往人类和平，尊重不同文化的外交理念。
   A. 同而不和　　　B. 和而不同　　　C. 同即是和　　　D. 和而相同

6. 古圣贤(　　)治水的办法就是最好的执两用中的范例。
   A. 鲧　　　　　　B. 舜　　　　　　C. 大禹　　　　　D. 尧

7. 阴阳的概念源自古代中国人民的(　　)。
   A. 文化观　　　　B. 自然观　　　　C. 历史观　　　　D. 价值观

8. 中国人很早就把宇宙看成一个互相关联的整体，天地与人之间有一种深刻的(　　)关系。
   A. 互动　　　　　B. 平行　　　　　C. 分离　　　　　D. 并列

9. 中国古代哲学中最早出现的关于知行关系的论述出自(　　)。
   A.《周易》　　　B.《春秋》　　　C.《左传》　　　D.《尚书》

10. (　　)认为"良知，无不行，而自觉的行，也就是知"。
    A. 王阳明　　　　B. 朱熹　　　　　C. 孟子　　　　　D. 孔子

二、多选题

1. 中国古代哲学充满了睿智之光，(　　)、(　　)、(　　)是其中的三根精神巨柱。
   A. 天人合一　　　B. 阴阳互易　　　C. 贵和尚中　　　D. 松竹梅菊

2. 以下关于"天人合一"的说法，正确的是(　　)。
   A. "天人合一"哲学思想首先承认：人是自然的一部分
   B. 要做到"天人合一"、绿色发展，首要的就是顺应大自然、敬畏大自然、尊重大自然、爱护大自然

C. "天人合一"是人道与天道的和谐统一

D. 我们要大力弘扬中国传统哲学思想中的"天人合一"理念，尊重、关爱、保护大自然

3. 以下关于"贵和尚中"的理解和说法，正确的是（　　）。

A. 它以"以和为贵"为理论基础　　　　B. 它以"和而不同"为基本内涵

C. 它以"执两用中"为基本方法　　　　D. 它把追求统一、稳定、和谐视为最高目标

4. 阴阳互易的思想是（　　）。

A. 将世界万物看作阴阳对立统一的产物

B. 用"一阴一阳之谓道"来总结天地间万物的本性及发展变化规律

C. 又用"阴生阳，阳生阴"来揭示事物变化的根源在于其内部对立双方的相互作用

D. 再用"生生之谓易"来阐释事物的变易总是生生相续、永无止境的

5. 以下关于"知行合一"说法，正确的是（　　）。

A. 朱熹认为，知和行犹如有眼无足不能走路、有足无眼看不见路，既相互依赖，又相互促进

B. 只有有了"知"的指导，才能保证"行"的正确

C. 知行相须，知行一致，便是人们常说的"知行合一"

D. 知行相须，知行一致，不仅强调知识与实践的统一，更强调品德与行为的一致

三、判断题（若表述正确，请在括号中打√；若表述错误，请在括号中打×）

1. 网开三面的故事说明中国古人对万物是有仁爱之心的，是顺应天道的真实写照。（　　）

2. 所谓"人道"，在中国传统哲学中，是指人类社会所遵循的社会规律。同时，尊重人道即顺应天道。（　　）

3. 人类过度开发利用自然、破坏自然的行为符合"天人合一"思想。（　　）

4. 中华文明尤其倡导亲善睦邻，协和万邦，和平共处。（　　）

5. 中国传统哲学思想中的"和"，是有原则的"和"，是"和而不同"的"和"。（　　）

6. "执两用中"这种中道思想的核心观点是注重事物发展过程中内在的和谐与平衡，它既是一种认识论、方法论，也是人生修养的行为准则。（　　）

7. 到春秋战国时期，思想家开始用"阴阳"这一对概念来解释自然界中相互对立、此消彼长的物质或其属性，他们认为世界上的所有事物都是永恒不变、停滞不前的。（　　）

8. 中国传统哲学思想认为，世界万物皆由阴和阳两种元素和力量构成，而阴、阳作为矛盾体，又总是处于不断消长的过程中，因而万事万物也总是处于不断生成、发展与演变之中。（　　）

9. 古代先贤在探讨知行关系时就认为，知和行不是一回事，可以分为"两截"。（　　）

10. "行"也不仅仅止于游学，更重要的是把所学知识应用于实践，在实践中检验知识的真理性。这才是"行"的真正内涵。（　　）

四、请以"弘扬中华智慧　共谋人类发展"为题写一篇演讲稿（不少于1000字）。

习题三

一、单选题

1. 柳下惠"坐怀不乱"的故事反映了他（　　）的品格。
A. 克勤克俭　　　　B. 舍生取义　　　　C. 仁爱孝悌　　　　D. 慎独自重

2. 以下关于"克己奉公"含义的表述，不正确的是（　　）。
A. 约束自己的私欲，以公事为重
B. 比喻一个人对己要求严格，一心为公
C. 个人利益优先于集体利益
D. 就是克制自己的私欲、维护集体利益

3. 以下关于"义""利"的表述，不正确的是（　　）。
A. "义"应重于"利"
B. "见利思义"既是古已有之的原则，也是值得现代人去遵守和践行的道德规范
C. 对利的追求，应该受到很强的制约，应当不失德义
D. 为追求利益，可以不顾仁义

4. 克勤克俭是一种美德，而勤俭美德包含（　　）和节俭两层含义。
A. 殷勤　　　　　　B. 勤劳　　　　　　C. 懒惰　　　　　　D. 懈怠

5. （　　）能够体现"推己及人、将心比心"。
A. "清风两袖朝天去，免得闾阎话短长"
B. "赖其力者生，不赖其力者不生"
C. "己所不欲，勿施于人"
D. "君子以俭德辟难"

6. 同样是问路，牛皋表现得粗鲁莽撞，而岳飞却（　　），所以他们问路的结果截然不同。
A. 谦和有礼　　　　B. 一本正经　　　　C. 虚张声势　　　　D. 趾高气扬

7. 古人云："滴水之恩，当以涌泉相报。"这句话体现的中华传统美德是（　　）。
A. 乐善好施　　　　B. 勤俭节约　　　　C. 知恩图报　　　　D. 诚实守信

8. 司马迁忍辱负重，最终完成大作《史记》，这体现了他（　　）的品格。
A. 谦和好礼　　　　B. 勇毅力行　　　　C. 与人为善　　　　D. 见利思义

9. （　　）所说的浩然之气，是刚正之气，是人间正气，是大义大德造就的一身正气。
A. 荀子　　　　　　B. 孟子　　　　　　C. 墨子　　　　　　D. 韩非子

二、多选题

1. 关于中华传统美德，以下说法正确的是（　　）。
A. 是中国5000多年历史流传下来的优秀道德遗产
B. 是中华文化的思想精华
C. 反映了中华民族的精神风貌，折射出中华民族的民族精神
D. 是中国人民多年来处理人际关系、人与社会关系和人与自然关系的实践结晶

2. 上古时期部落联盟首领舜除重孝道外，还拥有哪些美德？（　　）
A. 表里不一　　　　B. 安贫乐道　　　　C. 乐于助人　　　　D. 彬彬有礼

3. 以下哪些名言与"修身"有关？（　　）
A."穷则独善其身，达则兼济天下"　　　B."凡治国之道，必先富民"
C."重积德则无不克"　　　　　　　　　D."静以修身，俭以养德"

4. 如何践行"仁爱"之道？（　　）
A. 将心比心　　　　B. 遵守孝道　　　　C. 虚情假意　　　　D. 清正廉洁

5. "浩然正气"主要包括哪三个方面？（　　）
A. 正直　　　　　　B. 尊严　　　　　　C. 大方　　　　　　D. 忠诚

三、判断题（若表述正确，请在括号中打√；若表述错误，请在括号中打×）

1. 青年大学生应当从自身做起，培养"修己慎独"的人格品质，在没有他人监督或疏于监督的情况下，仍能按照要求和规矩办事，决不因恶小而为之，也决不因善小而不为。（　　）

2. 克己奉公的精神，本质上是先私后公、个人私利服从社会公利的精神。（　　）

3. "生，亦我所欲也；义，亦我所欲也。二者不可得兼，舍生而取义者也。"这句话是孔子说的。（　　）

4. 欲廉者，需放下贪念，不为金钱名利所惑，不因掌声名誉迷失了方向。（　　）

5. 三国时期有个人叫陆绩，他6岁时便懂得克制自己、孝敬长辈，长大后对国家的贡献也相当大。（　　）

6. 中华民族自古以来都是一个讲究谦和教育、礼仪修养的民族。（　　）

7. "言必信，行必果""敬事而信"是孟子提出的。（　　）

8. 勇毅力行对人生最大的意义，就在于它可以鼓励人们丢掉所有的杂念，一心只冲着自己的目标前行，而不是因为杂念不停地动摇自己的想法。（　　）

9. 南宋著名爱国词人杨万里，以"男儿到死心如铁"的不屈意志，在妥协投降派的阻挠、打击下，为收复被金兵侵占的国土奔走、战斗了一生。（　　）

10. 当年，著名工程师詹天佑满怀爱国热情，在我国一无资本、二无技术、三无人才的艰难情况下，受命修建京张铁路。（　　）

四、请以"传承千秋中华美　争做大写中国人"为题写一篇演讲稿（不少于1000字）。

习题四

一、单选题

1. 黄帝时期的史官仓颉有（　　）只眼，仰观天文，俯瞰自然现象，因看到鸟飞的样子和龟壳的纹路，创造了汉字之形。
   A. 1　　　　　B. 2　　　　　C. 3　　　　　D. 4

2. 中国的绘画史可上溯至原始社会的（　　）时代，距今约7000年的历史。
   A. 旧石器　　　B. 秦代　　　　C. 新石器　　　D. 以上都不是

3. 关于中国文字起源，一般认为在距今五六千年前中国黄河中游的"（　　）时期"，已经创造了文字。
   A. 仰韶文化　　B. 河姆渡文化　C. 半坡人文化　D. 以上都不是

4. 中国画也称"国画"，国画一词起源于（　　），主要指的是画在绢、宣纸、帛上并加以装裱的卷轴画。
   A. 秦代　　　　B. 汉代　　　　C. 唐代　　　　D. 宋代

5. 张旭的书法以草书成就最高，史称"（　　）"。
   A. 书圣　　　　B. 诗圣　　　　C. 草圣　　　　D. 以上都不是

6. 阎立本的《步辇图》属历史人物画，描绘了（　　）在众侍女的簇拥下端坐在步辇上，接见松赞干布派来的迎亲使者的场面。
   A. 秦始皇　　　B. 唐太宗　　　C. 宋太宗　　　D. 汉高祖

7. 东晋时的（　　）有意识地追求"传神"效果，极注意刻画人物的神态，并总结出"传神写照，正在阿堵中"的绘画理论。
   A. 王羲之　　　B. 贺敬之　　　C. 顾恺之　　　D. 以上都不是

8. （　　）的《潇湘竹石图》是文人画的典型代表。
   A. 柳公权　　　B. 苏东坡　　　C. 李斯　　　　D. 欧阳询

9. 东晋顾恺之的（　　），画面上一女子在对镜梳妆，暗喻人每天要检点自己的道德行为。
   A.《秋江待渡图》B.《六君子图》C.《庐山高图》D.《女史箴图》

10. 文字变得逐渐符号化，脱离图画，形成汉字；到了（　　），汉字已形成完整体系。
    A. 商朝　　　　B. 汉代　　　　C. 宋代　　　　D. 明代

二、多选题

1. 中国书法经过长年累月的发展，形成了如今我们能见到的不同字体。这些字体可以根据不同时期概括为哪几个种类？（　　）
   A. 甲骨文　　　B. 金文　　　　C. 小篆和隶书　D. 楷书和行书

2. 中国画的发展，包括以下哪几个时期？（　　）
   A. 新石器时期
   B. 春秋战国时期
   C. 秦汉时期
   D. 魏晋南北朝时期、隋唐时期、宋、元、明、清

3. 中国书法的特点是（　　）。
A. 气势　　　　　　B. 意态　　　　　　C. 韵律　　　　　　D. 优美

4. 文人画的特点是（　　）。
A. 绘画者必须学养深厚　　　　　　B. 画作必须言之有物
C. 格调必须高雅　　　　　　　　　D. 以上选项都正确

三、判断题（若表述正确，请在括号中打√；若表述错误，请在括号中打×）

1. 书法艺术是世界上独一无二的瑰宝，是中华文化的灿烂之花。书法艺术最典型地体现了东方艺术之美和东方文化的优秀，是我们民族永远值得自豪的艺术瑰宝，它具有世界上任何艺术都无与伦比的深厚群众基础和艺术特征。（　　）

2. 中国画在内容和艺术创作上，体现了古人对自然、社会及与之相关联的政治、哲学、宗教、道德、文艺等方面的认知。（　　）

3. 《历代名画记》是中国第一部绘画通史著作，汉代张彦远著。（　　）

4. 追寻3000年书法发展的轨迹，浏览历代书法精品，从甲骨文、金文演变而为大篆、小篆、隶书，至东汉、魏、晋的草书、楷书、行书诸体，书法一直散发着艺术的魅力。（　　）

5. 早在1000多年前，战国时期楚国的两幅帛画就以其生动的气韵、简洁的笔墨、流畅的线条，表达出完美的意境，确立了中国绘画艺术以线条造型的民族风格形式。（　　）

6. 东晋顾恺之《送子天王图》是山水画的萌芽。顾恺之是我国绘画史上第一个明确提出"以形写神"主张的人，他有"才绝""画绝""痴绝"之称。（　　）

7. 中国古人发明的毛笔"实天地之伟器也"，它的特点决定了中国书画的特性。明人屠隆说："制笔之法，以尖、齐、圆、健为四德。"（　　）

8. 颜真卿的《祭侄文稿》就是抒情作品的典范，他以情感为主笔墨，直抒胸臆，把感受到的痛苦、悲愤，倾泻于笔端，读之感人肺腑。（　　）

9. 中国画之所以分为人物、花鸟、山水这几大类，其实是由艺术升华的哲学思考，三者之合构成了宇宙的整体，相得益彰。（　　）

10. 中国画，尤其是文人画，终极目标就是追求"境生于象外""遗貌取神"。（　　）

四、请以"书画伴我行　清气满乾坤"为题写一篇演讲稿（不少于1000字）。

习题五

一、单选题

1. 中国传统诗歌创作的基本宗旨是（　　）。
   A. 诗言志　　　　B. 诗缘情　　　　C. 情与理合　　　　D. 尚意追求
2. 提出"境生于象外"观点的是（　　）。
   A. 刘勰　　　　　B. 刘禹锡　　　　C. 王国维　　　　　D. 钟嵘
3. 《登幽州台歌》的作者是（　　）。
   A. 王勃　　　　　B. 杨炯　　　　　C. 骆宾王　　　　　D. 陈子昂
4. 提出"别材别趣"诗歌理论观点的是（　　）。
   A. 苏轼　　　　　B. 辛弃疾　　　　C. 李清照　　　　　D. 严羽
5. 有"词中之龙"之称的宋代著名词人是（　　）。
   A. 苏轼　　　　　B. 柳永　　　　　C. 辛弃疾　　　　　D. 李清照
6. 在遣词用语上不拘一格，达到"无语不可以入"的地步的艺术形式是（　　）。
   A. 唐诗　　　　　B. 宋词　　　　　C. 元曲　　　　　　D. 汉赋
7. 《窦娥冤》的作者是（　　）。
   A. 马致远　　　　B. 关汉卿　　　　C. 王实甫　　　　　D. 郑光祖
8. 标志着中国古典长篇小说悲剧艺术的最高水平的小说是（　　）。
   A.《儒林外史》　　B.《水浒传》　　　C.《红楼梦》　　　　D.《三国演义》
9. 下列不属于"四大名著"的小说是（　　）。
   A.《西厢记》　　　B.《水浒传》　　　C.《红楼梦》　　　　D.《西游记》
10. 开创我国田园诗新领域的诗人是（　　）。
    A. 陶渊明　　　　B. 谢灵运　　　　C. 王维　　　　　　D. 孟浩然

二、多选题

1. 中国传统诗歌的基本类型有（　　）。
   A. 古体诗　　　　B. 近体诗　　　　C. 格律诗　　　　　D. 新诗
2. 优秀的诗歌创作需要诗人具备（　　）。
   A. 正确的人生价值观念　　　　　　B. 良好的人格修养
   C. 高尚的道德追求　　　　　　　　D. 崇高的社会责任感
3. 盛唐时期的边塞诗人有（　　）。
   A. 高适　　　　　B. 王维　　　　　C. 王昌龄　　　　　D. 岑参
4. 下列歌颂"正义之战"的诗歌有（　　）。
   A. 王昌龄的《出塞》　　　　　　　B. 王翰的《凉州词二首·其一》
   C. 李颀的《古从军行》　　　　　　D. 乐府诗《木兰辞》
5. "谁言寸草心，报得三春晖"运用的修辞手法有（　　）。
   A. 比喻　　　　　B. 拟人　　　　　C. 借代　　　　　　D. 反问

三、判断题（若表述正确，请在括号中打√；若表述错误，请在括号中打×）

1. 诗歌对诗人来说之所以是重要的，是因为它是抒情言志、表达思想最得心应手的工具。
（　　）

2. 从诗词的反映功能来看，诗人只是待在"小我"的天地里，不用尽到其社会责任。
（　　）

3. 在中国诗歌史上，诗人具有特殊的重要地位。这不仅因为诗人是诗歌的创作主体，而且因其有着崇高的诗歌理想追求。（　　）

4. 中国古代诗人的诗歌都是反对侵略，但不反对正义战争的。（　　）

5. 对待老幼的态度是关心，还是漠视，是衡量一个民族文明程度的重要方面。（　　）

6. "文质彬彬"的意思是人只有依其本性而行，才不会流于粗野。（　　）

7. "无我之境"就是感情比较直露、倾向比较鲜明的意境；"有我之境"就是情感比较含蓄、倾向不明显的意境。（　　）

8. 元杂剧突出表现的三种悲剧情结分别为：牺牲情结、复仇情结和英雄情结。（　　）

9. 明清小说在主题内容和思想情感上大胆突破传统，具有突出的反叛性。（　　）

10. 曹雪芹的《红楼梦》标志着中国古代长篇小说悲剧艺术的最高水平。（　　）

四、请以"吟诵中国诗　传承爱国情"为题写一篇演讲稿（不少于1000字）。

习题六

一、单选题

1. "孔子至彼闻韶,三月不知肉味"出自(　　)。
A.《论语·学而》　　B.《论语·述而》　　C.《论语·为政》　　D.《论语·雍也》

2. 不同乐器的组合,不同的曲目和演奏风格,形成多种多样的器乐乐种。《十面埋伏》属于(　　)。
A. 琴曲　　　　　　B. 二胡曲　　　　　　C. 唢呐曲　　　　　　D. 琵琶曲

3. 下列不属于中国五大戏曲剧种的是(　　)。
A. 京剧　　　　　　B. 越剧　　　　　　　C. 黄梅戏　　　　　　D. 昆曲

4. 昆曲在(　　)年被联合国教科文组织列为"人类口述和非物质遗产代表作"。
A. 2000　　　　　　B. 2001　　　　　　　C. 2002　　　　　　　D. 2003

5. 京剧的四大行当为(　　)。
A. 生、旦、净、末　B. 生、旦、净、武　　C. 生、旦、净、丑　　D. 生、旦、净、杂

6. 每个剧种在初期都有最基本的骨干器乐编制,下列不是越剧三大件的是(　　)。
A. 主胡　　　　　　B. 副胡　　　　　　　C. 琵琶　　　　　　　D. 板胡

7. 歌舞大曲是一个音乐术语,指的是一种集器乐、舞蹈、歌曲于一体,含有多段结构的大型乐舞。《霓裳羽衣舞》是(　　)代最著名的歌舞大曲。
A. 唐　　　　　　　B. 宋　　　　　　　　C. 汉　　　　　　　　D. 明

8. 采用浪漫主义创作手法使主人公在生死之间穿梭,表现至情主张的作品是(　　)。
A.《西厢记》　　　B.《牡丹亭》　　　　　C.《长生殿》　　　　D.《桃花扇》

9. 六代乐舞是(　　)的宫廷乐舞。
A. 周代　　　　　　B. 唐代　　　　　　　C. 宋代　　　　　　　D. 清代

10. (　　)的民间舞蹈特点包括:舞姿富于雕塑性,身体形成特有的三道弯造型,身姿优美、灵活,感情内在含蓄。
A. 满族　　　　　　B. 蒙古族　　　　　　C. 傣族　　　　　　　D. 维吾尔族

二、多选题

1. 中国戏曲起源于原始歌舞,是一种历史悠久的综合舞台艺术样式。经过汉、唐到宋、金才形成比较完整的戏曲艺术,它由(　　)、武术、杂技及表演艺术综合而成。
A. 文学　　　　　　B. 音乐　　　　　　　C. 舞蹈　　　　　　　D. 美术

2. 下列乐曲属于中国古典名曲的有(　　)。
A.《高山流水》　　B.《梅花三弄》　　　　C.《阳春白雪》　　　D.《二泉映月》

3. 下列属于文舞的是(　　)。
A. 黄帝时代的"云门"　　　　　　　　　B. 唐尧时代的"大章"
C. 虞舜时代的"大韶"　　　　　　　　　D. 周代的"大武"

4. 下列哪些是各种藏舞的共同特点?(　　)
A. 颤　　　　　　　B. 开　　　　　　　　C. 右　　　　　　　　D. 顺

5. 黄梅戏，旧称黄梅调或采茶调，唱腔淳朴流畅，表演质朴细致，至今已有200多年的历史，代表作有（　　）《牛郎织女》等。
   A.《梁山伯与祝英台》　　　　　　B.《天仙配》
   C.《女驸马》　　　　　　　　　　D.《西厢记》

三、判断题（若表述正确，请在括号中打√；若表述错误，请在括号中打×）

1. 西周雅乐是由舞蹈、歌唱、器乐结合而成的歌、乐、舞"三位一体"的原始乐舞。（　　）
2. 国家以揖让得天下，先演武舞；若以征伐得天下，先演文舞。（　　）
3. 唐朝人把流传在宫廷、豪门和民间的表演性舞蹈，按其风格特色分为硬舞和软舞两大类。（　　）
4. 中国传统音乐是指中国人运用本民族固有方法、采取本民族固有形式创造的、具有本民族固有形态特征的音乐。（　　）
5. 中国戏曲呈现既俗又雅、既驳杂又统一的复杂面貌，是中华民族文化中一颗不可替代的璀璨明珠。（　　）
6. 唐代大曲处处体现着气势宏伟、高贵典雅的气魄，其诗、乐、舞的综合结构实际上体现了一种华夏民族整体的、综合的审美意识，以及中华美学对象外之象、言外之意的不懈追求。（　　）
7. 原始人的舞蹈带有较强的功利性，可分为两类：图腾崇拜舞和宗教舞。（　　）
8. 编钟与编磬一起组成礼乐重器。编钟在形制上有所改进，提高了稳定性，更便于演奏，制作也更加精细。（　　）
9. 周代的乐器制作已趋于成熟，出现了用金、石、土、革、丝、木、匏、竹八种材料制作的各类乐器，统称为"八音"。（　　）
10. 周朝人相当关注音乐教育，用雅乐来配合道德方面的宣导，以和平中正为原则，以庄重肃穆为标准，利用音乐的美感作用，端正社会风气，使整个社会达到和谐一致。（　　）

四、请以"乐舞中国　壮美华夏"为题写一篇演讲稿（不少于1000字）。

习题七

一、单选题

1. 问梅阁为（　　）中的一处景点。
   A. 拙政园　　　　B. 颐和园　　　　C. 狮子林　　　　D. 圆明园
2. 根据不同材质，窑洞可以分为土窑、砖窑和（　　）。
   A. 木窑　　　　　B. 石窑　　　　　C. 混合式窑洞　　D. 靠崖式窑洞
3. 我国第一座私家园林习家池，位于（　　）。
   A. 浙江杭州　　　B. 北京　　　　　C. 江苏苏州　　　D. 湖北襄阳
4. 客家土楼的特点不包括（　　）。
   A. 建筑色彩绚烂瑰丽　　　　　　　B. 建筑材料经济环保
   C. 建筑结构稳定坚固　　　　　　　D. 防御性良好且冬暖夏凉
5. （　　）是中国古典园林的形成时期。
   A. 春秋时期　　　B. 秦汉时期　　　C. 三国时期　　　D. 唐宋时期
6. （　　）主体建筑佛香阁北面依山，取山林意境，南面临湖，又得看水意境。
   A. 畅春园　　　　B. 承德避暑山庄　C. 颐和园　　　　D. 拙政园
7. 我国的一句老话"大门不出二门不迈"中的"二门"是指（　　）。
   A. 私家园林中的后门　　　　　　　B. 私家园林中的侧院偏门
   C. 四合院中的垂花门　　　　　　　D. 四合院中女子闺房的门
8. 窑洞建筑最大的特点是（　　）。
   A. 冬暖夏凉　　　B. 通风良好　　　C. 成本昂贵　　　D. 破坏环境
9. 莫高窟之所以重要，是因为其承载的（　　）具有极为重要的历史意义。
   A. 仰韶文化　　　B. 蓝田文化　　　C. 三星堆文化　　D. 敦煌文化
10. 1987年，（　　）被联合国教科文组织批准列入《世界遗产名录》，被誉为"世界第八大奇迹"，先后有200多位外国元首和政府首脑参观访问，成为中国古代辉煌文明的一张金字名片。
    A. 茂陵　　　　　　　　　　　　　B. 秦始皇陵（含兵马俑坑）
    C. 昭陵　　　　　　　　　　　　　D. 十三陵

二、多选题

1. 关于浪漫精巧的中国古典园林，以下描述正确的有（　　）。
   A. 中国古典园林是人化的自然　　　B. 中国古典园林是诗化的自然
   C. 其一砖一瓦皆浓缩了历史　　　　D. 其一草一池皆包含着匠心
2. 清朝时期，皇家园林的修建达到顶峰，尤其以（　　）、（　　）及（　　）为典型代表。
   A. 集芳园　　　　B. 圆明园　　　　C. 承德避暑山庄　D. 颐和园
3. 明清初期，中国园林的特点主要包括（　　）。
   A. 功能全　　　　B. 形式多　　　　C. 景观少　　　　D. 艺术化

4. 传统的四合院建筑基本采用（　　）、（　　）、（　　）的建筑格局。
A. 中轴对称　　　　B. 左祖右社　　　　C. 前堂后室　　　　D. 左右两厢
5. 以下哪些属于中国传统雕塑风格？（　　）
A. 秦俑装饰写实风　　B. 原始朴拙意象风　　C. 汉代雄浑写意风　　D. 民间朴素表现风

三、判断题（若表述正确，请在括号中打√；若表述错误，请在括号中打×）

1. 恶劣的生存环境迫使客家人极其重视防御，他们将住宅建造成一座易守难攻的设防城市，聚族而居。（　　）
2. 在江南私家园林中很少见到楹联、匾额、诗词等。（　　）
3. 拙政园位于江苏省无锡市，属于无锡四大名园之一，是江南古典园林的代表作品。（　　）
4. 窑洞是南方传统民居的典型代表，它体现了黄土高原地区的乡土人情和民俗风情，开创了中国传统建筑中的"黄土文化"，被誉为"东方一绝"。（　　）
5. 园林建筑是对自然的回归，表现人类对大自然的热爱与向往，是自然美、建筑美以及其他人文美的和谐统一。（　　）
6. 中国最早的皇家园林一般规模较大，在平面布局上受道家思想的影响，建造风格一般色彩雅丽，追求一种富贵之美。（　　）
7. 四合院的砖雕图案往往体现着中国传统吉祥寓意，如蝙蝠和寿字组成的图案，寓意"福寿双全"；花瓶内安插月季花的图案，寓意"四季平安"等。（　　）
8. 被日本学者比作"天上掉下的飞碟"的客家土楼是五凤楼。（　　）
9. 木刻、石刻、玉刻、泥塑等都是中国传统雕塑中的重要组成部分，而石窟这一中国雕刻艺术的杰出代表更是直接依托天然环境而创作的。（　　）
10. 雕塑与彩绘的结合使得中国的雕塑既有立体形象的体积感，又有绘画般的笔墨情趣和色彩美感，能同时给人以丰富的美感。（　　）

四、请以"弘扬鲁班文化　传承工匠精神"为题写一篇演讲稿（不少于1000字）。

习题八

一、单选题

1. 下面哪部著作记载了周王朝的礼仪？（　　）
   A.《大学》　　　　　B.《周礼》　　　　　C.《论语》　　　　　D.《诗经》
2. 周王朝天子祭祀天地时着（　　）。
   A. 大裘冕　　　　　B. 希冕　　　　　C. 爵弁　　　　　D. 玄冕
3. 清朝官服中的朝珠每盘由（　　）颗圆珠串成。
   A. 118　　　　　B. 108　　　　　C. 136　　　　　D. 100
4. 下面服装不是来源于胡服的是（　　）。
   A. 曳撒　　　　　B. 半袖　　　　　C. 袿衣　　　　　D. 两裆
5. 明代士人常戴（　　）。
   A. 重戴　　　　　B. 委貌冠　　　　　C. 四方平定巾　　　　　D. 笼冠
6. 根据本章内容，下列描述不正确的一项是（　　）。
   A. 20世纪30年代是旗袍发展最辉煌的时期，受到西方文化的影响，这时的旗袍造型趋于完美，并且蜚声海内外。
   B. 我国传统服饰文化体现出的多种多样的美学思想源于我国地域广阔、历史悠久、民族众多、文化内涵丰富多样。
   C. 我国素有衣冠上国之美誉，但只有在经济全球化和文化多元化的今天，才在世界服装文化舞台大放异彩。
   D. 中国古代面妆的种类，主要有红妆、白妆、花钿妆三种。
7. 中国人常说"（　　）大如年"，那天家家户户都会吃饺子。
   A. 小雪　　　　　B. 大雪　　　　　C. 立冬　　　　　D. 冬至
8. （　　）那天日夜等长，有的地方还有"竖蛋"的习俗。
   A. 立春　　　　　B. 春分　　　　　C. 立秋　　　　　D. 秋分
9. 在二十四节气歌中，"春雨惊春清谷天"的下一句是（　　）。
   A. 夏满芒夏暑相连　　B. 芒夏夏满暑相连　　C. 夏芒满夏暑相连　　D. 冬雪雪冬小大寒
10. 我国将"二十四节气"作为人类非物质文化遗产代表，向联合国申报，于（　　）年经过评审，并正式通过决议。
    A. 2016　　　　　B. 2017　　　　　C. 2018　　　　　D. 2019

二、多选题

1. 传统服饰讲求一种包藏却又随身的含蓄美，尽显礼仪之道，以下选项中关于汉代女服的描述正确的是（　　）。
   A. 汉代女服以曲裾深衣为尚　　　　　B. 深衣的衣身曳地，行不露足
   C. 衣袖有宽窄之分　　　　　D. 衣领可以露出三层衣领，也称为"三重衣"
2. 下面哪些是中国人传统婚礼中的习俗？（　　）
   A. 庆寿　　　　　B. 回门　　　　　C. 办嫁妆　　　　　D. 闹洞房

3. "四时八节"是指一年四季中八个节气,下面哪些属于"四时八节"?(　　)
A. 春分　　　　　B. 冬至　　　　　C. 立夏　　　　　D. 春节

4. 对惊蛰节气理解正确的有(　　)。
A. 惊蛰的"蛰"是藏的意思
B. 惊蛰,是农历二十四节气中的第三个节气
C. 惊蛰是说天气回暖,春雷乍动,惊醒蛰伏于地下冬眠的昆虫,开始苏醒出来活动
D. 按照一般气候的规律,惊蛰前后气温升高,雨量增多,适合谷类作物生长,正是一年中庄稼生长的最佳时节

5. 下面哪几句诗不是描写雨水这一节气的?(　　)
A. 池上秋又来,荷花半成子　　　　　B. 路湿寒塘草,月是故乡明
C. 好雨知时节,当春乃发生　　　　　D. 热散由心静,凉生为室空

三、判断题(若表述正确,请在括号中打√;若表述错误,请在括号中打×)

1. 至春秋、战国之交,开始出现上下连属式样的服装,即"深衣"。(　　)
2. 清朝朝珠贯垂于背的部分称之为背云。(　　)
3. 冠礼是中国古代传统的成人礼仪,是指古代贵族男子到了22岁时举行的一个隆重的加冠典礼,作为成年的标志。(　　)
4. 五服制是丧服制度,主要内容是以血缘亲属关系的远近来规定丧礼中生者为死者所穿的衣服。五服制的原则是亲亲、尊尊、男女有别。(　　)
5. 明、清两代官员在官服上缀"补子",以"补子"纹样区分官阶、身份,文绣走兽,武绣飞禽,所绣纹样皆有严格规定。(　　)
6. 立春、立夏、立秋、立冬被称为"四时"。(　　)
7. 从节气可以认知一年中时令、气候、物候等方面的变化。(　　)
8. 立春既是节气又是中国最重要的传统节日。(　　)
9. 二十四节气至今已有2000多年的历史,它是传统农学里,天时与农耕之间所形成的符合规律的指时系统,是中国传统农业文化的精华,是我国劳动人民独创的文化遗产。(　　)
10. 大暑是一年中最热的日子,那时中国大部分地区的学校都放暑假了。(　　)

四、请以"衣冠上国　锦绣中华"为题写一篇演讲稿(不少于1000字)。

习题九

一、单选题

1. 最先提出"民以食为天"的古代名人是（　　）。
   A. 管仲　　　　　B. 孔子　　　　　C. 司马迁　　　　D. 班固

2. （　　）是世界上最早酿酒的国家之一，也是世界三大酒系的发源地之一。
   A. 日本　　　　　B. 中国　　　　　C. 法国　　　　　D. 德国

3. 中国历史上有很多特殊的酒器，如饮酒器（　　）。
   A. 夜光杯　　　　B. 九龙公道杯　　C. 鸳鸯转香壶　　D. 以上三项

4. 茶的历史非常悠久，从（　　）时期开始就有了茶叶，并渐渐形成了中国独有的茶文化。
   A. 秦朝　　　　　B. 春秋战国　　　C. 汉朝　　　　　D. 西周

5. （　　）开始药茶逐渐成为家家户户的养生之品，药茶的组方原则不离中药的性味归经理论。
   A. 唐代　　　　　B. 东周　　　　　C. 明代　　　　　D. 元代

6. 除了五境之美，中国古人泡茶的过程也是非常讲究的。最具茶道神韵的就是闽台各地的饮茶方式，他们称之为"泡工夫茶"。给以下泡茶程序排序，正确的是（　　）。
   ①烫罐入茶　　　②关公巡城　　　③韩信点兵　　　④高冲低斟
   A. ②→③→④→①　B. ②→①→④→③　C. ①→③→④→②　D. ①→④→②→③

7. 以下哪些诗句与酒有关？（　　）
   A. 梅子留酸软齿牙，芭蕉分绿与窗纱
   B. 儿童急走追黄蝶，飞入菜花无处寻
   C. 春风得意马蹄疾，一日看尽长安花
   D. 一杯未尽诗已成，诵诗向天天亦惊

8. 中华民族很早就有用（　　）祭祀祖先，在丧葬时用（　　）举行一些仪式的传统习俗。
   A. 食物　　　　　B. 酒　　　　　　C. 水果　　　　　D. 鲜花

9. 腊八粥一般有大米、（　　）、红豆、莲子、桂圆、枸杞等。
   A. 花生　　　　　B. 红枣　　　　　C. 百合　　　　　D. 以上三项

10. 陶艺壶是一种似圆非圆、（　　）的一种较抽象形体的壶，可采用油画、国画之图案和色彩来装饰，有传统又非传统的陶瓷艺术。
    A. 似方非方　　　B. 似花非花　　　C. 似筋非筋　　　D. 以上三项

二、多选题

1. 中国古代饮食的发端与演变绵延170多万年，其中有哪几个发展阶段？（　　）
   A. 生食　　　　　B. 熟食　　　　　C. 烹饪　　　　　D. 烘焙

2. 经过中国历代厨师的反复实践，菜板上的刀法之丰富让人眼花缭乱，分别为（　　）。
   A. 直刀法　　　　B. 片刀法　　　　C. 斜刀法　　　　D. 剞刀法

3. 中国茶的历史非常悠久，并渐渐形成了中国独有的茶文化。其核心精神是（　　）。
   A. 清醒　　　　　B. 沉思　　　　　C. 理性　　　　　D. 悟性

4. 茶道重在氛围与体验，实现这种氛围与体验需要一些基本条件及恰当的组合，包括茶叶、（　　）、环境。

  A. 茶水　　　　　B. 茶具　　　　　C. 火候　　　　　D. 茶艺

5. 汉代中西（西域）饮食文化相互交流，引进了（　　）、西瓜、甜瓜、黄瓜、菠菜、胡萝卜、茴香、芹菜、胡豆、扁豆、苜蓿（主要用于马粮）、莴笋、大葱、大蒜等大量新食材，还传入了一些烹调方法。

  A. 石榴　　　　　B. 芝麻　　　　　C. 葡萄　　　　　D. 胡桃

三、判断题（若表述正确，请在括号中打√；若表述错误，请在括号中打×）

1. "食不厌精，脍不厌细"这句话并非出自专业美食家之口，而是出自圣人孔子。（　　）
2. 独特的饮食不但是中华民族文化生成、升华的基础要素，而且是中国传统文化的感性载体，甚至成为中国传统文化在世界范围内传播交流的展示窗口和媒介。（　　）
3. 孔子把饮食作为君子人格培养和人生追求的一部分来对待，不仅要尽善，而且要尽美。（　　）
4. "五味"一般指咸、甜、酸、苦、辣五种味道。（　　）
5. 中国古代的食具，主要包括陶器、瓷器、铜器、金银器、漆器、玻璃器几个大的类别。（　　）
6. 带骨的菜肴放在右边，切的纯肉放在左边；干的食品菜肴靠着人的左手方，羹汤放在靠右手方。（　　）
7. 我们要学会用静的心态理解周围，平静做人，平静处事，宁静致远，成为茶之"静"君子。（　　）
8. 茶，最早是被当作药物来使用的，称之为茶疗。（　　）
9. 茶艺背景是衬托主题思想的重要手段，它渲染茶性清纯、幽静、质朴的气质，增强艺术感染力。（　　）
10. 中国人对饮食的"讲究"，也从侧面体现了中国传统文化中的人生观和价值观：精细严谨，精益求精。（　　）

四、请以"我爱中国菜　传承中华魂"为题写一篇演讲稿（不少于1000字）。

扫一扫 看答案

参考文献

［1］范业赞. 中华优秀传统文化［M］. 北京：中国人民大学出版社，2021.
［2］王春. 中华优秀传统文化［M］. 北京：中国人民大学出版社，2022.
［3］王霁. 中国传统文化［M］. 北京：清华大学出版社，2021.
［4］王振杰，郭社军，池云霞. 中华传统文化［M］. 北京：高等教育出版社，2021.
［5］韩建业. 中华文明的起源［M］. 北京：中国社会科学出版社，2021.
［6］陈引驰. 庄子讲义［M］. 北京：中华书局，2021.
［7］秦仙余. 中国传统文化概论［M］. 北京：石油工业出版社，2020.
［8］吴安萍，张琼，岑咏. 中国传统文化：双语版［M］. 北京：中国纺织出版社有限公司，2020.
［9］夏守旭. 中国传统文化导论［M］. 北京：清华大学出版社，2021.
［10］刘怀荣. 中国传统文化导论［M］. 长春：吉林大学出版社，2021.
［11］翟博. 中华优秀传统文化教育导论［M］. 西安：陕西师范大学出版社，2020.
［12］张开焱，李建明，王世海. 中国传统文化十讲［M］. 北京：清华大学出版社，2019.
［13］赵昭. 中国传统文化十讲［M］. 重庆：重庆大学出版社，2019.
［14］臧守虎. 中国传统文化：第2版［M］. 北京：人民卫生出版社，2018.
［15］魏黎波. 中国传统文化十讲［M］. 北京：科学出版社，2018.
［16］王艳玲. 中国传统文化：第2版［M］. 北京：高等教育出版社，2018.
［17］张宏图，宋永利，姚洪运. 中国传统文化［M］. 北京：高等教育出版社，2017.
［18］傅维利. 中华优秀传统义化：第1卷［M］. 沈阳：辽宁师范大学出版社，2016.
［19］冯天瑜. 中华优秀传统文化［M］. 武汉：湖北人民出版社，2015.
［20］朱汉民. 中国传统文化导论［M］. 长沙：湖南大学出版社，2010.